JAMES W. VON BRUNN

"TUEZ LES MEILLEURS GENTILS !"

"Tob Shebbe Goyim Harog !"

(LE TALMUD : Sanhedrin 59)

"TUEZ LES MEILLEURS GENTILS !"

ou

"Tob Shebbe Goyim Harog !

(LE TALMUD : Sanhedrin 59)

LE GUIDE RACIALISTE POUR LA PRÉSERVATION
ET L'ENTRETIEN DU PATRIMOINE GÉNÉTIQUE BLANC

par

JAMES W. VON BRUNN

Copyright © 2024 - Omnia Veritas Ltd

"Kill the best Gentiles!"

TRADUIT ET PUBLIÉ PAR
OMNIA VERITAS LTD

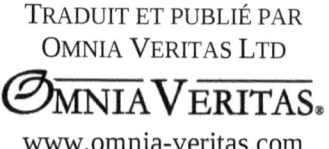

www.omnia-veritas.com

Tous droits réservés. Aucune partie de cette publication ne peut être reproduite par quelque moyen que ce soit sans la permission préalable de l'éditeur. Le code de la propriété intellectuelle interdit les copies ou reproductions destinées à une utilisation collective. Toute représentation ou reproduction intégrale ou partielle faite par quelque procédé que ce soit, sans le consentement de l'éditeur, de l'auteur ou de leur ayants cause, est illicite et constitue une contrefaçon sanctionnée par les articles du Code de la propriété intellectuelle.

Dédicace

En mémoire de :

CONTRE-AMIRAL JOHN G. CROMMELIN, USN.

"Voilà un homme !"

+ + +

John Geraerd Crommelin Jr, contre-amiral de l'USN, a servi sur le théâtre du Pacifique pendant la Seconde Guerre mondiale en tant que commandant en second et officier de l'air à bord de l'USS *Enterprise*, CV-6 (le navire le plus décoré de l'histoire de la marine). Crommelin était reconnu par l'équipage comme "le cœur et l'âme du Big-E". Plus tard, titulaire de la Légion du mérite avec une étoile d'or, un "V" de combat, une citation présidentielle d'unité, une lettre de recommandation et un Purple Heart, il s'est vu confier le commandement du porte-avions le plus avancé au monde, l'USS *Saipan* (CVL-48).

En 1949, l'amiral Crommelin a précipité une enquête du Congrès qui a empêché une puissante influence communiste au sein du gouvernement américain de paralyser la marine américaine et de faire basculer l'équilibre de la puissance militaire en faveur de l'Union soviétique. En 1987, le contre-amiral Crommelin a été élu au Carrier Hall of Fame, situé à bord du navire préservé USS *Yorktown* (CV-10), Patriot's Point, Charleston, S.C. Sa plaque, à côté de celle du secrétaire d'État à la marine James Forrestal, porte l'inscription suivante : "Le contre-amiral Crommelin a été élu au Carrier Hall of Fame :

En 1949, il a sacrifié sa carrière navale en précipitant la "révolte des amiraux" qui a sauvé l'aviation embarquée.

Une nation peut survivre à ses imbéciles et même à ses ambitieux. Mais elle ne peut survivre à la trahison de l'intérieur. Un ennemi aux portes est moins redoutable, car il est connu et porte ouvertement ses bannières. Mais le traître se déplace librement parmi ceux qui se trouvent à l'intérieur des portes, ses chuchotements sournois bruissent dans toutes les ruelles, sont entendus dans les salles du gouvernement lui-même... car le traître n'a pas l'air d'un traître : il parle avec des accents familiers à ses victimes, il porte leur visage et leurs vêtements, il fait appel à la bassesse qui se trouve au plus profond de l'âme de tous les hommes. Il pourrit l'âme d'une nation ; il travaille secrètement à saper les piliers de la cité ; il infecte le corps politique pour qu'il ne puisse plus résister. Le meurtrier est moins à craindre.

- Cicéron

PRÉFACE

Le but de ce livre est de présenter aux JEUNES BLANCS des informations factuelles qui sont conventionnellement supprimées ou déformées par les médias, et qui leur sont refusées par les écoles et les universités — qui sont obligées de promulguer la ligne marxiste sous peine de perdre leurs subventions gouvernementales.

Le texte est émaillé de citations d'autorités mondiales dont les références figurent dans la bibliographie. À la lecture de TOB SHEBBE GOYIM HAROG ! (TUEZ LES MEILLEURS GENTILS !), vous comprendrez que — malgré les bruyantes protestations de déni — une vieille CONSPIRATION existe bel et bien pour détruire la civilisation occidentale. En ce moment, nous sommes engagés dans une guerre mortelle avec l'ENNEMI HISTORIQUE pour déterminer si oui ou non notre nation perdurera. Nous sommes en train de perdre cette guerre parce qu'un rideau de fer de censure s'est abattu, abrogeant le premier amendement de la Constitution des États-Unis. Sans liberté d'expression, notre système de gouvernement ne peut pas fonctionner.

L'heure est grave. Vous et votre famille êtes en grand danger. Nous vous présenterons les FAITS, puis nous discuterons des mesures à prendre.

Meilleurs vœux,

James W. von Brunn
Easton, Maryland 21601

8 juin 1999 (*Souvenez-vous de l'U.S.S. Liberty.*)

TABLE DES MATIÈRES

PRÉFACE — 9
    INTRODUCTION — 14
AVANT-PROPOS — 15
    I — 16
    II — 22
    III — 28

CHAPITRE 1 — 30
    LA CONSPIRATION — 30
        LA TORAH — 30
        LE TALMUD — 34
        LES PROTOCOLES DES SAGES DE SION — 42

CHAPITRE 2 — 50
    LES KHAZARS INVENTENT LE JUDAÏSME — 50

CHAPITRE 3 — 55
    LES ILLUMINATI — 55
        LA GUERRE CIVILE — 64
        CITATIONS DIRECTES DU RAPPORT ANNUEL 1980 DE LA CFR : — 78
        LIVRET DE QUESTIONS/RÉPONSES — 81
        LES ÉTATS-UNIS SOUTIENNENT LE COMMUNISME : — 84

CHAPITRE 4 — 91
    L'ARGENT — 91
        LA FED : ACTIVITÉ ILLÉGALE ET TRAHISON - L'ARGENT DE L'AMÉRIQUE EMPRUNTÉ POUR EXISTER — 100
        ESCROQUERIE DU SYSTÈME DE LA RÉSERVE FÉDÉRALE — 101
        Système de réserves fractionnaires - Le train des banquiers — 102
        RECORD CONGRESSIONNEL (extrait) — 105
        DOSSIER DU CONGRÈS COMMISSION D'ENQUÊTE DE LA CHAMBRE — 106
        DOSSIER DU CONGRÈS Chambre des représentants — 108
        ASSEMBLÉE DE L'ÉTAT DE NEW YORK — 109

CHAPITRE 5 — 113
    SPIROCHÈTES DE LA SYPHILIS JUVÉNILE — 113
        MARXISME — 115
        FREUD — 119
        Hollywood trouve de la matière pour les comédies de situation — 122

BOASISME	*122*
CHAPITRE 6	**128**
LE CANULAR DE L'HOLOCAUSTE	128
CHAPITRE 7	**153**
MENDELISME	153
MUTATIONS	*155*
NAISSANCES	*156*
SANTÉ MENTALE	*156*
GÉNÉTIQUE ET RACE	*160*
CHAPITRE 8	**173**
LE NEGRO	173
CHAPITRE 9	**186**
LA FORCE ARYENNE	186
CHAPITRE 10	**199**
PARASITISME U.S.A.	199
TRAHISON ET SÉDITION	*200*
STRATAGÈMES DE DÉFAITE ET GUERRES NON GAGNANTES	*210*
LES MÉDIAS DE MASSE	*217*
L'ARGENT	*222*
INFLUENCE JUIVE ?	*224*
INVASIONS CULTURELLES	*226*
ESPACE	*227*
CHAPITRE 11	**232**
PATHOLOGIE ET SYNTHÈSE	232
PATHOLOGIE	*232*
SYNTHÈSE	*247*
LA SYNTHÈSE DE L'OUEST SE POURSUIT :	*261*
CHAPITRE 12	**263**
RÉSUMÉ	**Erreur ! Signet non défini.**
LA SOLUTION FINALE	*268*
L'IMPÉRATIF CATÉGORIQUE	*279*
GLOSSAIRE	**282**
BIBLIOGRAPHIE	**287**
Amérique	*287*
Révisionnisme historique	*288*

Genèse de la guerre	*288*
Révisionnisme de l'Holocauste	*288*
Race et culture	*289*
JUIFS	*291*
Le troisième Reich	*292*
QUELQUES SITES WEB AVEC DES LIENS VERS D'AUTRES SITES INTÉRESSANTS	*292*
EXPOSITIONS	**296**
L'INCENDIE	*296*
LETTRE À JAMES HENRY WEBB	*297*
Lettre de Crommelin à Erik von Brunn	*305*
BOYCOTT D'ANDERSON	*309*
LETTRE À ROBERT HIGGINS	*311*
ÉDITORIAUX DU STAR-DEMOCRAT	*313*
NE JAMAIS RENONCER À LA SOUVERAINETÉ	*315*
CICÉRON	*315*

INTRODUCTION

Ce livre est avant tout une compilation de données de recherche, d'idées et d'écrits d'hommes et de femmes que j'admire, dont les paroles m'ont inspiré et dont j'ai généreusement emprunté les écrits. J'ai essayé de reconnaître et d'attribuer mes sources tout au long de cet ouvrage. Une reconnaissance particulière doit être accordée à Oswald Spengler, Francis Parker Yockey, Wilmot Robertson, Revilo Oliver et William Gayley Simpson.

Cependant, ils ne doivent pas être tenus pour responsables des conclusions auxquelles j'ai abouti dans cet ouvrage ; qui en ce sens, relève de ma seule responsabilité.

– JvB

AVANT-PROPOS

> Car tu es un peuple saint pour le Seigneur ton Dieu. Et le Seigneur t'a choisi pour être un peuple particulier à lui-même, au-dessus de toutes les nations qui sont sur la terre.
>
> LA BIBLE SAINTE (Torah) : Deutéronome 14:2.

> Tous les biens des autres nations appartiennent à la nation juive qui, par conséquent, a le droit de s'en emparer sans scrupules... Un juif peut agir contrairement à la morale si cela est profitable à lui-même ou aux juifs en général.
>
> TALMUD : Schulchan Bruch, Choszen Hamiszpat 348.

> Nous avons trompé, déconcerté et corrompu la jeunesse goyim en l'élevant dans des principes et des théories que nous savons faux, bien que ce soit nous qui les lui ayons inculqués.
>
> PROTOCOLES DES SAGES DE SION : Protocole 9:10.

> Vous n'avez pas commencé à apprécier la profondeur réelle de notre culpabilité. Nous SOMMES des intrus. Nous sommes des perturbateurs. Nous SOMMES des subversifs. Nous nous sommes emparés de votre monde naturel, de vos idéaux, de votre destin, et nous les avons dévastés. Nous avons été à l'origine non seulement de votre dernière grande guerre, mais de presque toutes vos guerres ; non seulement de la révolution russe, mais de toutes les autres révolutions de votre histoire. Nous avons semé la discorde, la confusion et la frustration dans votre vie publique. Nous continuons à le faire. Qui sait quel grand et glorieux destin aurait pu être le vôtre si nous vous avions laissés tranquilles ?
>
> MARCUS ELI RAVAGE, JUIF *Century Magazine*, janvier 1928.

> Laissez-moi émettre et contrôler l'argent d'une nation et je ne me soucie pas de savoir qui fait ses lois.
>
> AMSCHEL MEYER ROTHSCHILD, JUIF[1] (1743-1812).

---

[1] Tout au long de ce livre, j'ai inséré dans mon propre texte, et dans les textes cités par d'autres, des mots permettant d'identifier les individus en tant que juifs, afin que le lecteur n'ait pas à dépendre du contexte ou de sa mémoire pour procéder à l'identification appropriée. — JvB

I

Nous assistons aujourd'hui, sur la scène mondiale, à une tragédie aux proportions gigantesques : la destruction calculée de la race blanche et de la culture incomparable qu'elle représente. L'Europe, ancienne forteresse de l'Occident, est aujourd'hui envahie par des hordes de non-Blancs et de métis. Il en va de même pour l'Australie et le Canada. Les civilisations blanches autrefois productives de Rhodésie et d'Afrique du Sud, extorquées par les ILLUMINATI et son instrument d'exécution, les États-Unis, ont été forcées d'adopter des gouvernements DÉMOCRATIQUES, livrant ainsi leurs familles blanches à la merci de Nègres numériquement supérieurs et mentalement inférieurs, dont les ancêtres étaient incapables d'inventer ne serait-ce que la roue. Les attaques les plus concentrées contre la race blanche se produisent cependant aux États-Unis d'Amérique.

Le magazine TIME (4-9-90) rapporte qu'au cours de la première moitié du 21e siècle (statistiques du Bureau de recensement des États-Unis), la population blanche des États-Unis deviendra une minorité dans son propre pays ! Le "brunissement de l'Amérique" modifiera tous les aspects de la société, de la politique à l'éducation, en passant par l'industrie, les valeurs et la culture... le nouveau monde est là. Et c'est *irréversiblement* l'Amérique à venir". TIME poursuit : "L'ancienne majorité apprendra, comme un élément normal de la vie quotidienne, la signification du slogan latin gravé sur nos pièces de monnaie — *E pluribus unum*, un formé à partir de plusieurs".

Ben Wattenberg, juif, porte-parole de l'American Enterprise Institute, Washington, D.C., commentant la stagnation du taux de natalité chez les Blancs, le métissage et le flot d'immigration non blanche, déclare avec enthousiasme : "Il y a de fortes chances que le mythe américain fasse un pas de plus, dans les années 1990 et au-delà, vers l'idée que nous sommes la NATION UNIVERSELLE. Cela sonne le glas de la destinée manifeste ! Nous sommes un peuple avec une mission et un but, et nous croyons que nous avons quelque chose à offrir au monde !"

Le "mythe américain" (créé par les juifs) selon lequel nos pères fondateurs voulaient que toutes les races, des pygmées aux Aïnous, soient invitées sur nos côtes, est basé sur les mots de Thomas Jefferson dans la Déclaration d'indépendance : "... tous les hommes sont créés égaux". Le sens de cette déclaration souvent citée a été déformé par les ILLUMINATI qui, subjectivement, réécrit l'histoire et brandit le prétendu "HOLOCAUSTE" comme une hache de guerre sur la tête de ceux qui proclament des certitudes génétiques : Les hommes et les races ne sont PAS créés égaux.

La déclaration de Jefferson ne peut être comprise que dans le contexte de son époque. Nos pères fondateurs étaient des Aryens, des hommes bien élevés qui comprenaient, de manière empirique, les grandes différences existant entre les souches de chevaux, les souches de bétail, les races d'hommes et entre les individus : des connaissances confirmées aujourd'hui par les sciences naturelles de la génétique, de l'eugénisme et de l'anthropologie. Hitler, comme les nigauds américains commencent à l'apprendre, n'avait pas tout faux.

Les auteurs de notre Constitution, qui représentaient treize colonies esclavagistes, espéraient construire un bastion de la culture occidentale en Amérique *pour leur progéniture blanche*. Jefferson, propriétaire de nombreux esclaves, ne soutenait PAS l'égalité raciale. Cette idée ne lui serait jamais venue à l'esprit (il a également déclaré : "… les deux races également libres ne peuvent pas vivre ensemble sous le même gouvernement"). Jefferson faisait référence à l'*égalité devant la loi* — en ce qui concerne la question brûlante de l'époque : "pas d'imposition sans représentation".

Les fondateurs voulaient également un gouvernement dans lequel le pouvoir suprême repose sur le peuple. Ils savaient cependant que, dans ce monde très imparfait, les *personnes intelligentes et capables sont toujours moins nombreuses que les personnes inintelligentes et incapables*. Par conséquent, le vote de la majorité annule le vote de l'intelligence. Les fondateurs savaient également que les masses sont facilement contrôlées par des hommes ambitieux et sans scrupules. C'est pourquoi, dans leur sagesse, ils ont créé une République dotée d'un solide système de contrôle et d'équilibre des pouvoirs — et non une Démocratie — sachant que la Démocratie est destinée à détruire les libertés qu'elle est censée protéger. En *conséquence, le droit de vote était si précieux qu'il était limité* aux hommes blancs jugés capables d'exercer leur droit de vote de manière responsable. Les auteurs de la Constitution ont été influencés par les discours de Platon sur la "règle de la majorité" et par l'histoire de cette remarquable cité-État, Athènes, pendant l'âge d'or de Périclès (vers 430 av. J.-C.). La population totale d'Athènes, qui s'élevait à 130 000 personnes, se composait de 50 000 citoyens (Grecs, étroitement consanguins), de 25 000 métis (étrangers en résidence) et de 55 000 esclaves. Dans cette "démocratie" hautement acclamée, qui a produit de manière disproportionnée nombre des plus grands hommes de l'histoire, les femmes, les métis et les esclaves n'avaient pas le droit de vote et les citoyens n'avaient pas le droit de se marier avec des esclaves.

Alexis de Tocqueville observait : pour établir une base de pouvoir dans une DÉMOCRATIE, il suffit de professer la croyance en l'égalitarisme. C'est précisément le stratagème mis en œuvre par les ILLUMINATI au cours de la dernière moitié de l'Amérique du XIXe siècle. Engraissés par les profits récoltés pendant la guerre de Sécession, les juifs étaient comme des vers attaquant un champ de maïs mûr. Leur stratégie, conformément aux PROTOCOLES, était la suivante : 1) transformer la République américaine en DÉMOCRATIE ; 2) créer une banque centrale Rothschild ; 3) s'emparer des médias ; 4) instaurer un impôt sur le revenu des particuliers ; 5) détruire la nation blanche ; et 6) mettre les incroyables ressources, la force et l'énergie créatrice de l'Amérique au service des aspirations des JUIFS, parmi lesquelles la destruction de l'Allemagne, ennemi avoué du LIBÉRALISME/MARXISME/JUDAÏSME et patrie de la race blanche. Emma Lazarus, juive (1849-1887), a signalé les intentions de sa tribu à l'égard de notre République dans un poème ("Le nouveau colosse") inscrit sur la base de la Statue de la Liberté, invitant les "misérables déchets" du monde à se rendre sur les rivages dorés de l'Amérique — la décharge de Yahvé. Les juifs ont tendance à détruire ce qu'ils envient le plus.

LIBÉRALISME/JEUNISME/MARXISME : telle est la formule utilisée par Woodrow Wilson et Franklin D. Roosevelt, tous deux démocrates, pour trahir leur nation. Le premier était un naïf, un sophiste au cœur vil, soumis au chantage des sionistes américains pour une histoire extra-conjugale ; le second était un égoïste impitoyable, animé d'une profonde méchanceté envers sa propre race ("Certains de mes meilleurs amis sont des communistes"). Sous Wilson, la DÉMOCRATIE a remplacé notre République, le système monétaire américain a été placé entre les mains des ILLUMINATI et les JUIFS ont reçu la déclaration Balfour (garantissant une "patrie" juive), en *contrepartie* de l'entrée de l'Amérique dans la Première Guerre mondiale. Sous Roosevelt, le

LIBÉRALISME/MARXISME/JUDAÏSME a triomphé de la civilisation occidentale. Les juifs se sont vu garantir l'État d'ISRAËL, *en contrepartie* de l'entrée en guerre de l'Amérique contre l'Allemagne (Seconde Guerre mondiale). "Le cerf le plus vaillant peut être mis à genoux si on lui met suffisamment de chiens à la gorge." (William G. Simpson)

Le "peuple avec une mission" auquel Ben Wattenberg, JUIF, fait référence ci-dessus, est le PEUPLE CHOISI PAR DIEU dont la mission messianique, comme l'indiquent très clairement l'Ancien Testament, le Talmud et les Protocoles, est la destruction de toutes les nations païennes par le biais du métissage et des guerres. Le "troupeau de prolétaires bruns" découragé qui en résultera sera connu sous le nom euphémique de NATION UNIVERSELLE.

Depuis la Seconde Guerre mondiale, le GOUVERNEMENT SIONISTE OCCUPÉ DES ÉTATS-UNIS (ZOG) a accueilli un grand nombre d'immigrés non blancs féconds, en s'appuyant sur l'idéologie selon laquelle la diversité est meilleure. Paradoxalement, l'establishment libéral est engagé dans une campagne de contre-culture visant à éliminer la diversité par le biais du métissage racial. Ces concepts incohérents partagent un objectif ILLUMINATI singulier : la destruction de la race aryenne blanche.

L'approbation des mariages interraciaux repose sur le dogme chrétien idiot selon lequel les enfants de Dieu doivent aimer leurs ennemis (un concept que les JUIFS rejettent totalement) et sur la propagande libérale, marxiste et juive selon laquelle tous les hommes et toutes les races sont créés égaux. Ces idéologies génocidaires, prêchées dans les chaires américaines, enseignées dans les écoles américaines, légiférées dans les couloirs du Congrès (confirmant la conviction TALMUDIQUE que les goyim sont des moutons stupides), sont censées produire une population "américaine" unique, superintelligente, belle et non blanche. Le racisme, l'inégalité, le sectarisme et la guerre disparaîtront à jamais. Comme toutes les idéologies libérales, le métissage est totalement incompatible avec la loi naturelle : les espèces sont améliorées par la reproduction, la sélection naturelle et la mutation. Seuls les plus forts survivent. Le croisement des Blancs avec des espèces situées plus bas sur l'échelle de l'évolution diminue le patrimoine génétique des Blancs tout en augmentant le nombre de métis physiologiquement, psychologiquement et comportementalement démunis. Tout au long de l'histoire, les Blancs imprévoyants se sont métissés. Le concept de "fraternité" n'est pas nouveau (comme le prétendent les LIBÉRAUX) et les résultats — qui sont inévitablement désastreux pour la race blanche — sont évidents aujourd'hui, par exemple, dans les populations métisses de Cuba, du Mexique, de l'Égypte, de l'Inde et des centres-villes de l'Amérique contemporaine.

Comment les TALMUDISTES protègent-ils différemment *leur* patrimoine génétique ! Les Juifs n'ont aucune intention de faire partie de la NATION UNIVERSELLE qu'ils sont en train de créer pour les stupides *goyim*. Le représentant des Nations unies, le comte Folke Bernadotte, avant d'être assassiné par l'Irgoun, a proposé que les Palestiniens et les Juifs vivent ensemble sous un gouvernement DÉMOCRATIQUE. Les Palestiniens ont accepté. Les Juifs ont violemment refusé, exigeant un État exclusivement réservé aux Juifs. La DIVERSITÉ DÉMOCRATIQUE n'est bonne que pour les *goyim* ! Les JUIFS — qui ont fait de l'antisémitisme un commerce rentable, qui bombardent leurs propres synagogues, griffonnent des graffitis sur leurs propres tombes, profèrent des mensonges sur l'Holocauste — se révèlent aujourd'hui comme les ANTI-SÉMITES les plus virulents du monde : ils assassinent des Arabes à chaque occasion et réclament l'aide des États-Unis lorsque les "terroristes" dépossédés ripostent.

La survie de la nation juive dépend du maintien de son statut de peuple élu par Dieu. C'est pourquoi le TALMUD considère comme un crime le fait pour un Juif d'épouser un non-Juif. Mais pas toujours. Les mâles juifs, qui cherchent à revigorer les gènes tribaux malades, peuvent recevoir une dispense rabbinique pour s'accoupler avec des femmes païennes trophées. La progéniture bâtarde de ces mariages mixtes est considérée comme non juive ; cependant, les fils issus de ces mariages peuvent racheter la lignée juive en épousant des JUIVES, dont la progéniture est toujours considérée comme juive. Ainsi la TRIBU s'approprie des gènes païens sains ! Dans une société patriarcale, comme celle des JUIFS, la dispense décrite ci-dessus est une nécessité biologique. Après les guerres, les riches juifs avaient l'habitude de fouiller les ruines de l'Europe à la recherche de veuves et d'orphelins aryens affamés qu'ils ramenaient aux États-Unis.

Steven Spielberg, juif, réalisateur pusillanime d'Hollywood, a payé 22 millions de dollars à Kate Capshaw, entreprenante prostituée blanche, avant qu'elle ne s'engage dans le lit conjugal (*Vanity Fair*, oct. 1997). Elle l'a ensuite consciencieusement accouché de deux futurs candidats à l'industrie florissante des prothèses nasales en Amérique. Telle est la vie d'un oiseau dans une cage dorée. On ignore quelle rémunération le vice-président Al Gore a reçue, *quid pro quo*, pour avoir arrangé le mariage de sa fille blonde avec le rejeton de la riche tribu Schiff (Kuhn Loeb & Co., JUIFS), une cabale bancaire notoirement connue pour avoir financé la révolution bolchevique au cours de laquelle des millions de musulmans et de chrétiens désarmés ont été assassinés de la même manière que les éleveurs texans rassemblent et abattent des lièvres d'Amérique.

En 1933, lors d'élections démocratiques, les Allemands ont opté pour un État allemand exclusivement réservé aux Allemands (Aryens), tout en proposant d'aider les sionistes à coloniser la Palestine avec des Juifs. La juiverie mondiale est devenue folle furieuse en déclarant unilatéralement la guerre (1933) à l'Allemagne. Pour les JUIFS, il est inconcevable qu'une autre race que celle choisie par DIEU ait son propre État. Les ILLUMINATI ont ordonné aux forces alliées d'incinérer les Allemands dans leurs villes, leurs fermes et leurs hameaux, informant ainsi le monde que les États-nations ne seront pas tolérés, sauf en Israël, et que la communauté juive mondiale peut vivre dans n'importe quelle nation étrangère de son choix.

L'expression *E pluribus unum*, qui figure sur les pièces de monnaie américaines, faisait référence aux immigrants blancs qui, une fois arrivés aux États-Unis, abandonnaient leur appartenance ethnique et s'assimilaient à un pool génétique blanc (nation) : la même nation aryenne qui peuplait les grands États d'Europe. Ici, au lieu de s'appeler Anglais, Français, Écossais, Allemands, Polonais *et autres*, ils se sont appelés Américains. Par conséquent, jusqu'à la Seconde Guerre mondiale, le monde entier considérait les Américains comme des Blancs. Ce n'est plus le cas aujourd'hui. On nous appelle aujourd'hui les "vilains Américains". Ce n'est plus notre pays. Honteusement, l'Amérique blanche a capitulé devant les Juifs sans tirer un seul coup de feu, alors que les Indiens d'Amérique se sont battus pour leur terre presque jusqu'au dernier homme, laissant un héritage de bravoure inégalé. La population mondiale d'*homosapiens* est aujourd'hui de 6 milliards, dont 800 millions (13%) de Blancs. Démocratiser le monde aboutira au même résultat que de verser un récipient de lait dans les égouts de la ville de New York. La population blanche va tout simplement se métisser dans la boue raciale et disparaître — pour *toujours* — comme il sied à une espèce qui n'a pas la volonté de survivre.

II

Dès les premiers jours de leur histoire, les Juifs ont vécu parmi des nations étrangères. Strabon, le grand géographe (vers 100 av. J.-C.), a écrit que les Hébreux contrôlaient clandestinement presque tous les peuples prospères de la planète. Cette affirmation semble juste. Josèphe, historien hébreu de la même époque, s'est vanté qu'il n'y a pas de nation où les Hébreux n'aient pas pénétré. 400 ans après la première pyramide de Khéops, un flot d'immigrants hébreux a traversé l'isthme de Suez pour entrer dans l'Égypte prospère sous le règne de Pépi II (2738-2644 av. J.-C.). Le filet d'eau s'est transformé en ruisseau. Les pots-de-vin, la corruption politique et morale se développent. La dynastie égyptienne est au bord de l'effondrement. Nefer-rohu écrit : "Toutes les bouches sont pleines de "Aimez-moi !" et tout ce qui est bon a disparu". "Le voleur est maintenant le possesseur des richesses... Je te montre le propriétaire dans le besoin et l'étranger satisfait..." Les Hébreux n'ont pas été tenus en esclavage par le Pharaon. C'était l'inverse. Finalement, le chameau a été expulsé de la tente et l'Égypte a entamé une renaissance culturelle et économique.

Les douze tribus hébraïques auxquelles Yahvé a promis le monde ont été unies pendant moins de 100 ans ("années d'or") sous les rois Saül, David et le bâtard Salomon. Déchirées par des luttes intestines et lourdement taxées pour soutenir les excès du roi "sage", les tribus se sont imprudemment scindées en deux parties (922 av. J.-C.) : Israël avec 10 tribus, au nord, et Juda (contenant Jérusalem) avec 2 tribus, au sud. Les Assyriens (Syrie, Sémites) ont tué ou assimilé les tribus du nord, qui ont disparu à jamais de l'histoire. Ensuite, Juda a été vaincu par les Babyloniens (Irakiens, Sémites). Les Judéens survivants ont été retenus en captivité à Babylone. Plus tard, ceux qui occupaient des postes de confiance (530 av. J.-C.) ont trahi Babylone au profit des Perses (Iran, Aryens), de la même manière que les Judéens ont ensuite trahi les villes gréco-romaines d'Asie mineure au profit des Patriciens, et que les Juifs du 20e siècle ont trahi les secrets militaires américains au profit de l'Union soviétique, d'Israël et de la Chine. (Le livre d'Esther de l'A.T. révèle le concept d'héroïne des JUIFS). La Perse permet aux JUDÉENS de retourner à Jérusalem et de reconstruire leur temple. En 330 avant J.-C., Alexandre le Grand (Macédoniens, Grecs, Aryens) conquiert la Perse. L'hellénisme est finalement remplacé (27 av. J.-C.) par la grande hégémonie romaine (aryenne).

Sous l'hellénisme et plus tard sous Rome, l'objectif était de rassembler en une entité fonctionnelle les populations hétérogènes d'Asie et du Moyen-Orient. Des améliorations ont été apportées au gouvernement et aux affaires civiques ; des routes et des aqueducs ont été construits, des routes commerciales et des entreprises ont été créées (plus d'Hébreux vivaient à Alexandrie qu'à Jérusalem).

Le concept de la Raison occidentale est introduit dans l'éducation, c'est-à-dire la recherche objective des FAITS par opposition au raisonnement subjectif (hébraïque). Toutes les régions conquises en profitent. Cependant, les élus de Dieu avaient leur propre programme. Les Hébreux se divisent en deux camps principaux : les grands prêtres et les milieux d'affaires qui coopèrent avec les gouvernements des satrapes pour obtenir des faveurs politiques et des profits monétaires ; et les fanatiques religieux traditionnels qui cherchent le martyre et la mort des païens. Pour la Grèce et Rome, les Judéens semblaient de peu d'importance — jusqu'à ce qu'une cinquième colonne de trahison se répande dans la région. L'air se remplit de rumeurs, de calomnies, de superstitions et de mauvais présages. L'usure, la corruption et l'extorsion montent en flèche. Le moral et les affaires en pâtissent. Des fonctionnaires et des officiers de l'armée ont été assassinés. Poussées à bout, comme de nombreuses nations, la Grèce d'abord, puis Rome ensuite, ont riposté avec force. Depuis, elles sont diabolisées pour leurs actions. Antiochus IV d'Épiphane, le Ptolémée au pouvoir tenta d'obtenir la coopération des Hébreux par des édits soutenant la Torah, le Grand Prêtre et les milieux d'affaires. Cependant, sa patience s'épuisa lorsqu'il apprit l'existence d'une nouvelle rébellion armée israélienne (169 av. J.-C.). "Rageant comme une bête sauvage, Antiochus marcha sur Jérusalem où, après que ses partisans hébreux eurent traîtreusement ouvert les portes de la ville, les Grecs tuèrent 80 000 ISRAÉLIENS en trois jours et en vendirent au moins autant en esclavage."

Rome, après 100 ans de mensonges et de trahison des Hébreux (7 millions d'Hébreux vivaient dans l'Empire romain), et sous le coup d'une nouvelle rébellion en Palestine, ordonna la destruction du Temple de Jérusalem (70 ap. J.-C.). En outre, selon Tacite, 600 000 des 2,5 millions d'ISRAÉLIENS vivant en Palestine ont été tués au combat (Josèphe, l'Elie Wiesel de son époque, affirme que 1 197 000 hommes, femmes et enfants ont été assassinés).

En 115 après J.-C., les Hébreux et les païens s'entretuent en Égypte, en Mésopotamie, à Chypre et à Cyrène. Pendant la diaspora (c'est-à-dire les Hébreux bannis de Canaan), les "élus de Dieu" se sont dispersés sur tout le littoral méditerranéen. Tragiquement pour l'Occident, nombre d'entre eux ont rejoint l'enclave hébraïque de Rome où, dès 63 avant J.-C., on rapporte que les Hébreux ont causé des problèmes économiques en exportant de l'or depuis l'Italie. Leur influence corrompue était suffisamment puissante pour corrompre les juges romains et influencer la politique étrangère. L'histoire pitoyable des ISRAÉLIENS contraints de vivre dans la diaspora est un autre canular. Seule une petite population hébraïque a jamais vécu en Palestine ; génétiquement, ils sont contraints de vivre parmi les nations d'accueil. La capitale administrative des ISRAÉLIENS n'était pas Jérusalem mais Babylone. C'est là qu'un NASI (chef) administrait la nation hébraïque dispersée. Joseph Ben Tobiah, JUIF (vers 240 av. J.-C.) est décrit comme "le prototype du FINANCIER INTERNATIONAL pour lequel il n'existe ni frontières ni considérations éthiques restrictives... le premier grand banquier juif". (Peter Green, *Alexander to Actium*).

Depuis les pharaons jusqu'à Hammurabi, en passant par les temps modernes, les juifs ont été l'objet de crainte et de dégoût :

(CICÉRON) Les Juifs appartiennent à une force obscure et repoussante. (TACITE) Ils sont toujours prêts à faire preuve de compassion les uns envers les autres, tout en réservant une inimitié amère à l'égard de tous les autres. (CONSTANTIN) Les JUIFS sont une secte néfaste et perverse. (LE CORAN) Satan s'est emparé d'eux. Les JUIFS sont le parti de Satan. (GOETHE) Cette race rusée a un grand principe : tant que l'ordre règne, il n'y a rien à gagner. (VOLTAIRE) Tous les JUIFS naissent avec un fanatisme forcené dans le cœur, comme les Bretons et les Allemands naissent avec des cheveux blonds. Je ne serais pas surpris que ces JUIFS ne deviennent pas un jour mortels pour le genre humain. (WASHINGTON) Les Juifs travaillent plus efficacement contre nous que les armées enemies. (JEFFERSON) Dispersés comme les JUIFS, ils forment néanmoins une nation, étrangère à la terre où ils vivent. (FRANKLIN) Je suis tout à fait d'accord avec le général Washington pour dire que nous devons protéger cette jeune nation d'une influence et d'une pénétration insidieuses. Cette menace, messieurs, ce sont les juifs. (NAPOLÉON) Les juifs sont les grands voleurs de l'ère moderne ; ils sont les oiseaux charognards de l'humanité. (LISZT) La présence des JUIFS au sein des nations européennes est une cause de nombreux maux et un grave danger. (HEGEL) L'État est incompatible avec le principe juif. (LORD HARRINGTON) Les JUIFS ont toujours été les plus grands ennemis de la liberté. (HUME) Les JUIFS ont un caractère particulier et sont connus pour leur fraude. (U. S. GRANT) Les JUIFS, en tant que classe, qui violent toutes les règles établies par le Trésor, sont par la présente expulsés de ce département. (SOMBART) Les guerres sont les récoltes des JUIFS. (DOSTOYEVSKY) Les Juifs drainent le sol de la Russie. (JUNG) Le Juif n'a jamais créé de forme culturelle qui lui soit propre et, à notre connaissance, il n'en créera jamais. (R. L. STEVENSON) Les Juifs entraînent l'agriculteur dans un endettement irrémédiable et le gardent à jamais comme leur esclave. (R. WAGNER) Il y a une chose sur laquelle je suis très clair : c'est que le détournement et la falsification de nos tendances culturelles peuvent être attribués à l'influence juive. (LINDBERGH) Nous sommes préoccupés par l'effet de l'influence juive dans notre presse, notre radio et nos films. (NESTA WEBSTER) L'Angleterre n'est plus contrôlée par les Britanniques. Nous sommes soumis à une dictature juive invisible. (KEROUAC) Le véritable ennemi est le communiste, le JUIF. (J. R. LOWELL) Où serait le JUIF dans une société d'hommes primitifs sans argent ? (MALCOM X) Vous ne pouvez même pas dire JUIF sans qu'il vous accuse d'antisémitisme. (MENCKEN) Il me semble qu'à l'exception de quelques points lumineux, le TALMUD est tout à fait indiscernable des ordures. (G. B. SHAW) Voilà le véritable ennemi... le parasite oriental, en un mot le JUIF. (SOMBART) Consultez les pages du TALMUD... On a appris très tôt aux Juifs à chercher leur bonheur principal dans l'argent. (MARK TWAIN) J'ai lu dans l'*Encyclopaedia Britannica* que la population juive aux États-Unis était de 250 000 personnes ; j'ai écrit au rédacteur en chef que je connaissais personnellement plus de Juifs que cela. Je suis d'avis que nous avons une immense population juive aux États-Unis. (THOMAS WOLFE) Les JUIFS séduisent les jeunes garçons (et filles) chrétiens purs parce qu'ils veulent les détruire.[2] Derrière toutes les guerres et révolutions occidentales se cache le JUIF

---

[2] Les citations sont tirées du livre *ANTIZION*, compilé par William Grimstad, Noontide Press.

international, qui ne cesse de crier à l'antisémitisme, tout en suçant le sang des Gentils.

> Nous ne sommes pas des juifs à trait d'union : nous sommes des juifs sans qualifications ni réserves... Votre esprit nous est étranger... vos ambitions et aspirations nationales nous sont étrangères. Nous sommes un peuple étranger parmi vous, et nous insistons sur le fait que nous souhaitons le rester... Nous reconnaissons l'unité nationale des Juifs de la diaspora, quel que soit le pays où nous résidons. Par conséquent, aucune frontière ne peut nous empêcher de poursuivre nos propres politiques juives...
> DR. JAKOB KLATZKIN, JUIF, "Krisis und Entsheidung".

À l'époque moderne, les juifs ont été expulsés, punis ou dénoncés par de nombreux États aryens, dont les suivants :

1215 CATHOLIQUE 4ème CONCILE du LATRAN — restreint la juiverie pour la traite des esclaves, la prostitution et la proxénétisme.

1253 FRANCE — restrictions pour violation du droit civil.

1255 ANGLETERRE —18 pendus pour meurtre rituel.

1275 ANGLETERRE — Interdiction parlementaire de l'usure des juifs.

1290 ANGLETERRE — expulsé d'Angleterre pour trahison, etc.

1300 RUSSIE — guerre permanente entre la Russie aryenne et les Khazars, qui aboutit à la révolution bolchevique et à la prise de contrôle de la Russie, de l'Europe de l'Est et de l'Amérique par les ILLUMINATI.

1348 SAXONIE — expulse les Juifs vers la Pologne et la Turquie ; trahison.

1360 HONGRIE — expulse les Juifs pour violation du droit civil.

1370 BELGIQUE — expulse les Juifs pour usure et trahison.

1380 SLOVAQUIE — expulse les Juifs pour usure, trahison et proxénétisme.

1420 AUTRICHE — expulse les Juifs pour violation du droit civil.

1444 PAYS-BAS — expulse les Juifs pour usure, trahison et proxénétisme.

1492 ESPAGNE — expulse les Juifs pour blasphème et trahison.

1495 LITUANIE — expulse les Juifs pour violation du droit civil.

1498 PORTUGAL — expulse les Juifs pour blasphème et trahison.

1540 ITALIE — expulse les juifs pour blasphème, meurtre, proxénétisme.

1551 BAVIÈRE — expulse les Juifs pour trahison.

1776 FRANCE/BAVIÈRE – où les ILLUMINATI sont interdit.

1913 RUSSIE — expulse les bolcheviks pour trahison et meurtre.

1935 L'ALLEMAGNE, la ROUMANIE, la HONGRIE, l'AUTRICHE, la CROATIE, et la FRANCE expulsent les Juifs pour trahison, usure et meurtre.

1953 États-Unis — Le Congrès identifie et condamne des espions juifs.

1966 U.S.A. — Le sénateur McCarthy a raison en ce qui concerne les espions juifs.

1990 CANADA — Le procès Zundel prouve que l'"HOLOCAUSTE" est un canular.

1999 U.S.A. — Espionnage juif.

> Le juif s'est déjà émancipé à la manière juive : Le JUIF qui est par exemple simplement toléré à Vienne détermine par son pouvoir monétaire le destin de tout l'empire allemand. Le juif qui est sans droits dans le plus petit État allemand décide du sort de l'Europe.
> KARL MARX, "Un monde sans juifs", 1840

III

Dans la nature, tous les organismes se nourrissent d'autres organismes. En ce sens, l'humanité est parasitaire car elle se nourrit d'autres êtres vivants. Cependant, le seul parasite humain qui s'incarne dans les nerfs d'autres humains est le JUIF. Leur génie réside dans la ruse, dans leur capacité à tromper comme un caméléon et, comme le souligne Cicéron, dans leur malveillance qui fait appel à la bassesse qui réside au plus profond de l'âme de tous les hommes. En public, les JUIFS simulent la PAUVRETÉ. Ils se présentent comme des JUDÉENS errant à jamais dans la diaspora : des victimes tragiques, sans défense, persécutées par TOUS dans un monde bigot et antisémite ! Sous cette chimère, la JUIVERIE internationale est une TÉTRADE virulente, organisée, puissante, extrêmement riche, combinant NATION/LOI/RELIGION/CULTURE : qui seule commande l'allégeance, traverse toutes les frontières nationales et méprise totalement les nations païennes que leur DIEU génocidaire leur a ordonné de détruire.

> La colère du Seigneur est sur toutes les nations, et sa fureur sur toutes les armées. Il les soumettra par interdit... Leurs morts seront jetés dehors, et la puanteur s'échappera de leurs cadavres... Car c'est l'année de la vengeance de l'Éternel, l'année de la rétribution de la controverse de Sion.
>
> LA SAINTE BIBLE : Isaïe 34:2.

Edward Gibbon, dans son livre *Le déclin et la chute de l'Empire romain*, décrit les Juifs comme "une race de fanatiques... animés d'une haine irréconciliable de l'humanité". Arnold Toynbee qualifie le JUDAÏSME de "religion fossile". Winston Churchill dénonce les JUIFS comme "une bande de personnalités du monde souterrain CONSPIRANT de renverser la civilisation occidentale". Le rabbin Stephen Wise, chef de la juiverie "américaine" pendant la Seconde Guerre mondiale, qui a contribué à la création de l'holocauste (CANULAR), a déclaré : "Je ne suis pas un citoyen américain d'origine juive, mais un citoyen américain d'origine juive : "Je ne suis pas un citoyen américain de confession juive. Je suis juif. Je suis juif depuis mille ans. Hitler avait raison — nous sommes un peuple". Oui, Hitler avait raison.

Dans cet avant-propos, nous avons brièvement passé en revue les intentions de nos pères fondateurs de créer un bastion de la culture occidentale en Amérique pour leur progéniture blanche. Les statistiques actuelles du Bureau du recensement des États-Unis révèlent que les Américains blancs sont en voie d'éradication. Nous avons également exploré une brève histoire des Hébreux/Juifs/Israéliens car, comme Spengler l'a démontré de manière si convaincante — et comme l'Amérique peut maintenant l'attester — l'histoire se répète infailliblement. L'ancien cancer juif est désormais ancré dans les nerfs de l'Amérique.

Les règles de navigation nous disent que pour définir un nouveau cap, nous devons d'abord savoir où nous sommes ; pour savoir où nous sommes, nous devons savoir où nous sommes allés. C'est pourquoi nous avons l'intention d'examiner brièvement l'histoire de la CONSPIRATION, puis de décrire la CONSPIRATION en action : LIBÉRALISME/MARXISME/JUDAÏSME ; enfin, nous proposerons un plan pour éliminer le cancer de notre organisme culturel. *Si nous ne l'enlevons pas, nous mourrons.*

N'OUBLIEZ PAS : les gènes blancs ne peuvent pas être créés, ils peuvent seulement être transmis. Nous, les Aryens, pouvons toujours construire un autre État sur les ruines de l'ancien ; mais une fois que le réservoir de gènes blancs est pollué, vous pouvez dire adieu aux blonds, aux roux et aux bruns à la peau claire pour toujours !

CHAPITRE 1

LA CONSPIRATION

Car tu es un peuple saint pour le Seigneur ton Dieu, et le Seigneur t'a choisi pour être un peuple particulier à lui-même, au-dessus de toutes les nations qui sont sur la terre.

BIBLE SAINTE : Deutéronome 14:2.

La colère du Seigneur est sur toutes les nations, et sa fureur sur toutes les armées. Il les dévouera par interdit… Leurs morts seront jetés dehors, et la puanteur s'échappera de leurs cadavres… Car c'est l'année de la vengeance de l'Éternel, l'année de la rétribution de la controverse de Sion.

BIBLE SAINTE : Isaïe 34:2.

L'extermination des chrétiens nécessaire.

TALMUD : Zohar II 43a.

Il est plus méchant de remettre en question les paroles des rabbins que la Torah.

TALMUD : Michna Sanhedrin 11:3.

Les administrateurs, que nous choisirons parmi les citoyens en tenant compte de leur obéissance servile, ne seront pas des personnes formées à l'art de gouverner et deviendront donc facilement des pions dans notre jeu, entre les mains d'hommes de science et de génie qui seront leurs conseillers : des spécialistes élevés dès l'enfance pour diriger les affaires du monde entier.

PROTOCOLES DES SAGES DE SION, protocole 2:2.

Tous les vœux, serments, promesses, engagements et serments que je ferai à l'avenir seront nuls à partir de ce jour de l'Expiation jusqu'au prochain.

TALMUD : Serment de Kol Nidre.

LA TORAH

Lorsque des historiens s'engagent publiquement dans une théorie de la conspiration, les médias se déchaînent et les traitent de nazis, de bigots, de paranoïaques et d'imbéciles. Pourquoi ces démentis furieux ? Depuis le début de l'histoire, les hommes ont conspiré pour dominer le monde, ou ce qu'ils pensaient être le monde. Pourquoi en serait-il autrement aujourd'hui ? Ce n'est pas le cas. Une conspiration est à l'œuvre en ce moment même pour détruire la civilisation occidentale et la nation aryenne qui l'a créée. Cette conspiration n'est pas nouvelle. Elle a commencé il y a plus de 3000 ans sous la forme de légendes tribales parlées, qui ont finalement été rassemblées dans la Torah (vers 900 avant J.-C.), une tapisserie de mythes et de contes plagiés, en grande partie, de l'Égypte, de la Mésopotamie, de Babylone et de la Grèce. La loi mosaïque, le jardin d'Eden, le déluge, l'histoire de David, tout cela provient de sources non hébraïques. L'idée du monothéisme a été empruntée (vers 1400 av. J.-C.) au pharaon Akhnaton. Dans cette riche tapisserie, les Hébreux ont tissé des fils de leur propre histoire, telle qu'ils la croyaient ou la désiraient — le *modus operandi* des scénaristes hollywoodiens d'aujourd'hui. Le protagoniste fictif de ces récits égocentriques est Yahvé (Adonaï, Jéhovah, Dieu) : un dieu tribal anthropomorphe, jaloux, vengeur, colérique, génocidaire, créé à l'image et à la ressemblance des Hébreux qui l'ont créé. Naturellement, ce GRAND HÉBREU dans le ciel Aime les HÉBREUX. Toutes les autres nations sont considérées comme du bétail à utiliser, à traire et à exterminer.

> Car tu es un peuple saint pour le Seigneur ton Dieu, et le Seigneur t'a choisi pour être un peuple particulier à lui-même, au-dessus de toutes les nations qui sont sur la terre.
>
> LA BIBLE SAINTE, Deutéronome 14:2.
>
> Vous serez pour moi un trésor par-dessus tous les peuples, car la terre est à moi.
>
> LA BIBLE SAINTE, Exode 19:5.

N'oubliez pas que ces délires de grandeur ont été écrits par les Hébreux à propos d'eux-mêmes. Les mégalomanes d'une telle ampleur sont généralement des maniaco-dépressifs enfermés dans des asiles d'aliénés.

Le trésor des trésors est Abraham que Yahvé "aime par-dessus tout". On nous raconte qu'Abram (Abraham) et sa femme Sari (Sarah), qui est aussi sa demi-sœur, se sont rendus dans la prospère Égypte à la recherche d'un butin. Là, Abraham organise une rencontre entre sa sœur et le pharaon. Yahvé, omniprésent, les surprend en flagrant *délit*. Le pharaon, ignorant qu'il a commis un adultère, offre à Abe et Sari du bétail, des serviteurs, de l'argent et de l'or "et Abraham devint très riche". Mais, JÉHOVAH est un dieu jaloux et vengeur (Gen.12) ; PAS contre le proxénète Abraham qu'il aime par-dessus tout ; PAS contre l'arnaqueuse Sari. Il est furieux contre le gentil Pharaon, qui a été dupé, et il frappe l'Égypte d'un fléau (Spielbergisme). Bien des années plus tard (Gen. 20), dans un scénario identique, Sarah, alors âgée de 92 ans, arnaque le pharaon Ambimilech. Dieu dit à Ambimilech : "Voici que tu n'es qu'un homme mort... car c'est la femme d'un homme !". L'histoire réelle montre que les Juifs ont été expulsés d'Égypte pour trahison et pour avoir transmis la peste — comme les Juifs étaient porteurs du typhus pendant la Seconde Guerre mondiale (voir le chapitre 6, "HOLOCAUSTE").

Un autre exemple de la haine de DIEU pour les païens nous apprend qu'Abraham, patriarche d'Israël, avait les yeux rivés sur Canaan, une "terre de lait et de miel" appartenant à une tribu sémitique pastorale — les Philistins (Palestiniens). Par chance, Yahvé a conclu un accord avec son copain Abraham :

> Je te donnerai, à toi et à ta postérité après toi, le pays où tu es étranger, tout le pays de Canaan, pour qu'ils le possèdent à perpétuité ; et je serai leur Dieu.
>
> GENÈSE 17:8.

JÉHOVAH dit tout ce que les scénaristes impriment dans les intertitres. Ceux qui trouvent convaincant de croire que Yahvé a créé une terre plate, vers 5000 avant J.-C., qu'il a parlé depuis un buisson ardent, qu'il a dénudé ses fesses, qu'il a séparé la mer Rouge et qu'il aime les JUIFS plus que toutes les autres nations, partagent une crédulité enfantine avec ceux qui croient que des millions de JUIFS sont morts dans les chambres à gaz allemandes. Cela confirme également la conviction des JUIFS que les Gentils sont des moutons stupides. Cela donne envie de vomir.

La Torah ordonne aux Gentils d'adorer Jéhovah ou de subir les tourments de l'enfer. D'autre part, JÉHOVAH assure aux JUIFS qu'ils peuvent voler, tromper, violer et tuer des Gentils en toute impunité. Il promet que les JUIFS seuls hériteront de la Terre.

LE TALMUD

LA BIBLE SAINTE nous apprend que Moïse, un Hébreu (ou était-il Égyptien ?), est monté sur le mont Sinaï (vers 1300 av. J.-C.) pour s'entretenir avec Yahvé, qui lui a donné LA LOI (les dix commandements) que Moïse a écrite sur deux tablettes de pierre (il n'y avait pas d'alphabet hébraïque à l'époque et l'écriture a pu être cunéiforme, hiéroglyphique, chinoise, ou autre). Traditionnellement, Moïse a également écrit la TORAH (Pentateuque). Des siècles plus tard, les pharisiens ont prétendu que Dieu avait interprété oralement la LOI donnée à Moïse. Les pharisiens prétendaient que l'interprétation orale de Yahvé était identique à leur interprétation orale. Ainsi, la LOI ORALE des Pharisiens et la TORAH sont reconnues comme LA SAINTE PAROLE. La LOI ORALE des Pharisiens, appelée pharisaïsme, que Jésus méprisait en la qualifiant de "Synagogue de Satan", a finalement été mise par écrit et est devenue le TALMUD (500 après J.-C.).

> Le TALMUD se compose de 63 livres d'écrits juridiques, éthiques et historiques des anciens rabbins (22 av. J.-C. — 500 ap. J.-C.). Il a été édité cinq siècles après la naissance de Jésus. Il s'agit d'un recueil de lois et de connaissances : le code juridique qui constitue la base de la loi religieuse juive et le livre utilisé pour la formation des rabbins ; c'est le fondement même de la vie juive. Il est enseigné aux enfants juifs dès qu'ils savent lire.
>
> Rabbin Morris N. Kertzer, président de l'Association des aumôniers juifs, Forces armées, États-Unis ; porte-parole du Comité juif américain (le "Vatican du judaïsme").

Il existe deux TALMUD : le palestinien et le babylonien. C'est au TALMUD babylonien (Socino Ed. 1935), utilisé par la plupart des JUIFS, que nous nous référerons ici. Il s'agit d'un énorme tome dont une grande partie est ennuyeuse, la syntaxe pesante ; la schizophrénie génétique des JUIFS y est manifeste : elle est vantarde, déprimée, vindicative, vulgaire, malhonnête, pleine de haine. Le TALMUD traite de presque tous les aspects concevables de l'existence juive, peu de choses sont laissées au hasard, de la manière d'utiliser les graines et les herbes, au régime alimentaire et aux relations sexuelles, quand mentir, qui tuer, quelle chèvre sacrifier, le cabalisme, la numérologie, la nécromancie, la thaumaturgie et les obsessions pour les perversions de style hollywoodien, les fonctions corporelles, etc. Néanmoins, les rabbins ont tissé le fil de la philosophie juive, de la loi juive et de l'"histoire" juive. C'est là que se trouve le grain de sable qui sous-tend l'objectif des JUIFS de dominer le monde, d'en recueillir les richesses et d'asservir les Gentils. C'est ce credo luciférien qui est en train de transformer les États-Unis en une nation non blanche contrôlée par les ILLUMINATI, qui fera bientôt partie d'un seul monde métissé.

> Les païens qui s'intéressent aux lois juives seront condamnés à mort.
>
> TALMUD : Sanhedrin 59a.
>
> Ne pas sauver les chrétiens en danger de mort.
>
> TALMUD : Hilkoth Akum X, 1.
>
> Tuez les meilleurs Gentils !
>
> TALMUD : Sanhedrin 59.
>
> Une femme qui a des rapports avec une bête peut épouser un prêtre.
>
> TALMUD : Yebamoth 59b.
>
> Une jeune fille de trois ans et un jour peut être acquise en mariage par coït.
>
> TALMUD : Sanhedrin 55b.
>
> La pédérastie avec un enfant de moins de neuf ans n'est pas considérée comme de la pédérastie.
>
> TALMUD : Sanhedrin 54b-55a.
>
> Jésus a été conçu illégitimement pendant les règles.
>
> TALMUD : Kallah 1b (18b).
>
> Lorsqu'un homme adulte a des relations sexuelles avec une petite fille de moins de 3 ans, ce n'est rien.
>
> TALMUD : Kethuboth 11a-11b.
>
> Les rapports sexuels sont autorisés avec un parent décédé.
>
> TALMUD : Ya Bhamoth.
>
> N'oublions pas que nous sommes une nationalité distincte dont chaque Juif — quels que soient son pays, son rang, sa croyance — est nécessairement membre.
>
> LOUIS DEMBITZ BRANDEIS,
> JUIF, Cour suprême des États-Unis.

Michael Redkinson, JUIF, et le rabbin Isaac Wise, "deux des plus grandes autorités mondiales sur le TALMUD", qui ont collaboré à la rédaction du célèbre ouvrage *"History of the Talmud" (Histoire du Talmud)*, ont déclaré ce qui suit :

> La source à laquelle Jésus de Nazareth a puisé les enseignements... qui lui ont permis de révolutionner le monde... est le TALMUD. C'est la forme écrite de ce que l'on appelait, à l'époque de Jésus, les traditions des Sages de Sion, auxquelles il fait souvent allusion.

Redkinson et Wise, bien sûr, sont des menteurs. Le TALMUD résonne de la haine de Jésus :

> Jésus a été conçu pendant que Marie avait ses règles.
>
> TALMUD : Kallah 1b.
>
> Jésus est le fils bâtard de Pandira, soldat romain.
>
> TALMUD : Sanhedrin 67a.
>
> Jésus est en enfer, puni en étant bouilli dans du sperme chaud... tous les chrétiens sont cuits dans de la merde !
>
> TALMUD : Libre David 37.

Et le Nouveau Testament montre clairement le mépris de Jésus pour les Pharisiens et leur enseignement oral (TALMUDIQUE) :

> Je connais le blasphème de ceux qui se disent enfants de Dieu, mais qui sont de la synagogue de Satan ! Car vous êtes de votre père le diable, et vous ferez les désirs de votre père. Il était meurtrier dès le commencement, et il ne demeurait pas dans la vérité, car il n'y avait pas de vérité en lui... Quand il profère le mensonge, c'est de lui-même qu'il parle, car il est le menteur et le père du mensonge.
>
> JÉSUS, JEAN 8:1

Sous la direction des pharisiens, le temple était devenu le système de la réserve fédérale de l'époque. Le Christ a chassé les usuriers du Temple à l'aide d'un fouet de serpent, s'attaquant indirectement à la bourse des pharisiens. Cela a scellé son destin ! La Ligue anti-diffamation de l'époque a réagi rapidement. Utilisant les procédures habituelles, elle a diffamé Jésus ("L'Infamie") pour rallier la foule à sa cause — comme, des siècles plus tard, elle diffamera Marie-Antoinette, les Romanov, Hitler, le général MacArthur, McCarthy, *et d'autres encore*). Ensuite, Jésus a été piégé par le Sanhédrin, qui l'a fait arrêter, juger, condamner et crucifier. (Le pape Jean-Paul, en 1995, a renié la SAINTE PAROLE en déclarant que *les JUIFS n'avaient rien à voir avec la mort de Jésus-Christ !*)

> Que son sang soit sur nous (JUIFS) et sur nos enfants !
>
> MATTHIEU : 27:24-25.

> Je suis innocent du sang de ce juste !
>
> LES SYNOPTIQUES : Ponce Pilate.

> Jésus fornique avec son crétin.
>
> TALMUD : Sanhedrin.

Rodkinson et Wise, avec un culot d'oie, disent :

> Le TALMUD a survécu dans son intégralité, pas une seule lettre du TALMUD ne manque... et il s'épanouit aujourd'hui à un degré que l'on ne retrouve pas dans son histoire passée. Il domine l'esprit de tout un peuple qui vénère son contenu comme une vérité divine.

L'une de ces "vérités divines" du TALMUD est le saint serment de KOL NIDRE (prière de tous les vœux). Il est récité trois fois par la congrégation de la synagogue en prologue aux rites de YOM KIPPUR (le jour de l'expiation ou Grand Pardon), "le plus haut des jours saints". Il a également été mis en musique par Felix Mendelssohn, JUIF (Marrane). La plupart des chrétiens, y compris le clergé, croient que le serment de KOL NIDRE est un vœu profond d'obéissance à Dieu. En fait, le TALMUD exige que chaque JUIF rompe à l'avance tous les serments et toutes les déclarations sous serment qu'il pourrait faire à un Gentil au cours de l'année suivante :

> "...mes promesses ne lieront pas... mes vœux ne seront pas considérés comme des vœux... ni mes serments comme des serments... tous les vœux que je ferai à l'avenir seront NULS à partir de ce jour de l'Expiation jusqu'au prochain."
>
> TALMUD : Serment de Kol Nidre.

Joseph G. Burg, juif, auteur de "Zionist Nazi Censorship" ; "Guilt and Fate", et plusieurs autres livres importants sur la Seconde Guerre mondiale, a témoigné pour la defense dans le procès *Canada contre Ernst Zundel*, procès de l'"Holocauste", à Toronto, Ontario, Canada (censuré aux États-Unis). Burg a déclaré que les survivants juifs de l'"Holocauste" avaient inventé les histoires de chambres à gaz. Mais comme leur témoignage était assermenté devant un tribunal païen, ils pouvaient mentir en toute impunité.

> Si ces Juifs avaient prêté serment devant un rabbin portant une kippa, ces fausses déclarations, ces déclarations malsaines, auraient diminué de 99,5%, car le serment superficiel n'était pas moralement contraignant pour les JUIFS.
>
> JOSEPH G. BURG, JUIF,
Procès des crimes de haine de Zundel, 1988.

Les juifs peuvent mentir et se parjurer pour condamner les chrétiens.

TALMUD : Babha Kama 113b.

Le TALMUD est le fondement même de la vie juive. Il est enseigné aux enfants juifs dès qu'ils sont en âge de lire.

RABBIN MORRIS KERTZER,
Comité juif américain.

La TORAH a donc été créée pour inspirer et contrôler un peuple "au cou raide" et vaincu, tandis que le TALMUD était une interprétation pragmatique de ce MYTHE. Les pharisiens et les prêtres haut placés, profondément conscients du CANULAR de Jéhovah, comprenaient également que la TORAH/TALMUD ne soutenait pas seulement leur mode de vie, mais était le ciment de la nation hébraïque.

De magnifiques continents riches en ressources naturelles attendaient d'être découverts et civilisés. Mais les Juifs n'ont pas produit d'explorateurs ou de conquérants. Ils auraient pu s'assimiler aux nations sémitiques. Au lieu de cela, contraints par le génotype de leur espèce et convaincus de leur statut d'"ÉLUS", les JUIFS se sont implantés comme des sangsues au sein des nations païennes qu'ils avaient secrètement juré de déposséder et de détruire.

Partout où le TALMUDISME est apparu, l'"antisémitisme" a suivi comme la nuit suit le jour. Les communautés juives — les ghettos, dont les synagogues et les rabbins constituent le noyau opérationnel — conçues pour empêcher les goyim d'entrer, sont invariablement devenues des enclos pour empêcher les juifs de sortir. Les Gentils ne pouvaient tolérer cette nation étrangère, corrompue et maniaco-dépressive parmi eux.

Les psychologues rapportent que les enfants conditionnés pour développer des niveaux exagérés ou infondés d'estime de soi — et des sentiments d'amour-propre contre nature — à qui l'on apprend à se considérer de manière irréaliste comme meilleurs que les autres, souffrent invariablement d'une profonde dépression lorsque leurs réalisations ne répondent pas à leurs attentes. Lorsqu'ils sont critiqués par les autres ou qu'ils n'obtiennent pas ce qu'ils veulent, ils ont recours aux crises de colère et à la violence. Ils accusent systématiquement les autres d'être responsables de leur insuffisance. Ils détestent leurs supérieurs, dont ils veulent se venger.

Les Juifs envient et haïssent tout particulièrement la nation aryenne, dont les réalisations remarquables et la beauté physique sont jugées humiliantes par les Juifs — une liqueur amère à avaler jour après jour, année après année, génération après génération — en particulier pour ceux qui se croient si ardemment le peuple élu de Dieu. La CONSPIRATION TORAH/TALMUD nécessitait une nouvelle approche, sans sacrifier la tradition, pour faire face aux problèmes politiques contemporains. Il n'est donc pas surprenant de découvrir que certains anciens de Sion — après des siècles de frustrations et d'humiliations — ont pris les choses en main et formulé un plan pour mettre en œuvre et accélérer les promesses non tenues de Jéhovah. LES PROTOCOLES DES SAGES DE SION.

> Nous aurons un gouvernement mondial, que cela vous plaise ou non. La question est seulement de savoir si le gouvernement mondial sera réalisé par consentement ou par conquête.
>
> JAMES WARBURG, JUIF, banquier, 1953, U. Congressional Hearing.

> La vérité est que, depuis 147 ans, le feu de la révolution couve constamment sous l'ancienne structure de la civilisation... il n'est pas local, mais universel... ses causes doivent être recherchées dans une conspiration profonde... qui constitue la plus grande menace à laquelle la race humaine ait jamais été confrontée... la conception des Juifs comme peuple élu... constitue une tentative concertée pour parvenir à la domination du monde.
>
> NESTA H. WEBSTER, *World Revolution*, Briton Press 1971.

> Ce mouvement parmi les Juifs n'est pas nouveau. Depuis l'époque de Spartacus-Weishaupt jusqu'à celle de Karl Marx, en passant par Trotsky (Russie), Bela Kuhn (Hongrie), Rosa Luxembourg (Allemagne) et Emma Goldman (États-Unis), cette conspiration

mondiale pour le renversement de la civilisation et la reconstruction de la société sur la base d'un développement arrêté, d'une malveillance envieuse et d'une égalité impossible n'a cessé de croître. Elle a joué, comme l'a si bien montré l'historienne Nesta Webster, un rôle tout à fait reconnaissable dans la tragédie de la Révolution française, et a été le moteur de tous les mouvements subversifs au cours du XIXe siècle… la majorité des figures de proue sont juives. De plus, l'inspiration principale et la force motrice proviennent de leaders juifs.

WINSTON CHURCHILL, *Illustrated Sunday Herald* (1920).

Amshel Mayer Rothschild, JUIF, (1743-1810) patriarche de la famille de banquiers de Frankfort, en Allemagne, était intrigué par d'anciens parchemins contenant des protocoles hébraïques qu'il avait acquis pour sa bibliothèque. Il charge Adam Weishaupt, un prêtre jésuite apostat, de les mettre à jour. En 1776, année fatidique, Weishaupt présenta à Rothschild les *Einigen Original Scripten* (Protocoles) accompagnés d'un paradigme organisationnel conçu pour mettre en œuvre les Protocoles révisés, qu'il nomma "ILLUMINATI" en référence à Lucifer (Satan), "Le Porteur de Lumière". Son objectif : UN GOUVERNEMENT MONDIAL ILLUMINATI.

Les documents Weishaupt/Rothschild ont été révélés au monde (1784) "par un acte de Dieu" lorsqu'un coursier de Rothschild et son cheval ont été frappés par la foudre à Ratisbonne en route vers Paris. Les autorités bavaroises ont découvert une copie des *Einigen Original-Scripten* dans les sacoches. Les ILLUMINATI furent rapidement mis hors la loi et les loges du Grand Orient, où se réunissaient les conspirateurs, furent définitivement fermées. Les ILLUMINATI ont ensuite rapidement infiltré les loges de la franc-maçonnerie dans toute l'Europe, à partir desquelles la Révolution française (juive) a été fomentée et dirigée.

De nombreuses années plus tard, les Protocoles, à nouveau révisés, sont réapparus à Saint-Pétersbourg, en Russie, à l'époque de la révolution bolchevique, juive, qui s'y est déroulée. Victor E. Marsden, correspondant du *London Morning Post* (à une époque où l'intégrité de la presse était considérée comme sacro-sainte) a acquis une édition russe (*Cionski Protocoli*) de l'œuvre de Weishaupt, dans le cadre d'une opération spéciale, auprès du professeur Sergyei Nilus, un prêtre catholique orthodoxe. Marsden l'a traduit en anglais et l'a publié sous le titre : *Les Protocoles des Sages de Sion*. Pour sa témérité, Marsden a été assassiné. L'exemplaire original des Protocoles de Nilus, portant la date du 10 août 1906, se trouve aujourd'hui au British Museum, à Londres.

Aux États-Unis, Henry Ford Sr, fondateur de la Ford Motor Company, a fait imprimer des millions d'exemplaires des Protocoles, en plusieurs langues, et les a distribués dans le monde entier. La communauté juive mondiale a protesté avec véhémence contre le fait que les Protocoles étaient des "faux" (sic). Ford répondit (*New York World*, 2-1721) :

> "La seule déclaration que je souhaite faire au sujet des Protocoles est que [...] ils ont correspondu à la situation mondiale jusqu'à ce jour. Ils s'adaptent à la situation actuelle. Le sénateur Jacob Javits, juif, a présidé une commission d'enquête du Sénat américain chargée de faire un rapport sur les Protocoles. Le Sénat américain, qui fait ce qu'on lui dit de faire, a confirmé que les Protocoles étaient "falsifiés" (sic). Des falsifications de quoi ? Aucun débat n'a été mené sur la corrélation entre les Protocoles et ce qui s'est passé sur la scène mondiale !"
>
> 300 hommes, qui se connaissent tous, contrôlent le destin économique du continent.
>
> WALTER RATHENAU, JUIF, puissant financier allemand.
>
> Le monde est dirigé par des personnages très différents de ce que peuvent imaginer ceux qui ne sont pas dans les coulisses.
>
> BENJAMIN DISRAELI, JUIF, Premier ministre, Grande-Bretagne.
>
> Vous n'avez pas commencé à apprécier la profondeur réelle de notre culpabilité. Nous *sommes des* intrus. Nous sommes *des* perturbateurs. Nous *sommes des* subversifs. Nous nous sommes emparés de votre monde naturel, de vos idéaux, de votre destin, et nous les avons dévastés.
>
> MARCUS ELI RAVAGE, JUIF, *Century Magazine* (janvier 1928).
>
> Le sens de l'histoire de notre dernier siècle est qu'aujourd'hui 300 financiers juifs, tous maîtres de loges, dirigent le monde.
>
> JEAN IZOULET, Alliance israélite universelle (1931).

Les PROTOCOLES DES SAGES DE SION, qui contiennent 24 protocoles, sont divisés en articles. Plusieurs PROTOCOLES ont pu être supprimés par le professeur Nilus parce qu'il les jugeait nuisibles à l'Église. Ici, par manque de place, les PROTOCOLES seront abrégés.

(Edward Gibbon nous rappelle — *The Decline and Fall of the Roman Empire,* Chapters XV, XXVIII, XLVII, XLIX — que la conspiration juive est à l'origine de la chute de TOUTE l'antiquité civilisée).

LES PROTOCOLES DES SAGES DE SION

Protocole 1 : La liberté politique est une idée, pas un fait. Il faut savoir appliquer cette idée comme un appât chaque fois qu'il apparaît nécessaire d'attirer les masses populaires dans son parti afin d'écraser le pouvoir en place. Cette tâche est facilitée si l'adversaire lui-même a été infecté par l'idée de liberté, le soi-disant libéralisme, et s'il est prêt à céder une partie de son pouvoir au nom d'une idée. C'est précisément ici qu'apparaît le triomphe de notre théorie ; les rênes relâchées du gouvernement sont immédiatement, par la loi de la vie, reprises et rassemblées par une nouvelle main ; car la puissance aveugle de la nation ne peut pas exister un seul jour sans direction, et la nouvelle autorité ne fait que prendre la place de l'ancienne autorité affaiblie par le libéralisme.

Notre droit réside dans la force. Le mot "droit" est une pensée abstraite qui n'est prouvée par rien. Ce mot ne signifie rien d'autre que : "Donnez-moi ce que je veux afin que je puisse prouver que je suis plus fort que vous".

Notre pouvoir, dans l'état actuel de vacillement de toutes les formes de pouvoir, sera plus invincible que tout autre parce qu'il restera invisible jusqu'au moment où il aura acquis une telle force qu'aucune ruse ne pourra l'ébranler.

Voyez les animaux alcoolisés qui s'amusent avec la boisson, dont le droit d'en faire un usage immodéré vient avec la liberté. Ce n'est pas à nous et aux nôtres d'emprunter cette voie. Les *Goyim s'amusent de* l'alcool et de l'immoralité précoce dans laquelle ils ont été induits par nos agents spéciaux.

Protocole 2 : Les administrateurs, que nous choisirons parmi les citoyens en tenant compte de leur servilité, ne seront pas des personnes formées à l'art de gouverner et deviendront donc des pions dans notre jeu : entre les mains d'hommes instruits et doués, des spécialistes élevés dès l'enfance pour diriger les affaires du monde entier.

Entre les mains des États, il y a une grande force qui crée le mouvement de la pensée dans le peuple. C'est la presse ! C'est dans la presse que s'incarne le triomphe de la liberté d'expression. Mais les *goyim* n'ont pas su utiliser cette force et elle est tombée entre nos mains.

Nous déclencherons des guerres économiques et militaires entre les États *goyim*. Une fois les guerres terminées, les deux parties sont dévastées et à la merci de nos finances internationales. C'est la "moisson juive". D'abord, nous fabriquons les énormes machines de guerre. Deuxièmement, nous détruisons la fleur de l'homme blanc, affaiblissant ainsi la résistance raciale des *Goyim*. Troisièmement, les nations blanches sont prostrées sous d'énormes dettes et nous profitons des intérêts sur les intérêts.

Protocole 3 : C'est ainsi que le peuple condamne les honnêtes gens et acquitte les coupables, persuadé qu'il peut faire tout ce qu'il veut. Grâce à cela, le peuple détruit toute forme de stabilité et crée des désordres à chaque pas. En encourageant les abus de pouvoir des gouvernants, en agitant et en excitant la foule, la presse "mettra la dernière main à la préparation de toutes les institutions pour leur renversement et tout s'envolera sous les coups de la foule en délire".

Nous apparaissons sur la scène comme de prétendus sauveurs du travailleur de l'oppression, puis nous lui proposons de rejoindre les rangs de nos forces combattantes — socialistes, communistes, anarchistes — auxquelles nous apportons toujours notre soutien en vertu d'une prétendue règle fraternelle.

Protocole 4 : Pour que les *goyim* n'aient pas le temps de réfléchir, il faut détourner leur esprit vers l'industrie et le commerce. C'est ainsi que toutes les nations seront englouties dans la course au gain. La maçonnerie païenne nous sert aveuglément d'écran, à nous et à nos objectifs, mais le plan d'action de notre force, et même sa cachette, restent pour le peuple tout entier un mystère, et ils ne prendront pas garde à leur ennemi commun.

Protocole 5 : Pour mettre l'opinion publique entre nos mains, il faut l'embrouiller en faisant s'exprimer de tous côtés de nombreuses opinions contradictoires, et cela pendant un temps suffisant pour que les goyim se perdent dans le labyrinthe, et en viennent à voir que le mieux est de ne pas avoir d'opinion sur les questions politiques, qu'il n'est pas donné au public de comprendre parce qu'elles ne sont comprises que par celui qui guide le public. C'est le premier secret.

Par tous ces moyens, nous épuiserons tellement les goyim qu'ils seront obligés de nous offrir un pouvoir international qui, par sa position, nous permettra sans violence d'absorber progressivement toutes les forces étatiques du monde et de former un Super-Gouvernement mondial.

Protocole 6 : création d'énormes monopoles financiers : finance, édition, pétrole, sucre, acier, médicaments, chemins de fer, alcools, nourriture, vêtements — contenant des réservoirs de richesses colossales dont les *Goyim* doivent dépendre pour exister.

Les *Goyim* doivent être privés de leurs fermes et de leurs propriétés, ce qui sera réalisé en les chargeant de dettes qui doivent être exploitées sans pitié.

Protocole 7 : Nos agents sont dans les gouvernements de tous les pays du monde et conseillent leurs dirigeants. Nous disposons ainsi d'un réseau international, alors que les *Goyim* n'en ont aucun. Par le biais de traités économiques et d'obligations de prêt, ainsi que par les hostilités et les intrigues qu'ils créent, nous enchevêtrons tellement les fils des gouvernements mondiaux qu'ils seront incapables d'agir sans notre approbation. Si une nation ose s'opposer à nous, nous organiserons collectivement ses voisins et détruirons ce pays par une guerre universelle.

Protocole 8 : Nous avons infiltré les tribunaux des *Goyim* et les avons transformés en une jungle juridique. Nous sommes maintenant en mesure de vous dire en toute conscience qu'au moment opportun, nous, les législateurs, exécuterons le jugement et la sentence ; nous tuerons et nous épargnerons ; en tant que chef de nos troupes, nous sommes montés sur le destrier du chef. Et les armes que nous avons entre les mains sont des ambitions sans limites, une avidité brûlante, une vengeance impitoyable, de la haine et de la méchanceté infinie !

Protocole 9 : C'est de nous que part la terreur généralisée. Nous avons à notre service des personnes de toutes opinions, de toutes doctrines : monarchistes, démagogues, socialistes, communistes, chrétiens, utopistes de toutes sortes. Tous sont attelés à notre tâche :

chacun d'eux ronge les derniers vestiges de l'autorité, s'efforce de renverser toutes les formes d'ordre établies. Par ces actes, tous les États sont torturés ; ils exhortent à la tranquillité, sont prêts à tout sacrifier pour la paix. Mais nous ne leur donnerons pas la paix tant qu'ils ne reconnaîtront pas ouvertement et avec soumission notre super-gouvernement international.

Protocole 10 : Nous avons élaboré un plan directeur visant à placer toutes les nations de la terre sous l'autorité d'un dictateur juif despotique, en soumettant tous les peuples de la terre à des souffrances, à une confusion et à des tourments si terribles qu'ils accepteront, en désespoir de cause, tout ce que nous leur proposerons.

Pour y parvenir, nous devons faire voter tout le monde sans distinction de classes et de qualifications afin d'établir une majorité absolue, qui ne peut être obtenue auprès des classes possédantes éduquées. Les démocraties et les républiques où tout le monde a le droit de vote, jusqu'à la dernière racaille, nous offrent une grande opportunité.

Protocole 11 : Les *goyim* sont un troupeau de moutons et nous sommes leurs loups. Et vous savez ce qui se passe quand les loups s'emparent du troupeau ? Dieu nous a accordé, à nous, son peuple élu, le don de la dispersion et dans ce qui apparaît aux yeux de tous comme notre faiblesse, est apparue toute notre force, qui nous a maintenant amenés au seuil de la souveraineté sur le monde entier.

Protocole 12 : Pas une seule annonce ne parviendra au public sans notre contrôle. Ceci est possible grâce au contrôle total de la presse et au contrôle de la Maçonnerie au plus haut niveau.

Protocole 13 : Afin que les stupides *goyim* ne devinent pas ce que nous sommes en train de faire, nous les distrayons encore avec des jeux, des passe-temps, du sexe, des sports populaires... Qui soupçonnera jamais que tous ces peuples ont été mis en scène par nous pour se conformer à un plan politique que personne n'a même deviné au cours des siècles ? Les libéraux et les utopistes, dont nous nous débarrasserons une fois que nous aurons pris le pouvoir, prendront une grande part dans le démantèlement des institutions *goy*.

Protocole 14 : Dans les pays réputés progressistes et éclairés, nous avons créé une littérature insensée, immonde et abominable, que nous utiliserons pour donner un relief éloquent à notre gouvernement lorsque nous parviendrons au pouvoir…

Protocole 15 : Nous tuerons sans pitié tous ceux qui prendront les armes pour s'opposer à l'avènement de notre Royaume.

Nous allons refaire toutes les législatures, toutes nos lois seront brèves, claires, simples, sans aucune interprétation, de sorte que n'importe qui sera en mesure de les connaître parfaitement. La caractéristique principale sera la soumission aux ordres et ce principe sera porté à des sommets grandioses.

Protocole 16 : Afin de détruire toutes les forces collectives, sauf la nôtre, nous émasculerons la première étape du collectivisme, les universités, en les rééduquant dans une nouvelle direction. Leurs responsables et professeurs seront nommés avec des précautions particulières et dépendront de notre gouvernement ; on leur inculquera des programmes d'action secrets détaillés afin qu'ils puissent exercer leur profession.

Nous effacerons de la mémoire des hommes tous les faits des siècles précédents qui ne nous conviennent pas et nous ne laisserons que ceux qui décrivent toutes les erreurs commises par les gouvernements *goyim*. La liberté d'enseignement n'existera pas. Tous les peuples seront initiés à une seule foi : Le judaïsme.

Protocole 17 : Nous avons depuis longtemps pris soin de discréditer le clergé des *goyim* et de ruiner ainsi leur mission sur terre. De jour en jour, leur influence sur les peuples du monde s'amenuise.

La liberté de conscience a été déclarée partout. Quelques années seulement nous séparent de la destruction complète du christianisme.

Protocole 18 : Lorsque notre roi juif du monde sera au pouvoir, il sera protégé par une aura de divinité mystique, que nous créerons, afin que les stupides *goyim* le considèrent comme un Dieu.

Protocole 19 : Les *goyim* n'ont pas le droit de se mêler de politique. Tout dirigeant d'un mouvement d'opposition sera jugé au même titre que le vol, le meurtre ou tout autre crime abominable et répugnant. Les citoyens n'auront pas plus d'influence ou de contrôle sur les affaires politiques qu'un troupeau de bétail.

Protocole 20 : La somme totale de nos actions est réglée par la question des chiffres. La ruine des États païens a été accomplie par le retrait de l'argent de la circulation. Nous sommes les seuls à posséder leurs banques et à contrôler leur politique fiscale. Ils sont irrévocablement liés à nous par des dettes à long terme et par les intérêts que nous percevons sur ces dettes.

Tant que les prêts étaient internes, les *goyim* ne faisaient que transférer leur argent des poches des pauvres vers celles des riches. Lorsque nous avons acheté les personnes nécessaires pour transférer les prêts dans la sphère extérieure, toute la richesse des États a afflué dans nos caisses et les *goyim* ont commencé à nous payer le tribut des sujets.

Protocole 21 : Nous remplacerons les marchés monétaires par des institutions de crédit gouvernementales dont l'objet sera de fixer le prix des valeurs industrielles conformément à nos vues. Ces institutions seront en mesure d'émettre 500 millions de papier industriel en un jour, ou d'en acheter à partir de ce montant. Par conséquent, toutes les entreprises industrielles dépendront de nous. Vous pouvez imaginer l'immense pouvoir que nous nous assurerons ainsi.

Protocole 22 : Entre nos mains se trouve la grande puissance de notre époque — l'or : dans nos entrepôts, nous pouvons nous procurer la quantité que nous voulons. La vraie force ne s'accommode d'aucun "droit", pas même de celui de Dieu : personne n'ose s'en approcher au point d'en retirer ne serait-ce qu'un empan.

Protocole 23 : Lorsque nos agitateurs auront semé la discorde, la révolution et le feu de l'anarchie dans le monde entier, lorsque l'Élu sera sur le trône, alors ces agitateurs auront joué leur rôle. Ayant fait leur temps, il sera nécessaire de les écarter de son chemin, sur lequel il ne doit rester aucun nœud, aucune écharde.

Protocole 24 : Le futur roi du monde sera issu de la lignée ancestrale du roi David. Il sera choisi par les Sages de Sion en raison de ses capacités exceptionnelles. Seuls le Roi et les trois Sages de Sion seront au courant des mystères et des plans secrets du gouvernement.

Personne ne saura ce que le roi souhaite obtenir par ses dispositions et, par conséquent, personne n'osera s'engager sur un chemin inconnu.

Quiconque, comme l'auteur, a vu et entendu avec une crainte inquiétante les objectifs de la vie économique, politique et intellectuelle juive, peut affirmer qu'ils (les PROTOCOLES) sont l'expression la plus pure de l'esprit juif... qu'un esprit aryen... n'aurait jamais pu, en aucune circonstance, concevoir ces méthodes d'action, ces expédients sournois et ces escroqueries dans leur ensemble.

ARTHUR TRIBITSCH, JUIF,
"Deutscher Geist oder Judentum".

Il est impossible à toute personne intelligente de lire les Protocoles sans être stupéfaite par leur perspicacité prophétique. En vérité, cependant, nous n'avons pas besoin des Protocoles... pour nous informer de ces choses... Ce qui m'intéresse, c'est ce que j'ai discerné de l'utilisation organisée du mal pour subvertir la civilisation occidentale et faire s'effondrer nos valeurs traditionnelles afin qu'une influence totalement différente, glaçant le sang et la haine, puisse désormais dominer le monde... Des hommes d'État comme Churchill et Lloyd George, des écrivains comme Belloc et Wickham Steed, des éditeurs comme H. A. Gwynne, des Juifs eux-mêmes de la trempe de Disraeli et d'Oscar Levy, ont tous apporté leur témoignage... à une vaste accumulation de preuves... Le pouvoir juif est réel.

A. K. CHESTERTON, "The Learned Elders and the BBC" (Les Sages de Sion et la BBC).

Tous les Gentils devraient lire les PROTOCOLES DES SAGES DE SION dans leur intégralité pour comprendre pourquoi les JUIFS protestent avec tant de véhémence contre leur authenticité. Voici la folie tribale juive reflétée comme dans un miroir, sombrement : figée dans l'éternité pour que toute l'humanité puisse la voir, la comprendre et y résister.

CHAPITRE 2

LES KHAZARS INVENTENT LE JUDAÏSME

Les rats sont sous les piles ; le JUIF est sous le lot.

T. S. ELIOT, "Burbank with a Baedeker…"

La faute, cher Brutus, n'est pas dans nos étoiles, mais en nous-mêmes, dans le fait que nous sommes des sous-fifres.

WILLIAM SHAKESPEARE, "Jules César".

La dérivation génétique khazar de la plupart des Juifs — seuls les Sépharades peuvent être considérés comme des Hébreux par le sang — est connue depuis longtemps, sinon à grande échelle. Dunlap à l'université de Columbia, Bury en Angleterre, Poliak à l'université de Tel-Aviv ont mené des recherches sur cette "plaisanterie la plus cruelle" et ont obtenu l'approbation des chercheurs au cours des cinquante dernières années.

ALFRED M. LILIENTHAL, JUIF, *The Zionist Connection*.

La conversion des Khazars (au talmudisme) a eu un impact considérable et durable sur le monde occidental.

ENCYCLOPÉDIE BRITANNICA (1956)

Il me semble que les Juifs sont spécialisés dans une existence parasitaire sur d'autres nations, et il est nécessaire de prouver qu'ils sont capables de remplir par eux-mêmes les divers devoirs d'une nature civilisée.

SIR FRANCIS GALTON (1812-1911), fondateur de l'eugénisme.

Vers 600 après J.-C., une tribu belliqueuse de demi-mongols, semblables aux Turcs modernes, a conquis le territoire de l'actuelle Russie méridionale. Très vite, le royaume (khanat) des Khazars, nom donné à la tribu, s'étend de la mer Caspienne à la mer Noire. Sa capitale, Ityl, se trouvait à l'embouchure de la Volga.

SOLOMON GRAYZEL, JUIF, "Une histoire des Juifs".

Comme nous l'avons appris, l'histoire du monde est ponctuée de récits de tromperie, de trahison, de traîtrise et de déception de la part des Hébreux. L'une des tromperies les plus importantes, voire thaumaturgiques, a été la CONVERSION, par des rabbins séfarades de

Constantinople, d'environ trois millions de KHAZARS païens — une tribu ASIATIQUE ayant des affinités mongoles et turques — à la religion hébraïque (TORAH/TALMUDISME), pour ensuite convaincre la chrétienté que les Khazars sont des Judéens bibliques de la diaspora ! L'ancienne patrie des Khazars se trouvait au cœur de l'Asie. C'était une nation guerrière et prédatrice dont la religion était un mélange de culte phallique, d'idolâtrie et de débauche. Détestés et craints pour leur comportement psychopathique, les Khazars ont été chassés d'Asie par les tribus voisines. Cette retraite ignominieuse s'est transformée en une invasion de l'Europe de l'Est où, "poussés par leur propre désir de pillage et de vengeance" (selon l'*Encyclopédie juive*), les Khazars ont conquis et soumis vingt-cinq nations pastorales qu'ils ont placées sous leur "garde protectrice" et dont ils ont exigé le paiement d'un tribut. Les Khazars se sont installés dans la région située entre la mer Noire et la mer Caspienne, étendant progressivement leurs conquêtes vers le nord, le long du Don et de la Volga, jusqu'à ce que le khanat khazar s'étende sur plus d'un million de kilomètres carrés. En l'an 1000, la Khazarie était le plus grand royaume d'Europe de l'Est et l'un des plus riches (en termes de butin et non de culture). Pourtant, aujourd'hui, les Khazars ont été pratiquement rayés de l'histoire mondiale *parce que les JUIFS veulent que le monde oublie qu'ils sont les descendants directs des Khazars asiatiques*. Les Juifs veulent nous faire croire qu'ils sont les descendants des Hébreux bibliques. Ce n'est PAS le cas ! C'est là que réside toute l'histoire.

Les excès sexuels des Khazars, dignes d'Hollywood, corrompaient le moral des tribus et sapaient la discipline militaire. Khagan Bulan voulait et avait besoin d'une religion officielle pour inculquer la discipline et créer l'unité tribale. En 730, Bulan invite des représentants de l'islam, du christianisme et du talmudisme à discuter de religion avec lui. Après de longues délibérations, l'astucieux Khagan choisit la religion hébraïque, c'est-à-dire le TALMUDISME (aujourd'hui appelé JUDAÏSME), pour en faire la religion adoptée par tous les Khazars. (Comme Saint Augustin, HÉBREU, Bulan aspirait à la chasteté et à la continence "mais, cher Seigneur, pas encore"). *Khagan Bulan et 4000 nobles khazars féodaux ont été rapidement convertis à la Torah/Talmudisme* (4001 prépuces !). Peu à peu, des millions de Khazars ont rejoint les rangs des élus de DIEU. Bulan, bien sûr, savait que le TALMUDISME était une escroquerie. Cela n'avait pas d'importance tant que ses sujets y croyaient. Le fait que les Khazars ne soient pas des Hébreux (sémites) n'avait pas non plus d'importance. C'était facile à gérer. Il suffit de mentir ! Prétendre être des JUDÉENS !

L'Europe chrétienne émergente accepterait les "Asiatiques/Judéens" tout comme elle a naïvement accepté la divinité tribale hébraïque Yahvé comme son Dieu. L'alliance de Jéhovah avec son peuple élu — et les Protocoles destinés à concrétiser ces hallucinations — étaient sans aucun doute les plus séduisants pour Bulan. Les Khazars étaient principalement des extorqueurs, des trafiquants d'esclaves, des proxénètes, des assassins, des usuriers, méprisés par leurs voisins païens. Après des générations de guerre contre les Rus, les Varangiens, les Slaves et les Arabes, les Khazars (JUIFS) ont été totalement vaincus (1300 après J.-C.) sur les champs de bataille. Privés de leurs terres, ils se sont dispersés en Europe et ailleurs, ce qui explique pourquoi, 700 ans plus tard, *tant de Juifs indésirables résident en Hongrie, en Pologne, en Russie, en Ukraine, en Lituanie, en Roumanie, en Galicie, en Autriche et en Israël !* Sur le plan culturel, les Khazars ont laissé très peu de choses à la postérité. Il n'existe pas la moindre trace de leur langue. Mais du poison qu'ils ont légué, il reste beaucoup (voir ILLUMINATI). Jamais auparavant deux races aussi déviantes, les KHAZARS ASIATIQUES et les Hébraïques SÉMITIQUES, n'ont partagé autant de caractéristiques répulsives.

Pour mieux expliquer l'effet dévastateur des Khazars sur l'humanité, nous devons nous rendre brièvement en Angleterre.

En 1775, alors qu'Adam Weishaupt, adorateur de Satan, révisait les PROTOCOLES de Rothschild, JUIF/KHAZAR, le dramaturge britannique William Sheridan, dans sa pièce *The Rivals*, inventa le mot "JUIF" : un dérivé du mot "JUDÉEN". Le mot "JUIF" avait été utilisé tout au long de l'histoire dans un contexte argotique (comme "Hebe" pour l'hébreu ou "Yid" pour le yiddish). *C'est Sheridan, cependant, qui a légitimé pour la première fois le mot "JUIF", en l'utilisant dans la presse comme un nom propre désignant un JUDÉEN de confession hébraïque, mais en l'appliquant à un personnage de KHAZAR.* IL EST IMPORTANT DE SAVOIR que le mot "JUIF" n'apparaît pas dans l'original de l'Ancien Testament écrit en hébreu ; il n'apparaît pas non plus dans les Targums — traduction de l'Ancien Testament en araméen ; il n'apparaît pas non plus dans la Septante (TORAH) — traduction de l'araméen en grec (3 av. J.-C.). Le mot "JUIF" n'apparaît dans aucune des premières traductions de la SAINTE BIBLE (Vulgate latine, Rheims/Douai, King James, etc.). Par conséquent, puisque le mot "JUIF" n'a pas été utilisé avant 1775, il est erroné d'appeler les patriarches bibliques des JUIFS. Ils ne l'étaient pas. Ils étaient des

Hébreux. Jésus-Christ N'ÉTAIT PAS JUIF. C'était un rabbin (enseignant) qui vénérait la loi mosaïque et méprisait la loi orale pharisienne (Talmud). Jésus (s'il a existé) est né en Galilée ("terre impure des païens"). Il est possible qu'il ait été sémite, mais il aurait tout aussi bien pu être aryen. Le Nouveau Testament est contradictoire quant à sa lignée. Une chose est sûre, il n'était PAS un JUIF (Khazar). *Il est également erroné et délibérément trompeur d'appliquer le mot "JUIF" aux Hébreux/Israéliens (sémites). Enfin, le terme de diffamation "antisémite", tel qu'il est appliqué aux haineux de KHAZAR, est oxymorique. Le mot juste est "judéophobe".*

> L'étude du judaïsme est celle du Talmud, comme l'étude du Talmud est celle du judaïsme... ce sont deux choses inséparables, ou mieux, elles sont une seule et même chose.
> ARSENE DARMESTETER, JUIF, "Le Talmud".

Après 1776, le stratagème de relations publiques des Khazars a commencé à porter ses fruits : ils ont été acceptés par la chrétienté (les lions castrés) en tant que vestiges de la tribu de Judée (Hébreux) en diaspora et ont été officiellement désignés comme "JUIFS". Finalement, le pharisaïsme est devenu le talmudisme, et enfin le talmudisme est devenu le JUDAÏSME : la religion des KHAZARS d'aujourd'hui. Les mots "JUIF" et "JUDAÏSME" ont commencé à apparaître, pour la première fois, dans les éditions révisées des Talmuds, et ont commencé à apparaître dans TOUTES les éditions révisées de la Sainte Bible. Aujourd'hui, les Ashkénazes (Asiatiques/Khazars) et les Sépharades (Hébreux bibliques/Israélites) — qui se détestent à juste titre — sont regroupés sous le terme de "JUIFS". Ainsi, les Khazars (en un clin d'œil) ont abandonné leurs affinités asiatiques et sont devenus des "Hébreux" ; ils sont devenus le peuple élu de Yahvé, les bénéficiaires de l'Alliance et les héritiers de la Palestine et de tous les minerais et autres biens qui s'y trouvent. En outre, les Khazars ont renforcé leur haine raciale à l'égard des tribus aryennes par la haine talmudique à l'égard de tous les GENTILS. Les anthropologues désignent les Khazars comme des Juifs mongolo-arménoïdes. Les historiens les appellent Ashkénazes (Juifs asiatiques/européens). Les psychiatres les appellent des maniaco-dépressifs. Les JUIFS méritent leur sobriquet : "Maîtres de la tromperie". Ainsi, aujourd'hui, tous les soi-disant "JUIFS" croient fanatiquement (ou prétendent) qu'ils sont le peuple élu de Dieu pour dominer le monde. Tous les moyens sont bons pour parvenir à cette illusion. Un tel état d'esprit est symptomatique des personnalités psychopathes et est associé à la démence, à la mégalomanie, à l'infantilisme, à la maniaco-dépression, à la folie des grandeurs, au sadisme, etc. Une autre conclusion que l'on peut logiquement tirer de cette folle mascarade est que n'importe quel peuple — disons 10 millions de Watusi ou 50 millions de Chinois — n'a qu'à se convertir au Judaïsme pour avoir le "droit" khazar de posséder la Palestine, de tuer les Arabes et de détruire les Gentils partout dans le monde !

> Les Juifs auraient pu avoir l'Ouganda, Madagascar et d'autres endroits pour établir une patrie juive, mais ils ne veulent absolument rien d'autre que la Palestine : non pas parce que l'eau de la Mer Morte peut produire par évaporation des métalloïdes d'une valeur de 5 billions de dollars, non pas parce que le sous-sol de la Palestine contient vingt fois plus de pétrole que les réserves combinées des deux Amériques ; mais parce que la Palestine est le carrefour de l'Europe, de l'Asie et de l'Afrique ; parce que la Palestine constitue le véritable centre du pouvoir politique mondial, le centre stratégique pour le contrôle du monde.
>
> NAHUM GOLDMAN, président du Congrès juif mondial.
>
> Chaïm Weizmann, JUIF, le cabinet de guerre britannique et le ministère français des Affaires étrangères étaient convaincus en 1916... que le meilleur et peut-être le seul moyen (qui s'est avéré) d'inciter le président américain à entrer en guerre (Première Guerre mondiale) était de s'assurer la coopération des Juifs sionistes en leur promettant la Palestine, et ainsi d'enrôler et de mobiliser les forces jusqu'alors insoupçonnées et puissantes des Juifs sionistes en Amérique et ailleurs en faveur des Alliés sur la base d'un contrat réciproque...
>
> SAMUEL LANDMAN, JUIF,
> "La Grande-Bretagne, les Juifs et la Palestine".

Ensuite, nous examinerons brièvement les ILLUMINATI qui marquent aujourd'hui le point culminant de la CONSPIRATION. Les anciens mythes, les mensonges et les personnages de bandes dessinées prennent vie. Le CANULAR devient réalité.

CHAPITRE 3

LES ILLUMINATI

Le monde est dirigé par des personnages très différents de ce que peuvent imaginer ceux qui ne sont pas dans les coulisses.

BENJAMIN DISRAELI, JUIF, Premier ministre britannique, 1868

300 hommes, tous membres de Loges, se connaissant tous, contrôlent le continent.

WALTER RATHENAU, JUIF, ministre allemand des affaires étrangères (président de 84 grandes entreprises allemandes, assassiné en 1920).

Depuis que je suis entré en politique, les opinions des hommes m'ont surtout été confiées en privé. Certains des plus grands hommes des États-Unis dans le domaine du commerce et de l'industrie ont peur de quelqu'un, ont peur de quelque chose. Ils savent qu'il existe quelque part un pouvoir si organisé, si subtil, si vigilant, si imbriqué, si complet, si envahissant, qu'ils feraient mieux de ne pas parler trop fort lorsqu'ils le condamnent.

WOODROW WILSON, Président des États-Unis, *La nouvelle liberté.*

Un à un, les Juifs prennent le contrôle des grands journaux... Les banques juives sont suprêmes. Elles s'emparent du Trésor américain. Elles ont imposé à Woodrow Wilson la nomination de Paul Warburg, juif, au conseil de la Réserve fédérale, qu'il domine... dont le frère Max Warburg (chef des services secrets allemands) est une figure éminente de la finance allemande.

SIR CECIL SPRING-RICE, ambassadeur britannique aux États-Unis, en Allemagne et en Russie (1916)

Le montant de notre dette nationale est la mesure de notre asservissement à la finance juive mondiale. Nous vivons dans une démocratie et pourtant des prêts sont contractés qui coûtent toujours plus que le montant du prêt et personne n'a un mot à dire à ce sujet. Nous, Américains, ne savons pas combien d'intérêts nous payons chaque année et nous ne savons pas à qui nous les payons.

HENRY FORD, père, *Le Juif international.*

Ce qu'il est important de souligner, c'est l'évidence croissante d'une conspiration secrète à travers le monde pour la destruction du gouvernement organisé et la libération du mal… des politiciens, des philosophes et des soldats éminents sont trouvés à des moments critiques en train de donner des opinions d'une description absolument non morale, qui ne sont pas en accord avec leur comportement dans la vie ordinaire… c'est ici que la conspiration du mal contre l'humanité devient reconnaissable.

>> CHRISTIAN SCIENCE MONITOR,
>> "Le péril juif", 619-20.

L'objectif n'est rien de moins que de créer un système mondial de contrôle entre des mains privées capables de dominer le système politique de chaque pays et l'économie mondiale.

>> CARROLL QUIGLEY, professeur à l'université de Georgetown,
>> *Tragédie et espoir.*

La signification de l'histoire du siècle dernier est que 300 financiers juifs, tous maîtres de loges, dirigent le monde. (1931)

>> JEAN IZOULET, JUIF,
>> Alliance israélite universelle.

Monsieur le Président, il est monstrueux pour cette grande nation de voir son destin présidé par un système de réserve fédérale traître agissant en secret avec les usuriers internationaux.

>> LOUIS T. McFADDEN, président de la commission bancaire de la
>> Chambre des représentants, 610-32.

Les Trilatéralistes ne dirigent pas secrètement le monde, c'est le Conseil des relations étrangères (CFR) qui s'en charge.

>> WINSTON LORD, ancien président du CFR.

Les membres du CFR sont des personnes dont l'influence dans leur communauté est bien supérieure à la moyenne. Ils ont utilisé le prestige de leur richesse, de leur position sociale, de leur éducation pour mener leur pays à la faillite et à la débâcle militaire. Ils devraient regarder leurs mains. Elles sont couvertes de sang.

>> CHICAGO HERALD TRIBUNE.

Ce que la Commission trilatérale souhaite réellement, c'est la création d'un pouvoir économique mondial supérieur aux gouvernements politiques des États-nations concernés… En tant que gestionnaires et créateurs du système, ils gouverneront l'avenir… Les populations ne sont traitées que comme des groupes économiques producteurs. La liberté (politique, spirituelle, économique) n'a aucune importance.

U.S. SEN. BARRY GOLDWATER, JUIF, *sans excuses*.

Lors de réunions secrètes en Suisse, 13 personnes façonnent l'économie mondiale. La Banque des règlements internationaux a été créée en 1930 pour aider au paiement des réparations dues par l'Allemagne et d'autres perdants de la Première Guerre mondiale aux vainqueurs. Aujourd'hui, elle protège le système financier mondial. Les voix les plus puissantes sont celles du représentant américain Alan Greenspan, président de la Réserve fédérale, et de sa remplaçante Alice M. Rivlin. (tous deux juifs).

WASHINGTON POST, (extrait) 6-28-98).

LE MYTHE : Au commencement, LUCIFER, "l'ange de lumière", se croyait plus grand que Yahvé. Déguisé en serpent dans le jardin d'Eden, Lucifer séduisit Eve (le TALMUD dit qu'il forniqua avec elle), enfreignant les lois de Dieu et introduisant le péché dans le monde. Pour cela et pour d'autres abominations, Lucifer et ses co-conseillers parmi la milice céleste ont été chassés du ciel. Parce qu'il est un archange, Lucifer reste un esprit malin indestructible créé, nous dit-on, par Yahvé, le "tout-puissant" !

Comme tu es tombé du ciel, Lucifer, fils de l'Étoile du matin ! Comme tu as été abattu sur le sol qui a affaibli les nations !

SAINTE BIBLE : Isaïe 14.

Lucifer (Satan, le Diable) a établi un royaume terrestre où lui et ses disciples (ILLUMINATI) ont profité des larmes, du labeur, de la sueur et du sang de l'humanité : ils se sont emparés des corps et des âmes des hommes. L'entreprise de Lucifer fut si fructueuse que Yahvé se mit en colère et, dans un accès de jalousie (HOLOCAUSTE numéro un), noya toute la race humaine — hommes, femmes et enfants ! — à l'exception de Noé, en hébreu "un ivrogne adorable", et de sa famille. Cependant, après ces noyades en masse, tout est allé à l'enfer dans un panier, encore une fois. Et encore. Et encore ! *L'essentiel de ce mythe hébraïque est le suivant : Dieu ne peut pas vaincre Satan !*

LA RÉALITÉ : le mythe explique pourquoi Rothschild a nommé les ILLUMINATI en l'honneur de Lucifer, et pourquoi il a adopté dans son cartouche le serpent symbolique hébraïque, représentant la ruse et la tromperie de Lucifer. L'apostasie de Lucifer et son mode opératoire plaisent beaucoup aux Usuriers : des serpents humains qui n'ont que peu ou pas de qualités morales, à savoir ceux qui sont dépourvus d'honneur, de courage, de créativité, d'habileté, personnifiant la laideur du corps et de l'âme. Ce qu'ils possèdent en abondance, c'est la tromperie, la cupidité, l'orgueil démesuré et la malveillance. Pourquoi travailler, demandent-ils, alors que l'on peut obtenir les richesses du monde par le mensonge, le vol, le faux témoignage et en faisant appel à la "bassesse qui réside dans l'âme de tous les hommes" ?

Nous avons déjà mentionné Amschel Mayer Bauer, prêteur sur gages juif qui a découvert qu'il pouvait réaliser d'énormes profits en émettant des bons à court terme pour des montants dépassant de loin ses actifs. Ce papier porteur d'intérêts, garanti par Bauer, était souvent utilisé comme moyen d'échange sur le marché. Tant que les détenteurs n'exigeaient pas de concert d'or en échange de leur papier, Shylock échappait à la corde. En résumé, Bauer émettait des billets aux emprunteurs, moyennant une commission, représentant des actifs qu'il ne possédait pas (voir : le Système fédéral de réserve). Il décida de cesser ses activités de prêteur sur gages, changea son surnom en Rothschild ("Bouclier rouge") et se concentra sur sa lucrative escroquerie bancaire. À la fin du XVIIIe siècle, Rothschild & Sons était devenu le principal établissement bancaire d'Europe, et son escroquerie est devenue la pierre angulaire du système bancaire central Rothschild qui contrôle aujourd'hui le Système fédéral de réserve). Rothschild ne pensait pas seulement à l'argent. Il combinait la haine TALMUDIQUE pour les Gentils et la soif de vengeance des Khazars contre la race aryenne. Le nom "Bouclier rouge" est devenu le symbole de la révolution mondiale. Comme vous vous en souvenez, Rothschild a chargé Adam Weishaupt (prêtre jésuite apostat chassé de son poste à l'université d'Ingolstadt pour avoir pratiqué le culte de Satan) de mettre à jour les anciens Protocoles. L'organisation créée par Weishaupt pour mettre en œuvre ces plans est celle des ILLUMINATI.

Les ILLUMINATI sont dirigés par un KHAGAN. Le Khagan préside le KEHILLA (Conseil d'administration), composé de 13 juifs, dont la plupart sont des banquiers internationaux. Chacun de ces directeurs est à la tête d'une organisation clé au sein du Mouvement révolutionnaire mondial. Les directeurs assurent à tour de rôle la présidence des ILLUMINATI, où siègent 300 personnalités influentes, pas seulement juives, représentant les domaines les plus importants de l'activité humaine : finances, médias, gouvernement, armée, affaires étrangères, science, industrie, commerce, éducation, religion, et ainsi de suite. Cependant, parce qu'il s'agit d'une ORGANISATION

SECRÈTE, elle est pratiquement invisible. Comme le vent, elle se révèle par son influence et ses dégâts :

LA RÉVOLUTION FRANÇAISE de 1778, premier coup d'État des ILLUMINATI contre la chrétienté, a révélé les PROTOCOLES en action.

> Lorsque l'emprise de la dette est fermement établie, le contrôle de toute forme de publicité et d'activité politique suit bientôt, ainsi qu'une emprise totale sur les industriels (patronat et syndicats)... l'emprise de la main droite établit la paralysie, tandis que la main gauche révolutionnaire tient le poignard et porte le coup fatal.
> SIR WALTER SCOTT, *The Life of Napoleon* (les neuf volumes de Scott sont supprimés en raison de leur position judéophobe et ne sont jamais catalogués avec ses autres œuvres).

Tandis que les journaux juifs de M. Balsamo calomnient l'Église et l'État, les ILLUMINATI organisent le règne de la Terreur. Des clubs jacobins sont créés dans toute la France pour servir de lieux de réunion à la canaille.

> Chez Restif aussi, il y a des allusions au racisme de classe, à la peur qu'éprouvent les bourgeois et les artisans pour les hommes pâles aux cheveux sombres et mal coiffés, aux yeux perçants et aux moustaches hirsutes... cette canaille est toujours sombre et lugubre... Les respectables : les hommes de biens, les artisans vertueux sont clairs et ont bon teint.
> BRITISH LITERARY REVIEW,
> Restif de la Bretonne - récits de la Terreur.

> La franc-maçonnerie continentale est, et a été pendant 200 ans, notoirement contrôlée par les juifs.
> A. K. CHESTERTON,
> Les nouveaux seigneurs malheureux (1974).

L'INFAMIE (mensonges, calomnies et faux témoignages) est l'une des armes les plus redoutées utilisée par les Juifs. La victime n'est pas consciente des chuchotements sournois qui circulent dans son dos jusqu'à ce qu'elle commence à sentir des regards de condamnation, de rejet et des revers de fortune soudains. Il *n'y a pratiquement aucun moyen de réfuter cette destruction anonyme de sa réputation.* Pour les cibles de plus grande envergure, les ILLUMINATI déploient tout leur appareil d'assassinat, des campagnes médiatiques aux commissions d'enquête du Congrès, en passant par l'intimidation de l'IRS et les équipes d'intervention spéciales.

Le changement progressif d'orientation des aspirations occidentales (vers 1750), passant de la Culture à la Civilisation, a créé des tensions et des fractures au sein des monarchies européennes, nécessitant du temps pour les diagnostiquer, les traiter et les guérir. Les juifs ont senti dans cette indisposition une occasion d'attaquer. Ce qui aurait très certainement été une révolution pacifique en France s'est transformé en tragédie. Pour la première fois, l'Occident a été témoin du POUVOIR JUIF : Les ILLUMINATI ont fomenté la RÉVOLUTION FRANÇAISE. L'INFAMIE l'a déclenchée.

La reine de Louis XVI, Marie-Antoinette, était la fille de François Ier d'Autriche. La sœur de Marie, sachant que le gouvernement bavarois avait découvert les plans ILLUMINATI, l'avertit des PROTOCOLES et du danger imminent. La reine écrit :

> Je crois qu'en ce qui concerne la France, vous vous préoccupez trop de la franc-maçonnerie. Ici, elle est loin d'avoir l'importance qu'elle peut avoir ailleurs en Europe.

L'agent ILLUMINATI Moses Mendelssohn, juif, commande à un bijoutier londonien un collier de diamants d'une valeur de 250 000 livres qui est remis à Marie-Antoinette. Des fuites concernant l'"indulgence" de la reine paraissent dans les journaux parisiens, exaspérant les fonctionnaires, l'Église et la population. La reine a pu prouver qu'elle n'avait pas commandé le collier, mais la réputation de la monarchie a été sérieusement entachée. Joseph Balsamo, juif, fait alors distribuer 500 000 pamphlets accusant la reine, "cette putain autrichienne" (appellation appliquée plus tard à la tsarine par les Bolcheviks), d'avoir accordé des faveurs sexuelles à un amant secret en échange du collier. Pour resserrer la toile, Balsamo, juif, a imité la signature de la reine sur une lettre invitant le cardinal prince de Rohan à la rencontrer au palais royal pour discuter de l'affaire du collier. Une actrice a été engagée pour se faire passer pour la Reine. Le scénario qui en résulte, avec des témoins oculaires cachés, implique le cardinal dans une liaison d'amour avec la reine. Le scandale éclabousse les plus hauts personnages de l'Église et de l'État. Le CANULAR, car c'est bien de cela qu'il s'agit, creuse le fossé entre la monarchie et le peuple, diminuant sa résistance aux ILLUMINATI.

Lorsque la *canaille* (les agitateurs juifs dans la presse et dans les rues) a plongé la France dans une frénésie de désespoir, les portes des prisons et des asiles ont soudain été ouvertes. La TERREUR se déchaîne. Tandis que les criminels et les fous se déchaînent, brûlent, violent, tuent, crient "Liberté, Égalité, Fraternité" et agitent le drapeau rouge de Rothschild, les clubs jacobins arrêtent et emprisonnent sans jugement bourgeois et aristocrates : hommes, femmes et enfants dont l'extermination est prévue par les ILLUMINATI.

Le marquis de Mirabeau et Robespierre, chefs goys de la révolution contre leur propre race, réalisent trop tard que des hommes plus puissants qu'eux ont créé LA TERREUR. Mirabeau, dans un dernier acte de rédemption, tenta de sauver la famille royale condamnée. Il fut contrecarré et décapité. Robespierre, avant d'être abattu d'une balle dans la mâchoire pour le faire taire, déclara devant la Convention :

> Je ne peux me résoudre à déchirer le voile qui recouvre ce profond mystère d'iniquité. Mais je peux affirmer très positivement que parmi les auteurs de ce complot se trouvent les agents de ce système de corruption et d'extravagance — le plus puissant de tous les moyens inventés par les étrangers — pour défaire la République : Je veux parler des apôtres impurs de l'athéisme et de l'immoralité qui en est la base.
>
> ROBESPIERRE, tiré de *Vie de Robespierre*, par George Renier.

La discrétion dont a fait preuve Robespierre en ne révélant pas les CONSPIRATEURS ne lui a servi à rien. Il en savait trop et a été décapité comme presque tous les chefs révolutionnaires goys. Nous savons aujourd'hui qu'il cachait l'identité de : Daniel Itg (Berlin), Herz Gergsbeer (Alsace), les Rothschild et Sir Moses Montifiore (Angleterre), tous des financiers juifs qui cherchaient à instaurer une monarchie constitutionnelle en France, comme ils l'avaient fait en Angleterre. La monarchie absolue, associée au nationalisme, rejette absolument l'usure. Les Juifs lancent donc une guerre continentale contre la France. Cette guerre nécessitait d'énormes emprunts à l'étranger de la part de TOUS les participants : France, Angleterre, Espagne, etc., mais les ILLUMNATI ont fait échouer la France en refusant d'accepter les paiements en assignats. C'est ce qui a conduit à la TERREUR.

L'histoire "populaire" dépeint Marie-Antoinette comme une femme écervelée, dévergondée et sans compassion qui, apprenant que la population n'avait pas de pain, a dit : "Qu'ils mangent de la brioche". Des historiens sérieux ont prouvé que les détracteurs de la reine étaient des menteurs juifs. La Reine a supporté avec dignité les souffrances qui lui ont été infligées, à elle et à sa famille, et a affronté sa mort sur la Guillotine avec un grand courage.

Napoléon Ier (1769-1821), lui aussi, a lutté contre les pièges et les mensonges des ILLUMINATI. La réputation ternie de Bonaparte repose sur le fait que lui, héros du peuple, s'est opposé au prêt à intérêt. Le principal souci des banquiers était de poursuivre les guerres et de les financer.

> On ne saurait trop insister sur le fait que c'est la finance et non l'agrandissement du territoire qui est la clé du règne de Napoléon. Si l'empereur français avait consenti à abandonner son système financier en faveur du système de Londres (Banque Centrale) — c'est-à-dire en faveur de prêts par le marché monétaire — il aurait pu avoir la paix à tout moment.
>
> R. MICHAEL WILSON, *L'amour de Napoléon.*

Pendant la guerre des Péninsules (1809), Wellington affronte les troupes françaises en Espagne. Le littoral ibérique est cerné par la flotte française qui bloque les approvisionnements destinés aux forces britanniques. Le problème est résolu par la maison Rothschild britannique, qui en informe la maison Rothschild française, laquelle fait parvenir clandestinement de l'or à Wellington par train muletier à travers les Pyrénées. L'or en main, Wellington acheta des fournitures et du fourrage aux Espagnols. Et qu'en est-il des troupes qui meurent pour leurs idéaux, leur Dieu et leur pays ? Les Juifs s'en moquent.

Alors que se développe la bataille de WATERLOO sur laquelle repose le sort de l'Angleterre et de la France, les ILLUMINATI mettent au point un complot qui leur permet d'apprendre les résultats de la bataille avant les deux gouvernements. Un système de pigeons voyageurs a été mis en place pour traverser la Manche (d'où l'expression : "Un petit oiseau me l'a dit"). Dès la confirmation de la victoire de Wellington (1815), les agents de Rothschild à Londres ont annoncé que la bataille était perdue ! Le marché monétaire britannique a paniqué : les investisseurs se sont débarrassés de leurs actions et titres d'État de grande valeur à des prix défiant toute concurrence. En coulisses, Rothschild achète tout ce qui lui tombe sous la main. En France, une escroquerie similaire est réalisée. Les morts ont été enterrés. Les héros ont reçu des médailles et les BANQUIERS ont pouffé.

> Le nom de Rothschild devint ainsi omniprésent et l'on remarqua que la Maison s'étendait comme un réseau sur les nations ; il n'est donc pas étonnant que ses opérations sur le marché monétaire soient enfin ressenties par tous les cabinets d'Europe.
>
> RABBIN MOSE MARGOLUTH (1851).

L'AGE DE LA RAISON a été le terreau d'où a germé l'idée du capitalisme : libre entreprise, concurrence, individualisme ("chacun pour soi") ; le système monétaire faisait partie du capitalisme. Toute l'orientation de cette étape du développement organique de la culture occidentale a été détournée par le monopole monétaire des ILLUMINATI. Le capitalisme est devenu synonyme d'usure et, comme vous le savez, *l'usure est synonyme de dette, c'est-à-dire d'esclavage.*

Le caractère satanique de la RÉVOLUTION INDUSTRIELLE, commencée en Angleterre (vers 1760), porte l'empreinte des Rothschild. Ce sont eux qui ont établi les codes de construction, les ordonnances, les normes et les valeurs. Les juifs n'ont AUCUN patriotisme pour leur pays d'accueil : AUCUN amour du paysage, de l'État, de son histoire et de son peuple. Ils considèrent LEUR MONDE TALMUDIQUE comme un monde sans frontières, et les goyim comme LEURS moutons à plumer. Si l'homme aryen avait contrôlé son propre argent, il n'aurait PAS créé des villes-usines infernales, utilisant ses propres enfants comme main-d'œuvre esclave. Il aurait façonné la révolution industrielle avec le même art et le même amour qu'il a utilisés pour créer sa grande musique, sa littérature, son art, ses sciences et ses cathédrales. L'USURE dégrade. L'USURE asservit.

Dans l'AMÉRIQUE COLONIALE, après que la Banque d'Angleterre (dominée par les JUIFS) a refusé d'accepter le texte sans dette des colonies américaines, Benjamin Franklin a constaté avec amertume que "la prospérité a pris fin et que la dépression et le chômage se sont installés". Pour survivre, les colons ont dû hypothéquer leurs biens et leurs titres auprès de la Banque d'Angleterre. La guerre d'indépendance (1776) n'était pas dirigée contre George III, comme les livres d'histoire voudraient le faire croire, mais contre les JUIFS USURIERS.

> La Banque d'Angleterre a refusé de donner plus de 50% de la valeur nominale de notre script lorsqu'elle l'a remis comme l'exige la loi. Le moyen d'échange en circulation a donc été réduit de moitié... Les colonies auraient volontiers supporté la petite taxe sur le thé, entre autres, si l'Angleterre ne leur avait pas pris leur argent, ce qui a créé du chômage...
>
> BENJAMIN FRANKLIN, document du Sénat américain n°23.

Au cours des années suivantes, avant de créer la FED, les ILLUMINATI ont créé des paniques financières, des pénuries d'argent et ont répandu L'Infamie, afin de susciter le mécontentement du public à l'égard du système monétaire américain et de le remplacer par leur propre système.

> Vous êtes un repaire de voleurs, de vipères ! J'ai l'intention de vous mettre en déroute, et par le Dieu éternel, je vous mettrai en déroute !
>
> ANDREW JACKSON, Président des États-Unis, vers 1835

LA GUERRE CIVILE

Une opportunité stratégique s'est présentée lorsque de profonds antagonismes sociaux ont commencé à menacer la stabilité de l'Amérique. Les ILLUMINATI ont attisé les étincelles, sachant qu'ils récolteraient une moisson d'or s'ils parvenaient à diviser le Nord et le Sud sur le plan idéologique, puis à pousser les deux camps dans une guerre civile longue et sanglante.

> Il ne fait aucun doute, je le sais avec une certitude absolue, que la séparation des États-Unis en deux fédérations de pouvoirs égaux avait été décidée bien avant la guerre civile par la première puissance financière d'Europe.
>
> OTTO VON BISMARCK, Chancelier, Allemagne.

La guerre civile américaine, dans un sens très réel, était la continuation de la guerre révolutionnaire menée par nos fondateurs contre la Banque d'Angleterre. La guerre civile a été planifiée à Londres par Rothschild, qui voulait deux démocraties américaines, chacune criblée de dettes. Quatre ans avant la guerre (1857), Rothschild a décidé que sa banque parisienne soutiendrait le Sud, représenté par le sénateur John Slidell, JUIF, de Louisiane, tandis que la branche britannique soutiendrait le Nord, représenté par August Belmont (Schoenberg) JUIF, de New York. Le plan consistait à financer, à des taux d'intérêt usuraires, les énormes dettes de guerre prévues, en utilisant cette dette pour extorquer aux deux parties l'acceptation d'un système de banque centrale Rothschild similaire à celui qui a saigné (et saigne encore) les nations d'Europe, les maintenant dans des conditions de guerre perpétuelle, d'insolvabilité et à la merci des spéculateurs juifs.

Comme dans la France d'avant la Révolution, les agitateurs ILLUMINATI, tels des asticots attaquant une plaie à vif, se sont mis au travail dans le Nord et le Sud, à tous les niveaux du gouvernement et dans toute la société, afin d'exploiter les problèmes de division qui menaçaient la nation. Les banquiers internationaux ont réussi. Tous les efforts de paix entre le Nord et le Sud ont échoué.

> La propagande a mis en avant la question de l'esclavage, mais l'objectif réel de la guerre était de pousser les deux camps à accepter le même système monétaire que Rothschild avait mis en place en Angleterre et sur le continent, afin d'exploiter l'immense productivité de l'ensemble du peuple américain.
>
> WILLIAM G. SIMPSON, Quelle voie pour l'homme occidental.

> Le gouvernement doit créer, émettre et faire circuler toute la monnaie et le crédit nécessaires pour satisfaire les dépenses du gouvernement et le pouvoir d'achat des consommateurs.
>
> LE PRÉSIDENT ABRAHAM LINCOLN.

Lincoln a déclaré qu'il craignait les banquiers internationaux plus que la Confédération. Il voyait clairement la conspiration se développer autour de lui, jusqu'au sein même de son cabinet. Pour tenter de déstabiliser Rothschild, il obtint du Congrès l'émission de 150 millions de dollars de "Greenbacks", une monnaie sans intérêt garantie par le gouvernement américain (ces billets circulent depuis lors sans dette aux États-Unis). Cependant, la communauté juive internationale refusa de les accepter. Les deux parties au conflit avaient désespérément besoin de grandes quantités d'argent pour poursuivre la guerre. Seul Rothschild pouvait fournir cet argent — à des taux usuraires. L'ARGENT DU SANG.

Les États-Unis ont été vendus aux Rothschild en 1863.

EZRA POUND, "Impact".

À la suite de la guerre [...] le pouvoir financier de ce pays s'efforcera de prolonger son règne en travaillant sur les préjugés du peuple jusqu'à ce que la richesse soit agrégée dans les mains de quelques-uns et que la République soit détruite. Je suis plus inquiet que jamais pour la sécurité de mon pays, même en pleine guerre.

LE PRÉSIDENT ABRAHAM LINCOLN.

624 511 soldats sont morts pendant la guerre civile (1861-1865) 475 881 soldats ont été blessés. Ces chiffres restent incomplets car certains registres n'ont pas été tenus et d'autres ont été perdus, surtout au début de la guerre. Après la guerre, réalisant que le véritable ennemi de l'Union était Rothschild, le Président, mettant l'accent sur la Constitution, a clairement fait savoir au Congrès que :

Le privilège de créer et d'émettre de la monnaie est... la prérogative suprême du gouvernement !

ABRAHAM LINCOLN.

La Constitution américaine confère au seul Congrès le pouvoir de battre monnaie et d'en réglementer la valeur ; la Cour suprême a statué que le Congrès ne pouvait pas abdiquer cette fonction.

Le président Lincoln avait jeté le gant. Sous son administration, un système de banque centrale Rothschild ne serait pas toléré.

Lincoln exaspère encore plus les JUIFS lorsqu'il annonce son intention de coloniser les Noirs récemment réintégrés aux États-Unis. Les JUIFS voulaient que les Noirs restent aux États-Unis en tant que main-d'œuvre bon marché (maintenant qu'ils n'avaient plus besoin d'être soignés et soutenus), mais aussi en tant qu'élément racial diviseur susceptible d'être exploité à l'avenir par la révolution.

L'intransigeance de Lincoln a scellé son destin. L'obstacle devait être éliminé. *Des preuves convaincantes suggèrent que l'assassin de Lincoln, John Wilkes Booth (Botha), JUIF, a été engagé par Judah Benjamin, JUIF, trésorier de la Confédération.* Benjamin était un proche collaborateur de Benjamin Disraeli, JUIF (1804-1881), Premier ministre britannique. Disraeli, Benjamin et Booth s'étaient entretenus ensemble avec les Rothschild. Lorsque Booth s'est échappé du théâtre Ford, il s'est enfui "tout à fait par hasard" par la seule route sortant de Washington, D.C., qui n'était pas bloquée par les troupes. Parmi ses possessions, on trouve un livre de code identique à celui trouvé en possession de Benjamin ; et un autre, dont les pages ont été arrachées, parmi les possessions du secrétaire américain à la Guerre, Stanton. Après le meurtre, Benjamin s'est enfui à Londres, accueilli par sa tribu. Récemment, les proches de Booth ont demandé l'exhumation de sa tombe dans le Maryland. Ils ne croient pas que Booth s'y trouve. Mais la permission a été refusée par des autorités anonymes.

Si vous vous rendez par hasard sur les longues lignes de morts yankees et rebelles à Pea Ridge, Gettysburg, Shiloh, Chickamaugua, Cold Harbor, Chancellorsville, Antietam *et autres*, n'oubliez pas que chaque croix représente l'ARGENT DU SANG, les larmes et la douleur exigés par les JUIFS KHAZAR TALMUDIQUES.

Trente-cinq ans après Appomatox, à l'aube du siècle le plus sanglant de l'histoire mondiale, les ILLUMINATI préparent le terrain pour la Première Guerre mondiale. Quel que soit leur pays de résidence, les Juifs répandent L'INFAMIE, comme ils l'ont fait dans toutes leurs guerres et révolutions, en diabolisant leur ennemi. Les tambours ont commencé à battre. En Amérique, les Juifs ont utilisé la flatterie et la coercition pour pénétrer dans la Maison-Blanche. Ils ont manipulé le président Wilson — comme ils le feront plus tard avec FDR — "comme un singe sur une corde". Au grand dam des patriotes, le Congrès américain adopta la loi anticonstitutionnelle FEDERAL RESERVE ACT (1913), donnant à Rothschild le contrôle total du système monétaire américain. Dès lors, les ILLUMINATI ont contrôlé les rouages du gouvernement des États-Unis. (Aujourd'hui, les Juifs entrent et sortent du Bureau ovale et du Trésor, comme ils entrent et sortent du Hillcrest Club, à Los Angeles). Les JUIFS ont immédiatement préparé les États-Unis à la Première Guerre mondiale, dont le peuple américain ne soupçonnait pas à l'époque l'imminence. Pour garantir aux BANQUIERS le remboursement du capital et des intérêts, le Congrès a promulgué le 16e amendement à la Constitution, établissant le premier impôt sur le revenu des particuliers de l'histoire des États-Unis. Non seulement les Américains étaient censés mourir dans une guerre contre leurs parents allemands, mais ils devaient payer les JUIFS pour ce privilège.

Cette même année fatidique, 1913, les Juifs ont créé la Ligue antidiffamation du B'nai B'rith, dont le principal objectif est *la* diffamation. Son objectif déclaré est d'identifier, d'exposer et d'éradiquer l'"antisémitisme" (sic), qui est assimilé à toute critique à l'encontre des JUIFS. Le Congrès s'effraie devant ses yeux malveillants. L'ADL, dont le siège se trouve à New York, emploie en permanence 225 juristes, lobbyistes, ingénieurs sociaux, éducateurs et spécialistes des relations publiques. Elle dispose de bureaux régionaux dans tout le monde civilisé.

Le B'NAI B'RITH (Fils de l'Alliance), une cabale secrète, revendique le statut d'organisation religieuse et caritative déductible des impôts. Son réseau pénètre tous les niveaux de la communauté juive, ici et à l'étranger. Son but est d'unir tous les juifs derrière la mise en œuvre des protocoles.

Dès 1913, l'issue de la guerre à venir était bien connue des acteurs internes. Une fois les combattants européens épuisés et criblés de dettes, la stratégie avancée consistait à faire intervenir les ressources et la puissance inégalées de l'Amérique dans le conflit. Des Américains au cerveau lavé, pris d'une frénésie meurtrière, se sont précipités "là-bas" pour "sauver le monde pour la démocratie" — un mot qui n'apparaît nulle part dans la Constitution des États-Unis. *Les véritables objectifs étaient les suivants :*

1. Anéantir la Russie chrétienne, ennemie aryenne du MARXISME/LIBÉRALISME/JUIVERIE.
2. Remplacer les monarchies absolues d'Europe par des gouvernements démocratiques. Exposer ainsi l'Europe chrétienne aryenne au virus du LIBÉRALISME/MARXISME/JUIVERIE.
3. Inonder l'Europe de dettes colossales à rembourser à des taux d'intérêt usuraires aux ILLUMINATI.
4. Établir une patrie sioniste en Palestine (hommage de la Grande-Bretagne aux Juifs "américains" pour avoir entraîné l'Amérique dans la guerre).
5. Destruction de l'Allemagne. La JUIVERIE a investi massivement dans l'Empire britannique, détenu par la Banque d'Angleterre. La marine marchande, le chemin de fer intercontinental, le commerce extérieur et les colonies de l'Allemagne constituent une menace économique sérieuse.
6. Tuer la crème de l'homme aryen, en exposant le patrimoine

génétique blanc au métissage et à l'esclavage des Blancs.

En Europe et en Amérique, les ILLUMINATI ont placé leurs pions goy à des postes élevés. Les juifs occupant des postes de confiance au sein des différents gouvernements européens ont utilisé les confidences obtenues au plus haut niveau pour trahir leurs États d'accueil et utiliser ces connaissances pour faire avancer les objectifs des ILLUMINATI. Par exemple : Max Warburg, juif, chef des services de renseignements allemands, a financé les bolcheviks de Lénine. Le frère de Max, Paul Warburg, architecte du système de la Réserve fédérale, a acheté la présidence de Woodrow Wilson et, avec Jacob Schiff, Kuhn-Loeb & Co, a financé les coupe-gorges bolcheviques de Léon Trotski.

Peu après, des crises financières éclatent dans tout l'Occident, semant la confusion et le désespoir. Les différences ethniques entre les États européens sont exacerbées par L'INFAMIE. Les Balkans deviennent une véritable poudrière d'animosités politiques et raciales. L'archiduc Ferdinand d'Autriche se rend en Serbie pour tenter d'apaiser les différends. Lui et sa charmante épouse sont assassinés à Sarajevo (628-1914) par Gavrilo Princip, franc-maçon. Les dominos commencent à tomber, un par un.

> L'archiduc savait très bien que le risque d'un attentat contre sa vie était imminent. Un an avant la guerre, il m'avait informé que les francs-maçons avaient résolu sa mort.
>
> COUNT CZERNIN, *Dans la guerre mondiale*.
>
> C'est un homme remarquable, il est dommage qu'il soit condamné, il mourra sur les marches de son trône.
>
> LÉON PONCINS, *Le pouvoir secret derrière la révolution*.
>
> L'assassinat de l'archiduc a enflammé des éléments qui, autrement, n'auraient pas pris feu comme ils l'ont fait, voire n'auraient pas pris feu du tout. Il est donc important de retracer les origines du complot dans lequel il est tombé victime...
>
> B. FAY, *Les origines de la guerre mondiale*.
>
> La ligne du Parti était d'unir tous les organismes révolutionnaires dans le but d'amener tous les grands pays capitalistes à se faire la guerre afin que toutes les pertes terribles subies, les impôts élevés prélevés et les difficultés endurées par les masses de la population fassent réagir favorablement la majorité des classes ouvrières à... une révolution pour mettre fin à toutes les guerres. Lorsque tous les pays auraient été

soviétisés, les ILLUMINATI formeraient une dictature totalitaire... Il est possible que seul Lénine ait connu les objectifs et les ambitions secrètes des ILLUMINATI, qui ont modelé l'action révolutionnaire en fonction de leurs objectifs. Les chefs révolutionnaires devaient organiser leurs maquis dans tous les pays afin de pouvoir s'emparer du système politique et de l'économie de la nation ; les banquiers internationaux devaient étendre les ramifications de leurs agences dans le monde entier...

WILLIAM GUY CARR, R. D., *Pawns in the Game.*

Une série d'assassinats a été commise (1881-1914) pour faire avancer les objectifs de guerre des ILLUMINATI, les plus critiques étant : Le tsar Alexandre II ("Petit Père") de Russie, en 1881 ; l'impératrice d'Autriche, en 1893 ; le roi Humbert d'Italie, en 1900 ; le président américain McKinley, en 1901 ; le grand-duc Serge de Russie, en 1905 ; le Premier ministre V. von Plehve, de Russie, en 1905 ; le Premier ministre Pierre A. Stolypine, de Russie, en 1911 ; le roi Carlos et le prince héritier du Portugal, en 1908 ; l'archiduc Ferdinand et la duchesse d'Autriche, en 1914. Tous ces meurtres, et bien d'autres encore, peuvent être attribués au bolchevisme, à la franc-maçonnerie (Maçons du Grand Orient) et à d'autres groupes terroristes parrainés par les ILLUMINATI. Lors du procès militaire autrichien (10-12-14) portant sur le meurtre de l'archiduc, le procureur a interrogé Cabrinovic — l'assassin qui a lancé la première bombe — qui a répondu :

> La franc-maçonnerie y est pour quelque chose car elle a renforcé mes intentions. Dans la franc-maçonnerie, il est permis de tuer... La franc-maçonnerie avait condamné l'archiduc à mort plus d'un an auparavant.

I. CABRINOVIC, franc-maçon, Serbe.

Permettez-moi de vous ramener en 1913. Si je m'étais tenu ici en 1913 et vous avais dit : "Venez à une conférence pour discuter de la reconstruction d'un foyer national en Palestine", vous m'auriez regardé comme un rêveur ; même si, de tout ce qui a suivi, j'ai trouvé une chance, une opportunité, l'occasion d'établir un foyer national pour les Juifs en Palestine. Vous est-il jamais venu à l'esprit que c'est dans le sang du monde entier que cette occasion s'est présentée ? Croyez-vous vraiment qu'il s'agisse d'un accident ? Croyez-vous vraiment, au fond de vous, que nous avons été ramenés en Israël par le plus grand des hasards ? Croyez-vous qu'il n'y ait pas de signification plus importante dans l'opportunité qui nous a été donnée ? Après deux mille ans d'errance dans le désert, nous avons une chance et une opportunité qui nous sont offertes, et beaucoup se contentent de dire que cela ne nous intéresse pas. Je me demande s'ils ont pensé à l'enchaînement des circonstances.

      LORD MELCHETT, JUIF, président de la Fédération sioniste anglaise.

La PREMIÈRE GUERRE MONDIALE (1914) a éclaté comme prévu. C'est l'Allemagne, l'un des États les plus cultivés et civilisés d'Europe — qui a offert à un monde admiratif sa magnifique musique et son génie scientifique — qui a été spécifiquement ciblée pour les raisons mentionnées ci-dessus et, également, parce que l'Allemagne représentait le CŒUR DE LA CHRÉTIENTÉ. Les médias contrôlés par les Juifs diabolisent inévitablement leurs ennemis en les présentant comme des monstres dépravés : Les soldats allemands sont accusés d'amputer les mains des enfants belges, de tuer à la baïonnette les femmes enceintes et de dépecer les fœtus, de couler au hasard des navires de passagers et de mitrailler de façon "obscène" les survivants dans les canots de sauvetage. Les "Huns" sont accusés de fabriquer des abat-jour et des barres de savon à partir de cadavres d'ennemis. Les Américains d'origine allemande sont mis à l'index. Des briques sont jetées à travers les fenêtres de leur salon. La responsabilité totale de la guerre est rejetée sur l'Allemagne.

Bien que la Russie soit une ALLIÉE de la Grande-Bretagne et de la France, les Juifs financent la révolution bolchevique contre l'État russe. L'INFAMIE a englouti le tsar et la tsarine d'origine allemande, suscitant la méfiance à l'égard de la monarchie et fomentant des mutineries dans l'armée. Cela permet aux troupes allemandes de passer du front de l'Est au front de l'Ouest, où les engagements sanglants dans le no man's land tournent rapidement à l'avantage de l'Allemagne.

À ce moment critique, le baron ILLUMINATI Edmond de Rothschild, JUIF (Banque d'Angleterre), organise une audience entre Lord Arthur Balfour, ministre britannique des affaires étrangères, et Chaïm Weizmann, JUIF, cofondateur du SIONISME. Weizmann proposa aux Juifs de faire entrer l'Amérique dans la guerre contre l'Allemagne si la Grande-Bretagne, en contrepartie, garantissait la création d'un foyer juif en Palestine. La Grande-Bretagne accepte, en trahissant les Arabes (traité Sykes-Picot) qui s'étaient battus pour la Grande-Bretagne contre les Turcs. La première version secrète de la déclaration Balfour a été envoyée par câble au président Wilson, dont les conseillers, le rabbin Wise, Louis Denmitz Brandeis, juif, Bernard Baruch, juif, Felix Frankfurter, juif, Edward Mandel House, juif, ont apporté des ajouts et des corrections. C'est finalement le baron Edmond de Rothschild qui rédigea la version finale, en remplaçant la ligne "une patrie pour la race juive" par "une patrie pour le peuple juif". Le texte a ensuite été dactylographié sur du papier à en-tête du ministère britannique des Affaires étrangères et signé par Lord Balfour. Le dernier paragraphe se lit comme suit : "Je vous serais reconnaissant de bien vouloir porter cette déclaration à l'attention de la Fédération sioniste. Elle était adressée au baron Edmond de Rothschild, qui avait rédigé le texte final et était membre de la KEHILLA ILLUMINATI qui avait planifié l'entrée en guerre de l'Amérique ! (La Grande-Bretagne a reçu le sobriquet de "Perfide Albion" après que Cromwell a donné la Banque d'Angleterre aux Juifs, en 1653).

Un "petit oiseau" a dit à Winston Churchill que la Première Guerre mondiale aurait lieu en septembre 1914 ; en conséquence, en février 1913, il a fait transformer le paquebot britannique *Lusitania* en croiseur auxiliaire armé de douze canons de marine de six pouces : un fait publié dans *Jane's Fighting Ships* (1914), la référence internationale en matière de marine. En Amérique, cependant, le *Lusitania* est présenté comme un navire à passagers. L'Amirauté allemande a averti, dans des annonces publiées dans le *New York Times*, que le *Lusitania* transportait du matériel de guerre et qu'il était donc considéré comme un *prix de guerre*. Le département d'État américain rejette les allégations allemandes. Le *Lusitania*, que Churchill avait décrit plus tôt comme "45 000 tonnes d'appâts vivants", prend la mer et est torpillé en eaux profondes au large de la côte irlandaise par un sous-marin allemand (1915). Le *Lusitania* coule, comme prévu, avec de lourdes pertes humaines. (voir : WTC, 9-11-01) L'INFAMIE contre l'Allemagne remplit les ondes, la presse et les universités du monde entier. En l'espace de trois ans, bombardé de mensonges incessants, *Stupidus Americanus* atteint d'une frénésie animale, a avalé l'"appât" et s'est précipité en Europe pour "sauver le monde pour la démocratie" ! (un mot qui ne figure pas dans la Constitution américaine) et pour tuer leurs propres frères de sang - les "Huns méprisables" !

> Chaïm Weizmann, le cabinet de guerre britannique et le ministère français des Affaires étrangères étaient convaincus en 1916 que le meilleur et peut-être le seul moyen (ce qui s'est avéré être le cas) d'inciter le président américain à entrer en guerre (Première Guerre mondiale) était de s'assurer la coopération des juifs sionistes en leur

promettant la Palestine, et ainsi d'enrôler et de mobiliser les forces jusqu'alors insoupçonnées des juifs sionistes en Amérique et ailleurs en faveur des Alliés, sur la base d'un accord accompagné de contrepartie...

SAMUEL LANDMAN, JUIF,
La Grande-Bretagne, les Juifs et la Palestine.

En Russie, les anarchistes de Lénine et de Trotsky ont convergé. Trois millions de membres désarmés de la classe moyenne (bourgeoise), de chrétiens et de musulmans, ont été massacrés lors de la poussée initiale de la RÉVOLUTION BOLCHÉVIQUE, et 31 millions d'Européens sont morts dans la foulée. Des millions de personnes ont tout simplement disparu au goulag, pour toujours. La quasi-totalité de la strate culturelle blanche (pétrinienne) a été anéantie (la "solution finale"). La Russie a ensuite été perdue pour l'Occident, sa population post-révolutionnaire étant majoritairement asiatique.

> Le nationalisme est un danger pour le peuple juif. Aujourd'hui, comme à toutes les époques de l'histoire, il est prouvé que les Juifs ne peuvent pas vivre dans des États puissants où une culture nationale élevée s'est développée.

THE JEWISH SENTINEL, Chicago 9-24-36.

> Je pense que la fierté nationale (patriotisme) est un non-sens.

BERNARD BARUCH, JUIF, Chicago Tribune 9-25-35.
(Conseiller de Wilson, Roosevelt, Eisenhower).

Colin Simpson, journaliste britannique, agissant en vertu de la loi sur la liberté de l'information, a découvert les éléments de connaissance préalable du *Lusitania* parmi les effets personnels de Franklin Roosevelt à Hyde Park, dans l'État de New York (1973). Roosevelt, un raté de Harvard et sous-secrétaire à la marine américaine pendant la Première Guerre mondiale, avait traîtreusement dissimulé au Congrès américain sa connaissance anticipée (plus tard, il a dissimulé l'"appât" de Pearl Harbor, "une date qui restera dans la longue série des infamies commises par ces traitres"). Le *Lusitania* était en effet chargé de matériel de guerre à destination de l'Angleterre (belligérant) et partait des États-Unis (neutres), enfreignant ainsi le droit maritime international. Une société privée de sauvetage (novembre 1982), explorant le navire malheureux gisant au large des côtes irlandaises, a utilisé un équipement de caméra sous-marine qui a révélé qu'une torpille avait frappé un compartiment contenant des munitions. L'explosion a projeté la coque mutilée du Lusitania *vers l'extérieur*.

Après l'armistice de 1918, la Grande-Bretagne a bloqué les ports allemands, provoquant la mort par famine de plus d'un million d'Allemands, qui en ont été réduits à manger des ordures et des rats. Les célèbres écoles et universités allemandes étaient remplies de Juifs, tandis que les jeunes Allemands, incapables de se payer ne serait-ce que de la nourriture, passaient des tranchées aux chaînes de boulangerie. La traite des blanches a prospéré lorsque les Juifs ont ostensiblement fait des offres d'emploi légitimes à des jeunes femmes sans le sou, qui ont ensuite été envoyées dans des réseaux de prostitution à l'étranger. Aujourd'hui, en utilisant la même escroquerie, les juifs entraînent des jeunes filles russes blanches affamées dans une vie de prostitution en Israël et ailleurs. Elles sont également utilisées comme reproducteurs. ("60— Minutes" CBS, 1998).

Le traité de Versailles ("Conférence kasher") a été conçu par les ILLUMINATI pour écraser l'Allemagne, affaiblir sa résistance au marxisme et jeter les bases de la Seconde Guerre mondiale — vingt ans plus tard.

> Le président Wilson a fait venir à Paris 117 Juifs et 39 Gentils (principalement des valets).
> COUNT CHEREP-SPIRIDOVICH, *La Russie sous les Juifs*.

> Les Juifs ont formé un solide anneau autour de Woodrow Wilson. Il fut un temps où il ne communiquait avec le pays que par l'intermédiaire d'un Juif.
> HENRY FORD, père, Volume II, *Le Juif international*.

> La nation allemande, très peuplée, est privée d'une grande partie de son territoire, y compris de zones minières vitales et du "corridor polonais" qui sépare le duché de Prusse du reste du pays. L'Allemagne est privée de sa flotte marchande... et se voit imposer un fardeau de réparations impossible à assumer. En conséquence, le pays vaincu se retrouve dans une situation précaire qui entraîne rapidement un effondrement économique. L'empire austro-hongrois, ancien avant-poste des peuples teutoniques et de la civilisation occidentale, est détruit... le nouvel État de Tchécoslovaquie se voit attribuer 3,5 millions de personnes de sang et de langue allemand...

> En 1923, Berlin est une ville désespérée. Les gens attendaient dans l'allée derrière l'hôtel Adlon, prêts à se jeter sur les poubelles... une tasse de café coûtait un million de marks un jour, un million et demi le lendemain, deux millions le surlendemain... l'attitude allemande (suspicion et peur) était intensifiée par le nouveau pouvoir que les Juifs

allemands avaient acquis... en utilisant des fonds provenant de riches Juifs conscients de leur race dans d'autres pays et par un afflux de Juifs provenant de l'empire austro-hongrois détruit.
DR. JOHN O. BEATY (OSS), *Le rideau de fer sur l'Amérique*.

La dévaluation du mark allemand a permis aux juifs possédant des livres, des francs et des dollars d'"acheter" des entreprises, des biens immobiliers et des trésors artistiques allemands à une fraction de leur valeur intrinsèque (comme ils l'ont fait dans le Sud après la guerre de Sécession). Quinze ans plus tard, les nazis ont repris ces trésors volés aux JUIFS. Aujourd'hui, en 1998, les juifs (avec le soutien des États-Unis) poursuivent avec succès des nations et des individus pour récupérer le "butin nazi volé aux juifs". Ce même butin que les JUIFS avaient initialement extorqué à une nation allemande prostrée et ruinée.

Après la Première Guerre mondiale, les Alliés ont *présenté des excuses officielles à l'Allemagne* pour les faux récits d'atrocités. L'Infamie ! Les Allemands, reconnaissait-on, s'étaient comportés aussi bien, voire mieux, que leurs homologues ! Le *dossier du Congrès américain* (Sénat, 6-15-33) attribue la responsabilité de la Première Guerre mondiale directement à ses auteurs : les banquiers internationaux ont provoqué la guerre et en ont été les ultimes vainqueurs.

La Seconde Guerre mondiale (voir chapitre 6 : "L'Holocauste") a été planifiée lors du traité de Versailles et constituait la poursuite du programme ILLUMINATI visant à asservir les nations du monde en les plaçant sous des montagnes de dettes usuraires.

> Une intervention directe avec le potentiel militaire total de l'Amérique était essentielle si la guerre (la Seconde Guerre mondiale) ne devait pas se terminer par une victoire de l'Occident (l'Allemagne) sur la Russie marxiste asiatique... et aboutir à la création d'une unité Culture-Nation-État-Peuple-Race de l'Occident.
> FRANCIS PARKER YOCKEY, *Imperium*.

Pour qui connaît un peu les faits du monde et les principaux détails de l'abandon par les Américains de leur sécurité et de leurs principes à Téhéran, Yalta et Potsdam... trois objectifs effroyables apparaissent clairement :

1) Dès 1937, (la cabale de Roosevelt) a décidé de faire la guerre

à l'Allemagne sans autre but que de plaire à l'élément dominant de l'Europe de l'Est... au sein du parti national démocrate et de "conserver ces votes", comme l'a dit Elliot Roosevelt... pour satisfaire la vanité du président de briguer un troisième mandat.

2) Le puissant élément d'Europe de l'Est, dominant dans les cercles intérieurs du parti démocrate, considérait avec une totale équanimité... et même avec enthousiasme, l'assassinat du plus grand nombre possible d'Aryens de la race détestée des Khazars.

3) Notre gouvernement dominé par les étrangers a mené la guerre pour l'anéantissement de l'Allemagne, rempart historique de l'Europe chrétienne... En 1937-1938, le gouvernement allemand a fait un "effort sincère pour améliorer les relations avec les États-Unis, mais il a été rabroué". Les appels à la négociation de l'Allemagne... ont été dissimulés au public jusqu'à ce qu'ils soient découverts par la commission de la Chambre des représentants sur les activités anti-américaines... plus de dix ans après que les faits aient été si criminellement étouffés.

DR. JOHN O. BEATY, *Le rideau de fer sur l'Amérique*.

Notre bref examen de ces défaites historiques révèle qu'elles ont été dirigées par une force bien plus puissante que les États aryens effectivement engagés dans le combat. Le président Wilson a déclaré : "Il existe quelque part un pouvoir si organisé, si subtil, si vigilant, si imbriqué, si complet, si envahissant..." que l'on ne peut détecter ce pouvoir satanique que par la similitude de ses méthodes, la cohésion de ses actions et ses horribles RÉSULTATS. La juiverie a infiltré les domaines les plus sensibles du pouvoir et de la confiance dans TOUTES les nations occidentales, tout en jurant secrètement fidélité à la juiverie. Les Aryens appellent cela de la trahison. Mais les JUIFS considèrent de telles accusations comme "antisémites", considérant les Aryens comme du bétail empiétant sur leur monde. Le président Wilson, les États-Unis d'Amérique et l'humanité ont appris ces faits trop tard. Après la Première Guerre mondiale, les ILLUMINATI ont échoué dans leur tentative d'établir une Société des Nations parce que le Congrès des États-Unis a refusé d'abandonner sa souveraineté. Des membres américains des ILLUMINATI, froissés mais déterminés, se réunirent à Paris pour discuter de nouveaux moyens de faire progresser le gouvernement mondial unique. Les participants étaient Jacob Schiff, juif (KuhnLoeb & Co., agent des Rothschild) ; Bernard Baruch, juif, "Prince de la Kahilla" (qui avait amassé des millions en spéculant sur le cuivre — à partir duquel sont fabriqués les obus) ; Walter Lippman, juif, (savant/écrivain) ; le colonel E. Mandel House, juif (agent de la Maison-Blanche, du Trésor et de Wall Street) ; John D. Rockefeller, juif ; et des collaborateurs goys : Averell Harriman, Christian Herter et

John Foster Dulles. Le trafiquant d'armes J.P. Morgan, agent de Rothschild, était présent en esprit. Tous avaient profité monétairement de la Première Guerre mondiale et tous, pour les mêmes raisons, ont joué un rôle déterminant dans la création de la Seconde Guerre mondiale. Aucun d'entre eux n'a jamais servi dans l'armée. C'est l'armée qui les a servis.

Ils espéraient ainsi renforcer le contrôle des ILLUMINATI sur les États-Unis. Le Council on Foreign Relations (CFR) est né de cette réunion à Paris. Au même moment, en Angleterre, le Royal Institute of International Affairs était organisé par une cabale similaire. Les deux organisations rendaient compte à la KEHILLA, le conseil d'administration des ILLUMINATI. L'Institut Rockefeller est une filiale du CFR. Les Rockefeller, d'origine juive, ont fusionné leur banque Chase avec la Manhattan Bank de Warburg (juif) et ont placé une filiale de Chase-Manhattan sur la place Karl Marx à Moscou pour financer la soi-disant "guerre froide", alors même que nous menions des guerres perdues d'avance en Corée et au Viêt Nam.

> Mes ancêtres étaient peut-être juifs. Nous n'en sommes pas vraiment sûrs.
> NELSON ROCKEFELLER, Vice-président, USA, TIME, 10-19-70,
> (Nelson, marié à l'aryenne "Happy" Rockefeller, est mort d'apoplexie alors qu'il batifolait au lit avec sa secrétaire juive).

Le livre de Steven Birmingham, *The Grandees : America's Sephardic Elite* (Harper & Row) confirme l'origine juive de Rockefeller.

En 1973, David Rockefeller a créé la Commission trilatérale (TRI) et nommé Zbigniew Brzezinski, conseiller en matière de sécurité du président Jimmy Carter, pour la diriger. Pendant de nombreuses années, David Rockefeller a présidé les deux groupes (CFR/TRI).

Les Bilderbergers, "le quatrième Reich des riches", sont l'équivalent européen du CFR, bien que leurs membres soient plus restreints et plus puissants et qu'ils aient un réseau social plus exclusif. Ses réunions, qui se tiennent généralement dans des domaines isolés, sont ultra-secrètes et protégées par des forces terrestres et aériennes lourdement armées. Les membres d'élite du CFR/TRILATÉRALE/BILDERBERGERS partagent des adhésions interdépendantes. Récemment, les Bilderbergers ont réalisé "l'unification de l'Europe". *Non pas une nation aryenne unie* comme le voulaient Charlemagne, Frédéric, Napoléon et Hitler, mais une unification par le biais d'une monnaie unique. Aujourd'hui, l'Europe est totalement asservie à l'USURE et incapable de se rebeller et de défier la JUIVERIE INTERNATIONALE comme l'a fait l'Allemagne en 1933.

Les Nations Unies ont été concoctées par les ILLUMINATI après la Seconde Guerre mondiale. Quarante membres de la délégation américaine à la Conférence des Nations unies, qui s'est tenue à San Francisco, étaient membres du CFR : Alger Hiss, principal auteur de la Charte des Nations unies qui garantissait que le Conseil de sécurité (l'organe le plus important de l'ONU) aurait une majorité marxiste ; Dean Acheson (Yale, démocrate), futur secrétaire d'État américain, a juré, après la condamnation de Hiss pour parjure, "Je ne tournerai jamais le dos à Alger Hiss !". (Les dossiers soviétiques confirment que Hiss était un agent soviétique) ; Owen Lattimore et Philip Jessup, qualifiés par le Sénat américain d'"instruments des Soviétiques" ; Harry Dexter White (Weiss), JUIF, force motrice des accords de Bretton Woods, qui ont créé le Fonds monétaire international (FMI) et la Banque mondiale, dont les investissements sont assurés par l'argent des contribuables américains. White a été démasqué plus tard en tant qu'espion soviétique.

CITATIONS DIRECTES DU RAPPORT ANNUEL 1980 DU CFR :

L'objectif du Council on Foreign Relations est le suivant :

1) Faire preuve d'innovation dans l'examen des questions internationales.
2) Contribuer à l'élaboration de la politique étrangère américaine de manière constructive et non partisane.
3) Assurer un leadership permanent dans la conduite des affaires étrangères.
4) Le Conseil est une institution éducative et un forum unique réunissant des dirigeants du monde universitaire, public et privé.

La tradition du Conseil veut que les déclarations des orateurs ne leur soient pas attribuées dans les médias ou les forums publics.

Les réunions du Conseil ne sont généralement PAS OUVERTES au public ou aux médias... (toutefois, il serait légitime que les fonctionnaires fassent part à leurs collègues de ce qu'ils ont appris lors de la réunion... ou qu'un avocat transmette un mémo à son partenaire, ou qu'un dirigeant d'entreprise le fasse à un autre dirigeant d'entreprise. Il ne serait toutefois pas conforme qu'un participant à une réunion publie les déclarations d'un orateur dans le journal, les répète à la télévision ou à la radio... il est interdit à un participant à une réunion de transmettre toute déclaration du Conseil à un journaliste ou à toute autre personne susceptible de la publier dans un média public.

Le Conseil n'a aucune affiliation avec le gouvernement américain.

Paradoxalement, le rapport du CFR reconnaît que 12% de ses 2164 membres SONT des fonctionnaires du gouvernement américain ! Cela signifie qu'au moins 260 membres, selon cette organisation secrète, occupent des postes importants au sein du gouvernement américain ! 70% des membres sont issus de l'axe Washington, D.C./New York City/Boston. La plupart sont endoctrinés par le marxisme : Ivy League, London School of Economics, Georgetown University, Southern Illinois U., etc.

Depuis la Seconde Guerre mondiale, presque tous les secrétaires d'État ont été membres du CFR/TRILATÉRALE. La majorité d'entre eux étaient des juifs, y compris Madeleine Albright, nommée par Clinton. Parmi les récents ministres de la défense, citons Harold Brown, James Schlesinger, Cap Weinberger, Henry Kissinger et William Cohen, tous juifs et tous membres du CFR/TRI. Aucun d'entre eux n'a jamais porté l'uniforme de l'armée américaine. Tous, après leur passage au gouvernement, ont trouvé un emploi auprès des ILLUMINATI, généralement à Wall Street. N'oubliez pas que les juifs pratiquants font des vœux cabalistiques de KOL NIDRE pour soutenir la TORAH ; les juifs marranes jurent de protéger le PEUPLE KHAZAR. C'est ce qui explique la faille dans la sécurité des États-Unis.

L'ancien président du CFR, Winston Lord, conseiller à la Maison-Blanche de Clinton, marié à une Chinoise, a fait remarquer que "les Trilatéralistes ne dirigent pas le monde, c'est le CFR qui le fait".

L'étude de cas n°76 de la CFR (1959) stipule ce qui suit :

> Les États-Unis doivent s'efforcer de construire un nouvel ordre international, y compris pour les États qui se qualifient eux-mêmes de socialistes. L'expérience sociale menée en Chine sous la direction du

président Mao est l'une des plus importantes et des plus réussies de l'histoire de l'humanité.
DAVID ROCKEFELLER, JUIF, président du CFR/TRI.

Le Sénat américain estime qu'environ 65 millions de Chinois ont été massacrés sous la direction du président Mao, dans ce qui s'est avéré être une expérience sociale hideusement ratée, rejetée même par les plus proches admirateurs de Mao.

Les membres du CFR, qui occupent un grand nombre des postes les plus élevés du gouvernement des États-Unis, sont nommés — et non élus — à leurs postes de confiance par le président. Le "gouvernement invisible" dont il est issu, le CFR, cherche à abandonner la souveraineté américaine. La loyauté du CFR, dont le président est aujourd'hui David Gelb, juif, n'est pas envers la Constitution des États-Unis, mais envers le TALMUD.

Il est dans l'intérêt des Américains de mettre fin au statut de nation.
WALT ROSTOW, juif, CFR/TRI, conseiller des présidents Kennedy et Johnson, a contribué à l'élaboration de l'"action policière" au Viêt Nam.

Notre objectif national devrait être d'abandonner notre nationalité.
KINGMAN BREWSTER, CFR, ancien président, Yale University, dans CFR Quarterly *Foreign Affairs*.

De Gaulle ne pouvait pas comprendre la conviction américaine de l'obsolescence de l'État-nation.
HENRY KISSINGER, JUIF, CFR/TRILATÉRALE, *Les années de la Maison-Blanche*.

Bien que les objectifs du CFR et de la TRILATÉRALE soient les mêmes que ceux des ILLUMINATI — et qu'il existe au plus haut niveau des liens entre les membres — ils ont des stratégies différentes, qui se chevauchent parfois. Le CFR semble se préoccuper avant tout d'infiltrer le gouvernement américain. Il y influence les politiques des différents départements et agences en les coordonnant avec les attentes des ILLUMINATI. La TRILATÉRALE semble avoir pour objectif d'internationaliser (soviétiser) les entreprises et les industries des Amériques, de l'Europe et de la région du Pacifique (d'où le nom de "Trilatérale").

La Commission Trilatérale compte environ 300 membres, dont 87 aux États-Unis : le segment le plus important représente la communauté bancaire.

LIVRET DE QUESTIONS/RÉPONSES

Publié par la Commission Trilatérale

La CT est un groupe de discussion non gouvernemental axé sur les politiques... non seulement sur des questions concernant ces (trois) régions, mais aussi dans un cadre mondial.

Zbigniew Brzezinski a joué un rôle très important dans la formation de la Commission... et en est la principale tête pensante. Jimmy Carter a été membre de la Commission de 1973 jusqu'à son élection à la présidence de l'Union européenne.

Il a quitté la présidence des États-Unis conformément aux règles de la Commission qui interdisent aux membres de l'administration nationale d'en faire partie.

La Trilatérale est une organisation indépendante. Elle ne fait pas partie du gouvernement américain (voir le tableau CFR/TRI, index) ni des Nations unies. Elle n'a aucun lien formel avec le CFR ou le Brookings Institute, bien qu'un nombre considérable de membres de la TRILATÉRALE soient également impliqués dans une ou plusieurs organisations de ce type. [Voir le graphique ILLUMINATI page 105 — JvB]

La Trilatérale n'est absolument pas secrète. Ses réunions constituent le seul aspect confidentiel.

La Trilatérale se félicite de la couverture de ses activités.

Les allégations selon lesquelles la Trilatérale tente d'établir un gouvernement mondial unique sont totalement fausses... il n'y a eu aucun rapport de la Commission ni même un seul cas dans les discussions de la Commission où un membre ou un auteur de groupe de travail a proposé que notre gouvernement national soit dissous et qu'un gouvernement mondial soit créé.

La Trilatérale ne fait pas de lobbying en faveur d'une législation ou d'un candidat particulier.

L'idée que la Trilatérale est une conspiration repose en grande partie sur le fait que de nombreux membres de l'administration Carter, y compris le président, étaient d'anciens membres de la Commission. À première vue, il s'agit d'une coïncidence étrange, mais ces faits n'indiquent pas que la Commission contrôle le gouvernement américain.

En totale contradiction avec le livret de questions/réponses de la Trilatérale, on trouve certaines déclarations de la "tête pensante" qui enseigne actuellement à l'université de Georgetown, Zibby Brzezinsky :

> La fiction de la souveraineté nationale... n'est plus compatible avec la réalité.
> Pourtant, même si le stalinisme a été une tragédie inutile pour le peuple russe et le communisme en tant qu'idéal, pour le monde entier, le stalinisme a été une bénédiction déguisée.
> Le marxisme est à la fois une victoire de l'homme actif extérieur sur l'homme passif intérieur et une victoire de la raison sur la croyance.
> La théorie du marxisme est le système de pensée le plus influent de ce siècle.
> L'Amérique connaît une nouvelle révolution... qui met en évidence son obsolescence.
> La gestion délibérée de l'avenir de l'Amérique se généralisera, le planificateur finissant par remplacer l'avocat comme principal législateur et agitateur social.
> En l'an 2000 (aux États-Unis), il sera admis que Robespierre et Lénine étaient de doux réformateurs.
> ZBIGNIEW BRZEZINSKI, CFR/TRILATÉRALE, conseiller à la sécurité des États-Unis, extrait de son livre *Between Two Ages*.

Les brochures mises à la disposition du public par le CFR/TRILATÉRALE sont manifestement des faux-fuyants qui ne reflètent pas les opinions exprimées ailleurs par ses dirigeants.

> Ce que les Trilatéralistes veulent réellement, c'est la création d'un pouvoir économique mondial supérieur aux gouvernements politiques des États-nations impliqués... En tant que gestionnaires et créateurs du système, ils dirigeront l'avenir. La majeure partie de notre aide étrangère... est utilisée pour créer une économie internationale gérée et contrôlée par le mécanisme des conglomérats internationaux de l'industrie et des affaires. Les populations ne sont traitées que comme des groupes économiques productifs. La liberté (politique, spirituelle, économique) n'a aucune importance dans la construction trilatérale du siècle prochain.
> BARRY GOLDWATER, juif, sénateur américain,
> *With no apology*.

> Je suis convaincu que le CFR, ainsi que les organisations exonérées d'impôts qui lui sont associées, constituent le gouvernement invisible qui définit les principales politiques du gouvernement fédéral... Je suis convaincu que l'objectif de ce gouvernement invisible est de convertir l'Amérique en un État socialiste et d'en faire une unité du système socialiste mondial.

>DAN SMOOT, professeur à Harvard, FBI,
>*Le gouvernement invisible.*

Le pouvoir international de l'argent est la conspiration la plus dangereuse contre la liberté des hommes que le monde ait jamais connue.
>FREDERICK SODDY, professeur à Oxford, lauréat du prix Nobel.

L'éminent Dr Medford Evans a déclaré : "*Western Technology and Soviet Economic Development* d'Anthony Sutton est peut-être le livre le plus important depuis la Bible". L'auteur ajoute que l'ouvrage de Sutton, *Trilateralists Over Washington*, et tous ses livres, sont des lectures obligatoires pour ceux qui veulent comprendre les influences maléfiques à l'œuvre dans la destruction de la culture occidentale. Ces livres se rapportent à la période de la guerre froide de l'histoire des États-Unis et de l'URSS, mais ils sont extrêmement pertinents aujourd'hui. Il est incroyable de constater que nombre de ceux qui ont mis en œuvre la politique des ILLUMINATI pendant cette période occupent des postes prestigieux, reçoivent des citations au mérite, bénéficient d'une retraite honorable ou sont enterrés au cimetière d'Arlington. Voici quelques-unes des observations formulées par M. Sutton dans le cadre de ses recherches (*Technologie occidentale et développement économique soviétique*) :

Les Soviétiques possèdent la plus grande usine sidérurgique du monde. Construite par McKee Corp, elle est une copie de l'usine U.S. Steel de Gary, dans l'Indiana. Toute la technologie sidérurgique soviétique provient des États-Unis et de leurs alliés.

Les Soviétiques possèdent la plus grande usine de tubes et tuyaux d'Europe — un million de tonnes par an. L'équipement est de type Salem, Aetna, Standard... Si vous connaissez quelqu'un qui travaille dans le secteur de l'espace, demandez-lui combien de kilomètres de tubes entrent dans la composition d'un missile.

Le camion soviétique standard utilisé au Viêt Nam et au Moyen-Orient est fabriqué à l'usine ZIL-130, qui a été construite par A. J. Brandt Co. à Détroit, dans le Michigan. L'armée soviétique possède plus de 300 000 camions, tous fabriqués dans des usines construites par les États-Unis. ("Hanoi" Jane Fonda a été photographiée agitant un drapeau congolais dans l'un de ces véhicules).

L'URSS possède la plus grande marine marchande du monde, soit environ 6000 navires : les deux tiers ont été construits en dehors de l'URSS. 80% des moteurs de ces navires ont été construits en dehors de l'URSS. Aucun n'est de conception soviétique. Ceux qui sont construits à l'intérieur de l'URSS le sont avec l'aide technologique des États-Unis.

Une centaine de navires ont été utilisés dans le cadre de la course de Hanoï pour transporter des armes et des fournitures soviétiques aux Nord-Vietnamiens. AUCUN des moteurs principaux de ces navires n'a été fabriqué par les Soviétiques. Toutes les technologies de construction navale proviennent des États-Unis ou de nos alliés.

Pendant la guerre du Viêt Nam ("action policière"), l'administration Johnson a envoyé aux Soviétiques des équipements et une assistance technologique qui ont plus que doublé leur production automobile.

(À partir de 1917), une force omniprésente, puissante et non clairement identifiable s'est manifestée à l'Ouest pour favoriser la poursuite des transferts. Le pouvoir politique et l'influence des Soviétiques n'ont certainement pas suffi à eux seuls à susciter des politiques occidentales aussi favorables (à l'URSS)... En effet, de telles politiques semblent incompréhensibles si l'objectif de l'Occident est de survivre en tant qu'alliance de nations indépendantes non communistes.

DR. ANTHONY C. SUTTON, Institut Hoover, Stanford, Univ.

LES ÉTATS-UNIS SOUTIENNENT LE COMMUNISME :

Après la Seconde Guerre mondiale, les États-Unis (CFR) ont trahi leur allié de longue date Tchang Kaï-chek, en permettant à Mao Tsé-toung de prendre le contrôle de la Chine continentale (1950), tout en promettant de défendre Formose contre Mao. En l'espace d'un an, les Américains se sont battus et sont morts en Corée, puis au Viêt Nam, prétendument pour PRÉVENIR l'expansion communiste en Asie ! Pendant ce temps, le FEDERAL RESERVE SYSTEM finançait la machine de guerre soviétique et le CFR/TRILATÉRALE la modernisait et la développait.

Les ILLUMINATI nous ont entraînés dans des guerres "sans issue" en Corée et au Viêt Nam pour deux raisons : L'ARGENT et l'espoir que l'armée américaine subisse de lourdes pertes en vies humaines, ce qui a engendré le désespoir et la révolution dans Main Street USA. Lorsque l'armée américaine a commencé à gagner ces guerres, les médias ont crié à l'infamie. La canaille dirigée par les Juifs, émergeant comme des rats des piles et des ruelles, a condamné les prétendues "atrocités" de l'armée américaine, calomnié nos officiers et nos hommes, littéralement craché sur les vétérans, et réussi à laver le cerveau des *Stupidus Americanus* et d'un Congrès lâche pour qu'ils acceptent la défaite. (Le général Douglas MacArthur s'est plaint que les généraux nord-coréens recevaient ses directives avant lui, à partir d'un

Pentagone truffé d'espions).

> La trahison ne prospère jamais. Quelle en est la raison ? Parce que lorsqu'elle prospère, personne n'ose l'appeler TRAHISON.
> LORD HARRINGTON.

> Tob shebbe goyim harog !
> TALMUD : Sanhedrin.

> Donnez-moi le pouvoir d'émettre et de contrôler la monnaie d'une nation et je ne me soucie pas de savoir qui fait ses lois.
> ANSELM MAYER ROTHSCHILD.

Le récit qui précède ne révèle que le plus petit fil d'une tapisserie du mal. Les aspects récurrents de l'histoire des ILLUMINATI sont la MANIPULATION DE L'ARGENT, le recours à l'INFAMIE — la calomnie et les faux témoignages — et le SILENCE de ceux qui pourraient témoigner contre eux :

En France, en 1780, la famille royale, les chefs de gouvernement et les leaders goys de la révolution ont été assassinés POUR LES RÉDUIRE AU SILENCE.

Napoléon, incarcéré au secret sur l'île de Sainte-Hélène, a été empoisonné pour le faire taire.

En 1918, en Russie, les membres de la famille royale de la cour et du gouvernement ont été calomniés et assassinés pour les faire taire. (Les juifs ayant massacré ou chassé toute la strate culturelle aryenne, qui comprenait des scientifiques, des ingénieurs et d'autres professionnels, les Soviétiques n'ont jamais été plus qu'un tigre de papier jusqu'à ce qu'ils capturent des scientifiques nazis et obtiennent les secrets de la bombe A, ainsi que la technologie, l'équipement et l'argent des ILLUMINATI).

Le président Woodrow Wilson, démocrate, est mort brisé dans sa tête et dans son esprit, réduit au silence par Sam Untermeyer (juif) qui avait confisqué, au début de l'administration de Wilson, les lettres d'amour indiscrètes que le président avait adressées à Mme Peck.

Les dirigeants nazis ont été calomniés, accusés à tort, poursuivis par des Juifs en uniforme américain, condamnés par des tribunaux improvisés pour des crimes commis a posteriori, puis (le jour de la HAUTE SAINTETÉ JUIVE) pendus, POUR LES FAIRE TAIRE.

D'autres officiers allemands sont emprisonnés de 15 ans à la perpétuité ; à leur libération, nombre d'entre eux sont assassinés. 10 mai 1941, six mois avant Pearl Harbor, Rudolph Hess, anglophile, adjoint d'Hitler, saute en parachute de son Messerschmitt 109 au-dessus de l'Écosse (son premier saut), dans un effort de dernière minute pour arranger la paix entre les États belligérants. Hess a été incarcéré à la prison de Spandau sans procès et maintenu au secret pendant 46 ans (dont 21 ans à l'isolement). Le 17 août 1987, à l'âge de 93 ans, peu avant sa libération annoncée, Hess est assassiné. Officiellement, il s'est suicidé ! (Menachim Begin, terroriste ISRAÉLIEN, a averti le président américain Jimmy "Rabbit" Carter, démocrate, CFR/TRILATÉRALE, que Hess ne devait pas quitter Spandau vivant). Les dossiers top secrets sur Hess ne seront pas totalement divulgués avant 2027.

Franklin Delano Roosevelt, démocrate, soudainement atteint dans sa santé, est mort à l'âge de 63 ans avant la fin de sa guerre pour sauver le monde du communisme. Il est tombé (ou a été poussé) la tête la première dans les braises d'une cheminée à Warm Springs, en Géorgie, ce qui l'a commodément réduit au silence et lui a donné, lors de son voyage en enfer, un avant-goût de Hambourg et de Dresde. Les ILLUMINATI ne pouvaient pas se permettre que le Congrès interroge FDR (mort ou vivant). Il est enterré sous une plaque de bronze de 4 pouces d'épaisseur à Hyde Park, N.Y. Son rapport d'autopsie n'a jamais été publié.

Lee Harvey Oswald, l'assassin présumé de John F. Kennedy, a, comme on pouvait s'y attendre, été assassiné par un juif (Jack Ruby), réduisant ainsi au silence un témoignage crucial qui aurait révélé le(s) véritable(s) meurtrier(s) que Ruby (Rubinstein) avait été engagé pour protéger.

Oswald, McFadden, Long, Patton, Forrestal, Isador Fisch, juif ("ami" de Bruno Hauptmann), et bien d'autres participants aux événements marquants d'une ÈRE MAUVAISE ont été réduits au SILENCE — de façon permanente. Laissant des chiffres dans l'histoire occidentale, à remplir par des "historiens" aux motivations subjectives. LE SILENCE EST D'OR !

Nous pouvons maintenant déduire ce qui précède de l'histoire :

LES ILLUMINATI ONT L'INTENTION DE REMPLACER LA CIVILISATION OCCIDENTALE PAR UN GOUVERNEMENT MONDIAL LUCIFÉRIEN

Ceci sera réalisé grâce au *pouvoir de l'ARGENT qui est uniquement entre les mains des JUIFS*. L'ordre de bataille est le suivant :

Objectifs

1) Détruire la monarchie, le nationalisme, le patriotisme.
2) Créer des démocraties (gouvernements marxistes).
3) Mélanger les races.
4) Créer une religion mondiale unique : Le judaïsme/nohachisme.
5) Abandonner les frontières nationales
6) Détruire l'armée des nations.
7) Détruire la strate porteuse de culture.
8) Contrôler l'appareil gouvernemental.

Stratégies

1) S'emparer du système monétaire.
2) S'emparer des médias.
3) Créer des guerres, des dettes, des faillites, des impôts élevés.
4) Déformer le langage, le code moral, l'éthique, les mœurs.
5) Confisquer les armes privées.
6) Contrôler l'éducation, réécrire l'histoire.
7) Ouvrir la frontière mexicaine.
8) Infiltrer le gouvernement, les syndicats, l'industrie.

Tactique

1) Promouvoir l'intégration interraciale.
2) Promouvoir le marxisme, le freudisme, le boasisme.
3) Promouvoir la démocratie, l'anarchie, les troubles raciaux.
4) Calomnie : héros nationaux, fierté raciale, tradition.
5) Recourir au chantage, à la calomnie, à l'extorsion, aux pots-de-vin, au meurtre.
6) Soutenir toutes les factions dissidentes. Honorer les traîtres.
7) Utiliser l'ADL, l'IRS, l'ACLU, la CIA, l'ATF pour punir les

patriotes aryens.

8) Mentir, diffuser des informations erronées, désinformer.

> Brûlez tout ce qui est dans la ville, et tuez au fil de l'épée hommes et femmes, jeunes et vieux, bœufs et brebis ; brûlez la ville et tout ce qu'elle renferme.
>
> JOSHUA 7:21.

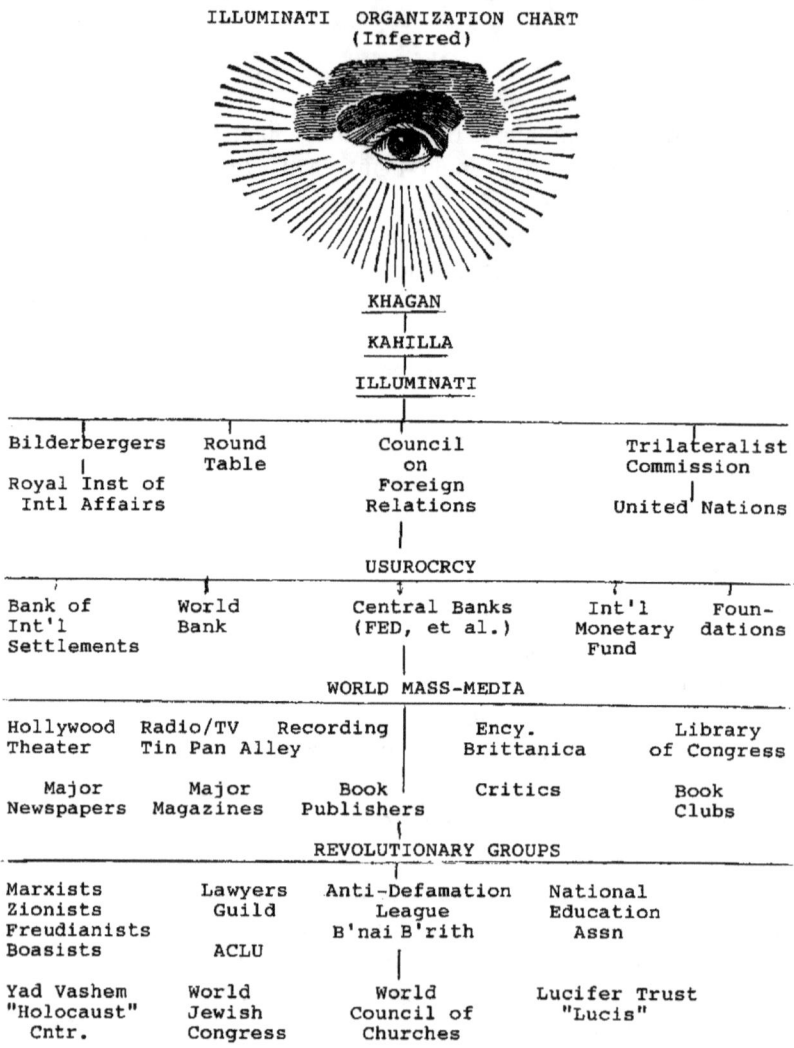

Le marxisme est la forme moderne de la prophétie juive.

> REINHOLD NIEBUHR, dans un discours chaleureusement accueilli devant l'Institut juif de religion, Waldorf Astoria, New York.

> Je jure solennellement de remplir fidèlement la fonction de président des États-Unis et de faire de mon mieux pour préserver, protéger et défendre la Constitution des États-Unis d'Amérique.
>
> CONSTITUTION DES ÉTATS-UNIS, article II, section 1, clause 7.

Le président Bill Clinton, dont l'esprit a été endoctriné par l'Ivy League, la Rhodes Scholar et le marxisme, et qui a fait l'objet de chantage et d'extorsion, a nommé de nombreux JUIFS/CFR/TRILATÉRALE à des postes sensibles au sein du GOUVERNEMENT DES ÉTATS-UNIS, notamment : JUGES DE LA COUR SUPRÊME Ruth Bader Ginsberg et Stephen Breyer, JUIFS ; SECRÉTAIRE D'ÉTAT, Madeleine K. Albright, JUIVE ; SOUS-SECRÉTAIRE D'ÉTAT, Stuart Eizenstat, JUIF ; SECY. STATE, Stanley Roth, JUIF ; SECRÉTAIRE DE LA DÉFENSE, William Cohen, JUIF ; CONSEILLER SUPÉRIEUR DU PRÉSIDENT, Rahm Emanuel, JUIF ; AVOCAT DE LA MAISON BLANCHE, Bernie Nussbaum, JUIF ; directeur de la CENTRAL INTELLIGENCE AGENCY (CIA), John Deutch, JUIF (qui fait actuellement l'objet d'une enquête pour trahison) ; CONSEILLER À LA SÉCURITÉ NATIONALE, Sandy Berger, JUIF ; SECRÉTAIRE DU TRÉSOR, Robert Rubin, JUIF ; CHEF DE L'ADMINISTRATION NATIONALE DE L'AÉRONAUTIQUE ET DE L'ESPACE (NASA), Daniel E. Golden, JUIF ; ADMINISTRATEUR DE LA SÉCURITÉ SOCIALE, Kenneth Apfel, JUIF ; CHEF DU DÉPARTEMENT DE L'AGRICULTURE, D. Glickman, JUIF ; et plusieurs postes ministériels, dont Robert Reich, Donna Shalala, Alice Rivlin (FED), Robert Morris ("le suceur d'orteils"), et autres — tous sont des JUIFS dont la seule allégeance, liée par le serment de KOL NIDRE, est à la tribu Khazar, et au TALMUD, qui voue la destruction de la civilisation occidentale.

> Une analyse des 4984 membres les plus militants du parti communiste aux États-Unis a montré que 91,4% d'entre eux étaient d'origine étrangère ou mariés à des personnes d'origine étrangère.
>
> COMMISSION JUDICIAIRE DU SÉNAT DES ÉTATS-UNIS, 1950

> Je ne serais pas surpris qu'un jour ces juifs deviennent mortels pour la race humaine.

VOLTAIRE

CHAPITRE 4

L'ARGENT

Il y eut un cri du peuple... contre leurs frères les Juifs... nous avons hypothéqué nos terres, nos vignes et nos maisons pour acheter du blé à cause de la disette... et voici que nous réduisons en esclavage nos fils et nos filles... certaines de nos filles sont déjà réduites en esclavage ; il n'est pas en notre pouvoir de les racheter, car d'autres hommes possèdent nos terres et nos vignes...

BIBLE SAINTE : NE : 5:1,7.

Notre système monétaire n'est rien de mieux qu'un tour de passe-passe... Le "pouvoir de l'argent" qui a réussi à éclipser un gouvernement ostensiblement responsable n'est pas le pouvoir des seuls ultra-riches, mais n'est ni plus ni moins qu'une nouvelle technique de destruction de l'argent par l'ajout et le retrait de chiffres dans les registres des banques, sans le moindre souci des intérêts de la communauté ou du rôle réel que l'argent devrait y jouer... lui permettre de devenir une source de revenus pour les émetteurs privés, c'est créer, d'abord, une branche secrète et illicite du gouvernement et, enfin, un pouvoir rival suffisamment puissant pour finir par renverser toutes les autres formes de gouvernement.

FRED SODDY, Nobélisé, *Wealth, virtual wealth and debt*.[3]

Une grande nation industrielle est contrôlée par son système de crédit. Notre système de crédit est concentré. La croissance de la nation, par conséquent, et toutes nos activités sont entre les mains de quelques hommes. Nous sommes devenus l'un des gouvernements les plus mal gouvernés, l'un des plus contrôlés et dominés du monde civilisé... ce n'est plus un gouvernement de libre opinion... mais un gouvernement par l'opinion et la contrainte de petits groupes d'hommes dominateurs.

PRÉSIDENT WOODROW WILSON, 1916.

L'Occident considère le Juif comme un étranger vivant en son sein. Les Juifs n'ont pas d'État propre, pas de territoire. Quel que soit le paysage, ils parlaient la langue commune. En public, ils niaient leur identité

---

[3] Publié par Omnia Veritas Ltd, www.omnia-veritas.com

raciale en adoptant les vêtements extérieurs, aussi grotesques soient-ils, de n'importe quelle nation dans laquelle ils apparaissaient. L'adoption de noms chrétiens, les conversions, les transformations du nez et les chaussures à semelles compensées faisaient partie du camouflage. La juiverie semblait n'être qu'une religion. Par conséquent, la juiverie était politiquement invisible pour l'Occident, et sa guerre contre l'Occident a toujours été souterraine, rusée et trompeuse. La stratégie juive consistait à infiltrer les institutions de la culture occidentale et à les détruire. L'arme principale de la juiverie était la manipulation de l'argent et l'usure.

Les premiers papes et les monarques chrétiens invoquaient les proscriptions bibliques contre la "pratique mauvaise et pernicieuse de l'usure". L'argent n'était utilisé que comme un moyen d'échange et un stockage de valeur garanti par l'honneur de l'État et les capacités de production de ses citoyens. Néanmoins, le résultat final des proscriptions chrétiennes contre l'usure a été de faire des juifs les maîtres des banques européennes.

Les juifs n'ont aucun scrupule religieux à l'égard de l'argent des goyim. Ils ont désormais les moyens de mener à bien leur guerre d'anéantissement de l'Occident. Ils n'ont pas voulu se présenter en tant qu'unité combattante et attaquer ouvertement leur ennemi détesté. Ils sont restés invisibles. Leur stratégie consiste à *organiser l'ensemble du peuple juif en une cinquième colonne* dont le but est de pénétrer en Occident et de *tout détruire*. Ils y parviennent en exacerbant les différends naturels entre les États occidentaux et en influençant les résultats en faveur du libéralisme par opposition à l'autorité, c'est-à-dire du matérialisme, du libre-échange et de l'usure par opposition au socialisme occidental, de l'internationalisme par opposition à l'unité de l'Occident. L'argent était leur épée et leur bouclier. La haine et la vengeance étaient leur motif.

> La tactique de cette guerre juive était l'emploi de l'argent. Sa dispersion, son matérialisme, son cosmopolitisme achevé l'empêchaient de prendre part à la forme héroïque du combat sur le terrain, et il était donc confiné à la guerre du prêt, ou du refus de prêt, de la corruption, de l'obtention d'un pouvoir juridiquement exécutoire sur des individus importants... L'histoire de Shylock montre la double image du juif — socialement écrasé sur le Rialto, mais émergeant comme un lion dans la salle d'audience.
>
> FRANCIS PARKER YOCKEY, *Imperium*.

À l'aube du 20e siècle, les ILLUMINATI se préparent à lancer une attaque massive contre l'Occident. Non pas à la lumière d'un discours ouvert ou sur le champ de bataille, mais à leur manière habituelle : de manière conspiratoire, depuis le monde souterrain. Leur stratégie consistait à mettre les ressources, les richesses et la main-d'œuvre de l'Amérique au service des aspirations juives, notamment la destruction des monarchies d'Europe et la création d'un faux État khazare/sioniste en Palestine. Ils ont trouvé leur Judas en la personne de Woodrow Wilson, doyen de l'université de Princeton, un innocent doté d'un ego démesuré et d'une faille dans son armure. Sans le vouloir, il est devenu le pion indispensable et involontaire du jeu d'argent international.

Paul Moritz Warburg, juif, a été envoyé aux États-Unis en 1903 pour promouvoir l'établissement d'une banque centrale Rothschild en vue de la Première Guerre mondiale qui était alors en préparation. Warburg a fait de la Kuhn-Loeb Co, grande banque de Wall Street, sa base d'opérations. Après avoir rencontré Wilson lors d'un séminaire universitaire, Warburg l'a recommandé à la cabale bancaire internationale. Après une enquête plus approfondie, le rabbin Steven Wise, Jacob Schiff, juif, Sam Untermyer, juif, et d'autres acteurs du pouvoir khazar se sont mis d'accord sur le fait que Wilson serait le pigeon des ILLUMINATI à la Maison-Blanche.

Peu après, la campagne présidentielle démocratique de Wilson a été annoncée, promue et financée par des ILLUMINATI : Warburg, juif, et ses frères, Felix et Max (chef des services secrets allemands et de la banque M.M. Warburg, Hambourg) ; Adolph Ochs, juif (éditeur du *New York Times*) ; Henry Morgenthau, juif (magnat des bidonvilles noirs de Harlem, Manhattan) ; Jacob Schiff, juif (président de la Kuhn-Loeb Co.) ; Samuel Untermyer, juif (puissant avocat d'affaires) ; et Eugene Meyer, juif, (président de l'Association de l'industrie du bâtiment), Kuhn-Loeb Co.) ; Samuel Untermyer, juif (puissant avocat d'affaires) ; et Eugene Meyer, juif (banquier et propriétaire du *Washington Post*, le journal que votre sénateur lit en prenant son café le matin) ; et l'agent Rothschild ; et les banquiers internationalistes Lazard Frères ; J&W Seligman ; Speyer Brothers ; et les Rothschild. Quelques goyim triés sur le volet, dont J.P. Morgan, le trafiquant d'armes, ont participé à l'opération.

Pour diviser le vote républicain, les ILLUMINATI financent à la fois Teddy Roosevelt et le président sortant Howard Taft dans leur course à la présidence. Après la victoire de Wilson aux élections truquées (1912), qu'il attribue à son charme et à son ingéniosité, Warburg et sa cabale mettent en œuvre leur plan pour prendre le contrôle des finances et du crédit américains. Warburg a présenté le colonel Edward Mandell House, JUIF, au président. House devint l'alter ego de Wilson, son confident et son messager entre le bureau ovale et Wall Street. Dans son roman *Philip Dru*, House explique clairement que son idée du bon gouvernement est l'Usurocratie mondiale. Les législateurs qui ne partagent pas ses vues sont empêchés de rencontrer le président. En manipulant Wilson, en soudoyant des membres du Congrès et en s'engageant dans la campagne de lobbying la plus trompeuse de l'histoire des États-Unis, Warburg a obtenu ce qu'il voulait. Pendant les vacances de Noël (23 décembre 1913), alors qu'une grande partie de l'opposition était absente, le Congrès américain a promulgué la loi sur la Réserve fédérale VENDANT LE SYSTÈME MONÉTAIRE AMÉRICAIN aux banquiers internationaux et condamnant la chrétienté à la Première et à la Seconde Guerre mondiale, à la "guerre froide" et à toutes nos guerres "sans victoire".

> Cette loi établit le trust le plus gigantesque de la planète. Lorsque le président signera ce projet de loi, le gouvernement invisible du pouvoir monétaire sera légalisé... le pire crime législatif de l'histoire est perpétré par ce projet de loi sur les banques et la monnaie. Les chefs de partis ont à nouveau agi et empêché le peuple d'obtenir les avantages de son propre gouvernement.
>
> CHARLES LINDBERGH, père, Congrès américain.

Peu après, Sam Untermeyer, JUIF, est entré en possession des lettres d'amour indiscrètes de Wilson à Mme Peck, sa maîtresse et épouse d'un ami. Le cercle restreint qualifiait le président de "mauvais garçon de Peck". Wilson a fait ce qu'on lui a dit de faire quand on lui a dit de le faire, ce qui a conduit à la nomination de Louis Denmitz Brandies, juif, sioniste, à la Cour suprême des États-Unis et à l'entrée de l'Amérique dans la Première Guerre mondiale.

> "L'argent est la pire des contrebandes", a déclaré William Jennings Bryan, secrétaire d'État américain. Et nos prêts aux Alliés pendant les deux ans et demi qui ont précédé notre entrée dans la Première Guerre mondiale constituaient plus exactement des actes d'agression que nos envois tardifs de troupes en 1917, après que la déclaration de guerre de Wilson eut donné un air de légalité à la farce.

EUSTACE MULLINS, "Les secrets de la Réserve fédérale".[4]

Toutes les guerres ont une origine économique.

BERNARD BARUCH, JUIF,
devant la commission Nye, 9-13-37.

La constitutionnalité du FEDERAL RESERVE ACT n'a jamais été jugée bien qu'il soit clairement inconstitutionnel.

ARTICLE I, SEC. 8, CLAUSE 5 CONSTITUTION DES ÉTATS-UNIS : Le Congrès a le pouvoir de battre monnaie, d'en régler la valeur et celle des monnaies étrangères, et de fixer les normes de poids et mesures.

Cette clause n'a jamais été modifiée. On peut donc logiquement se poser la question suivante : le Congrès peut-il légalement déléguer son autorité constitutionnelle ?

SHECHTER POULTRY v. U.S.A. (29 US 495) (55 US 837.842 (1935) :

2) Le Congrès ne peut pas abdiquer ou transférer à d'autres ses fonctions législatives...
3) Le Congrès ne peut constitutionnellement déléguer son pouvoir législatif à des associations ou groupes commerciaux ou industriels afin de les habiliter à adopter des lois...
4) Le Congrès ne peut pas déléguer de pouvoirs législatifs au président...

Le président de la Cour suprême a déclaré : La Constitution a établi un gouvernement national doté de pouvoirs jugés adéquats, comme ils se sont avérés l'être, en temps de guerre comme en temps de paix, mais ces pouvoirs du gouvernement national sont limités par les attributions constitutionnelles. Ceux qui agissent dans le cadre de ces attributions ne sont pas libres de dépasser les limites imposées parce qu'ils estiment qu'un pouvoir plus important ou différent est nécessaire. De telles affirmations d'autorité extraconstitutionnelle ont été anticipées et exclues par les termes explicites du dixième amendement : Les pouvoirs qui ne sont pas délégués aux États-Unis par la Constitution, ni interdits par elle aux États, sont réservés aux États et au peuple.

---

[4] Publié par Le Retour aux Sources, www.leretourauxsources.com.

ALGONQUIN SNC, Inc. v. FEDERAL ENERGY ADMINISTRATION 518 Fed 2nd 1051 (1975) : *Conclusion :* Ni le terme "sécurité nationale" ni le terme "urgence" ne constituent un talisman dont l'invocation thaumaturgique devrait ipso facto suspendre les contrôles et les équilibres normaux de chaque branche du gouvernement... Si notre système doit survivre, nous devons répondre aux problèmes les plus difficiles d'une manière compatible avec les limites imposées au Congrès, au Président et aux tribunaux par notre Constitution et nos lois. LE CONGRÈS NE PEUT PAS ABDIQUER OU TRANSFÉRER À D'AUTRES SES FONCTIONS LÉGISLATIVES ESSENTIELLES.

ART. I, SEC. 10, CLAUSE 1, CONSTITUTION DES ÉTATS-UNIS : Aucun État... ne fera d'autre chose que des pièces d'or et d'argent une monnaie pour le paiement des dettes...

L'INTERPRÈTE DE LA CONSTITUTION AMÉRICAINE : Si une loi est adoptée en contradiction avec la Constitution, c'est comme si cette loi n'avait pas été adoptée.

Si le Congrès ne peut pas transférer à d'autres ses fonctions législatives, on peut logiquement se demander si la FED est une agence du Congrès. La réponse est donnée ci-dessous avec insistance !

LEWIS v. U.S. (680 F2d 1239 — juillet 1982) :

Les banques de réserve fédérales relevant du Federal Government Tort Claims Act ne sont PAS des instruments du gouvernement fédéral, mais des organisations indépendantes, privées et contrôlées au niveau local.

Le facteur essentiel pour déterminer si une agence est une agence fédérale est l'existence d'un contrôle du gouvernement fédéral sur "l'exécution physique détaillée" et les opérations "quotidiennes" de cette entité.

La Cour suprême a statué (ci-dessus) que le Congrès ne peut PAS déléguer ses fonctions législatives. La FED légifère-t-elle ?

Légiférer — faire ou promulguer des lois.

Lois — règles d'action établies par la coutume ou fixées et appliquées par l'autorité souveraine.

Réglementer - Réglementer, soumettre à la loi.

RÈGLEMENT "Q" DU SYSTÈME DE RESERVE FÉDÉRALE : il légifère en effet dans la mesure où il *fixe les taux d'intérêt maximums qui peuvent être payés aux déposants par les banques membres sur les dépôts à terme et à vue.*

La Constitution américaine ne confère ce pouvoir qu'au Congrès (voir ci-dessus). Le règlement "Q" constitue également une violation des lois antitrust américaines, qui interdisent la *fixation* conspiratoire de frais, de taux et de commissions, sous peine d'amende et d'emprisonnement. Sauf si vous êtes un banquier international.

Il faut se demander pourquoi le Congrès n'abroge pas la loi sur la Réserve fédérale. Il en a le droit — et même le DEVOIR. Pourquoi le pouvoir judiciaire ne se prononce-t-il pas sur l'inconstitutionnalité manifeste de la loi ? La réponse est évidente. Sous une forme démocratique de gouvernement, plutôt que dans la République conçue par nos ancêtres, des membres du Congrès de second ordre sont élus par la foule et les médias. Les juges fédéraux, nommés à vie, sont égoïstes, vénaux, soumis aux groupes d'intérêt et aux pots-de-vin. Ils adorent vivre à Hollywood-sur-le-Potomac, avec leurs salaires mirobolants, leurs avantages, le faste et la splendeur, la facilité. Ils craignent le pouvoir de la bourse ILLUMINATI. Ils ont peur de la FED, de l'ADL, de l'IRS et de ce qui arrive aux patriotes. Ils craignent le MARXISME, le LIBÉRALISME et la JUIVERIE. Ils craignent les MÉDIAS. Ils aiment leur travail et ne veulent pas le perdre. Où d'autre les flagorneurs et les lâches peuvent-ils faire autant de butin et jouir d'autant de prestige ? Les membres du Congrès aiment par-dessus tout dépenser votre argent ("taxer, taxer, taxer ; dépenser, dépenser, dépenser ; élire, élire, élire !"). conseil de Harry Hopkins aux New Dealers de FDR). La FED, bien sûr, s'irrite lorsque le Congrès n'emprunte pas et ne dépense pas. Par conséquent, le stratagème du Congrès consiste à profiter de l'escroquerie tout en gardant les électeurs ignorants dans La-La-Land.

> Les malentendus sur l'argent ont été et continuent d'être intentionnels. Ils ne découlent ni de la nature de l'argent ni d'une quelconque stupidité du public… l'Usurocratie internationale vise à préserver l'ignorance du public sur le Système Usurocratique et ses rouages…
> EZRA POUND (placé nu dans une cage par des juifs qui le traitaient de fou).

Examinons de plus près le système de la Réserve fédérale, au sujet duquel vos représentants élus sont trop ignorants ou trop effrayés pour faire quoi que ce soit.

> Laissez-moi émettre et contrôler l'argent d'une nation et je ne me soucie pas de savoir qui fait ses lois.
>
> ANSELM MEYER ROTHSCHILD.

Faits saillants sur le système de la Réserve fédérale (FED) : La FED n'est pas une agence du gouvernement des États-Unis. Il s'agit d'une société anonyme privée, inspirée de la Banque d'Angleterre et d'autres banques centrales de Rothschild. La FED, créée par le Congrès, est contrôlée par le secteur privé ; ses billets ont cours légal mais sont des dettes du gouvernement américain envers les banquiers. Le papier commercial et les titres d'État sont utilisés comme réserves fractionnaires pour créer du crédit. La monnaie qui se trouve dans votre portefeuille représente la dette du gouvernement qui est remboursée par vos impôts sur le revenu ; vous payez également des impôts sur le revenu sur les intérêts que l'argent de la dette rapporte s'il est investi. En résumé :

1. La FED est une société privée. Le mot "fédéral" est aussi vide de sens que "Federal" Tire Company.
2. La FED fonctionne indépendamment des pouvoirs législatif, exécutif et judiciaire du gouvernement américain.
3. Les comptes de la FED n'ont jamais fait l'objet d'un audit indépendant. Elle refuse l'audit du gouvernement américain (GAO).
4. La FED n'est PAS une agence du gouvernement américain, bien qu'elle ait été créée par le Congrès et qu'elle puisse théoriquement être supprimée par le Congrès. Elle possède des biens personnels et immobiliers. Ses employés ne reçoivent pas de salaire du gouvernement américain.
5. Le président des États-Unis, avec l'approbation du Sénat, nomme le conseil des gouverneurs de la FED. La majorité d'entre eux sont des représentants de Wall Street ayant des liens avec les ILLUMINATI. Nombre d'entre eux sont membres du CFR/TRILATÉRALE. Après tout, la FED a été conçue par des banquiers pour des banquiers.
6. Après déduction des frais de fonctionnement (?), la FED reverse ce qu'elle considère comme des excédents (?) au Trésor américain.
7. Les banques membres de la FED (Chase-Manhattan par exemple) détiennent des milliards de dollars en titres américains (pour

lesquels elles n'ont rien payé), en guise de réserves pour des prêts sur lesquels elles perçoivent des intérêts complets. Elles ne reversent AUCUN bénéfice au Trésor américain.

8. Les banques membres utilisent ces réserves fractionnaires pour accorder des crédits, de 10 à 30 fois le montant des réserves.

9. Les propriétaires des actions de classe A de la FED n'ont jamais été révélés. Des suppositions éclairées indiquent que les actionnaires les plus importants sont les suivants : La maison Rothschild, juive ; la banque Lazar Frères de Paris, juive ; la famille Schiff, Kuhn-Loeb Co, juive (la fille blonde du vice-président américain Al Gore a récemment épousé un Schiff. Ils "vendent" plus que la chambre à coucher de Lincoln lors des collectes de fonds à la Maison-Blanche) ; la famille Lehmann, JUIFS ; les Rockefeller ; Israël Seif, Londres, JUIFS ; la Banque d'Angleterre, JUIFS, etc.

10. Le Federal Open Market Committee (FOMC) est l'organe de décision le plus important du système. Composé des sept membres du Conseil des gouverneurs, de quatre présidents de banques membres et du président de la FED Bank de New York, le FOMC achète et vend des titres d'État et supervise les opérations de change du système. Le FOMC détermine le taux d'escompte appliqué aux banques membres, ce qui détermine les taux d'intérêt que vous payez à votre prêteur.

11. Étant donné que les modifications des taux d'intérêt et de la quantité d'argent en circulation ont des répercussions profondes sur l'économie, les investisseurs auraient tout intérêt à être informés à l'avance (fuites) des changements à venir dans la politique de la FED. Les politiques anticipées de la FED sont donc un secret bien gardé. Mais la sécurité absolue est-elle maintenue ? Croyez-vous aux contes de fées ? Ou bien les membres du Conseil des gouverneurs, qui servent selon le bon vouloir des ILLUMINATI, jouent-ils le rôle de passeurs d'informations hautement sensibles ? Il n'est pas étonnant que la ligne d'horizon de toutes les grandes villes soit dominée par des banques. Depuis que la cupidité a remplacé l'honneur, l'argent achète tout — présidents et premiers ministres, papes et prélats, membres du Congrès et juges.

12. La FED est l'un des nombreux systèmes bancaires centraux ILLUMINATI implantés comme de grosses sangsues dans les flux de circulation de la richesse des populations mondiales.

13. À l'heure où nous écrivons ces lignes, les États-Unis (nous, le peuple) sont endettés de plus de six mille milliards de dollars. Les hommes endettés travaillent pour les autres.

Henry Ford pense qu'il est stupide, et moi aussi, que les États-Unis soient obligés de payer des intérêts pour le prêt de leur propre argent. Des gens qui ne retournent pas une pelletée de terre et ne fournissent pas une livre de matériel collecteront plus d'argent des États-Unis que tous ceux qui fournissent tout le matériel et font tout le travail... pourquoi devrions-nous payer des intérêts à des courtiers en argent pour l'utilisation de notre propre argent !

THOMAS A. EDISON, concernant les emprunts
du Congrès auprès de la FED.

Il est incontestable que notre économie est façonnée par des banquiers qui prêtent de l'argent qu'ils ne possèdent pas, qu'ils n'ont jamais possédé et qu'ils ne posséderont jamais, en calculant qu'on ne leur demandera pas cet argent sous forme de billets, de pièces ou d'or...

CHRISTOPHER HOLLIS, "The Breakdown of Money".

Nous voyons maintenant que si l'objectif de base de l'argent est un moyen d'échange et de stockage de la valeur, les ILLUMINATI ont déformé cet objectif initial. L'argent est devenu un MONOPOLE privé, une COMMODITÉ et un moyen de COERCITION. Grâce à la capacité de la FED d'émettre la monnaie de notre nation sous forme de DETTE, d'augmenter ou de réduire la quantité de monnaie en circulation (M-1) à volonté et d'augmenter ou de réduire les taux d'intérêt à volonté, elle crée ce que l'on appelle des cycles économiques (périodes d'expansion et de récession) permettant à ses maîtres, les ILLUMINATI, de contrôler la vitalité des États-nations du monde et, si nécessaire, de les punir pour insubordination (Allemagne, Rhodésie (Zimbabwe), Autriche, Irak, Libye et Afrique du Sud, par exemple).

LA FED : ACTIVITÉ ILLÉGALE ET TRAHISON — L'ARGENT DE L'AMÉRIQUE EMPRUNTÉ POUR EXISTER

Lorsque le Congrès a besoin d'argent, il emprunte à la FED. Ces emprunts doivent être remboursés — capital et intérêts — par les contribuables. Cependant, aucun argent sans dette n'est créé pour payer les intérêts, qui doivent être prélevés sur la masse monétaire (M-1), qui est de l'argent-dette ! C'est comme si vous payiez les intérêts de votre carte de crédit Visa en utilisant votre carte Master Card. C'est l'astuce de l'Ancien Testament qui consiste à voler Pierre pour payer Paul. Le paiement du principal et des intérêts retire de l'argent de la circulation, ce qui crée une pénurie de monnaie. Il faut emprunter de l'argent supplémentaire pour payer les intérêts, ce qui crée une dette supplémentaire.

ESCROQUERIE DU SYSTÈME DE LA RÉSERVE FÉDÉRALE

Emprunter pour payer 6% d'intérêts simples sur la dette initiale de 100$.[5]

Année Empruntée	Principal	Dette initiale à la fin de l'année	Intérêts annuels dus	Monnaie en circulation (M-1)
1	$100.00	$100.00	$6.00	$100.00
2	"	$106.00	$6.36	"
3	"	$112.36	$6.74	"
4	"	$119.10	$7.15	"
5	"	$126.25	$7.57	"
50[6]	"	$1,737.75	$104.25	"

Sous le régime de la FED, il est mathématiquement impossible pour les citoyens américains de rembourser l'énorme dette contractée auprès du cartel bancaire international. Certes, la FED verse au Trésor américain une part dérisoire de son bénéfice annuel, mais cela n'atténue en rien l'escroquerie.

Les revenus des titres du gouvernement américain détenus par les 12 banques de la FED se sont élevés en 1972 à 3.771.209.607 dollars. Ces revenus ont fourni l'essentiel des recettes du système pour l'année – 3 792 334 523$... 3 231 millions de dollars ont été versés au Trésor américain l'année dernière en tant qu'"intérêts sur les billets de la Réserve fédérale".
CONSEIL D'ADMINISTRATION DE LA FED,
au sénateur Alan Cranston, 6-20-73.

Intérêts composés : rien n'est plus représentatif de l'esprit juif que les intérêts composés. Albert Einstein, juif, a déclaré que l'inventeur de la formule était un génie. Charles Lindbergh, père, Thomas Edison et tous ceux qui détestent l'USURE disent que "les intérêts composés sont sataniques". Par exemple, lorsque vous contractez une hypothèque de 40 000$ payable en 30 ans à un taux d'intérêt de 15%. À la fin de la période, vous aurez payé à la banque 182 080,80$ en intérêts. Le banquier n'a qu'à passer une écriture dans le grand livre. Si vous devez

---

[5] À aucun moment la dette ne peut être remboursée avec l'argent en circulation !

[6] Lorsque la dette (dans l'hypothèse ci-dessus) est portée à la 50e année, toute la monnaie en circulation est insuffisante pour payer les seuls intérêts et encore moins le principal.

vendre votre maison avant le terme (les Américains déménagent tous les 7 ans en moyenne), vous constaterez que vous n'avez que peu de fonds propres à faire valoir pour vos paiements hypothécaires mensuels. *Il faut 24 ans pour rembourser la moitié du capital !* La plus grande partie de votre argent au cours des premières années est consacrée aux intérêts (les déductions d'intérêts autorisées sont négligeables). Lorsque vous achetez un autre logement, vous devez recommencer à effectuer de nouveaux versements hypothécaires. Si vous n'avez pas de chance et que vous ne pouvez pas faire face aux paiements, votre sympathique banquier saisit le bien et s'en va avec votre acompte et tout ce qu'il peut voler.

Système de réserves fractionnaires — Le train des banquiers

Le Conseil des gouverneurs de la Réserve fédérale (FBG) détermine les réserves obligatoires pour les banques membres, ce qui détermine la quantité de monnaie mise en circulation. Supposons qu'une banque dispose de crédits de dépôt de réserve de 10 000 dollars. Si le taux de réserve est de 15%, elle peut créer des prêts pour un montant total de 56 666$! Si le taux de réserve est de 20%, elle peut créer des prêts d'un montant total de 40 000 dollars (souvenez-vous du prêteur sur gages Amschel Mayer Bauer, JUIF, Frankfort, Allemagne).

Voici comment fonctionne le vol :

1) Lorsque la Chase-Manhattan Bank de Rockefeller a besoin de 5 millions de dollars, elle inscrit simplement un crédit de 5 millions de dollars au Trésor américain.
2) Le Trésor livre à la banque des titres d'État pour ce montant. La banque les paie avec un chèque tiré sur le crédit basé sur les nouveaux titres qui viennent d'être livrés par le Trésor !
3) À l'aide de ces nouveaux titres (ou papier commercial), la Chase Manhattan commande la monnaie à la FED de New York qui, à son tour, ordonne au Bureau of Printing and Engraving d'imprimer la nouvelle monnaie.
4) Une fois la transaction effectuée — qui n'a pas coûté un centime à la banque — Chase-Manhattan peut avancer à ses clients jusqu'à 45 millions de dollars (10% du ratio de réserve) de nouveaux crédits aux taux d'intérêt en vigueur. Tous ces nouveaux crédits sont créés à partir de rien !

Les banques — les banques commerciales et la Réserve fédérale — créent tout l'argent de cette nation, et la nation et son peuple paient des intérêts sur chaque dollar de cet argent nouvellement créé. Cela signifie que les banques privées exercent de manière inconstitutionnelle, immorale et ridicule le pouvoir de taxer le peuple. Car chaque dollar nouvellement créé dilue dans une certaine mesure la valeur de tous les autres dollars déjà en circulation.
JERRY VOORHIS, Congrès américain, CA-D., 1946.

Personne n'a le droit d'être prêteur, sauf celui qui a de l'argent à prêter.
THOMAS JEFFERSON.

PATMAN : M. Eccles, comment obtenez-vous l'argent pour acheter ces deux milliards de titres d'État ?

ECCLES : Nous l'avons créé.

PATMAN : À partir de quoi ?

ECCLES : De notre droit d'émettre de la monnaie de crédit.

COMMISSION DE LA BANQUE ET DE LA MONNAIE DE LA CHAMBRE audition, 1941.

C'est l'afflux de cette monnaie fiduciaire qui fait perdre son pouvoir d'achat à l'argent durement gagné par le citoyen américain. C'est l'inflation. C'est de l'usure. C'est ainsi que les KHAZARS TALMUDIQUES ont avili la monnaie américaine.

Lorsqu'une banque accorde un prêt, elle ne fait qu'augmenter le compte de dépôt de l'emprunteur à la banque... L'argent n'est pas prélevé sur le dépôt de quelqu'un d'autre ; il n'a pas été préalablement versé à la banque par quelqu'un d'autre. Il s'agit d'argent frais, créé par la banque pour l'usage de l'emprunteur.
SEC'Y TREASURY ANDERSON, "U.S. News & WR", 8–3159.

En achetant des obligations d'État, le système bancaire dans son ensemble crée de l'argent frais, c'est-à-dire des dépôts bancaires. Lorsque les banques achètent un milliard de dollars d'obligations d'État au fur et à mesure qu'elles sont offertes... elles créditent le compte de dépôt du Trésor d'un milliard de dollars. Elles débitent leur compte d'obligations d'État d'un milliard de dollars, ou elles créent effectivement, par une écriture comptable, un milliard de dollars.

MARRINER ECCLES, Président du Conseil des gouverneurs,
FED, 1935.

Le gouvernement doit créer, émettre et faire circuler toute la monnaie et le crédit nécessaires pour satisfaire les dépenses du gouvernement et le pouvoir d'achat des consommateurs. Le privilège de créer et d'émettre de la monnaie est la prérogative suprême du gouvernement.
ABRAHAM LINCOLN.

Est-il plus absurde qu'une nation s'adresse à un individu (Rothschild) pour maintenir son crédit, et avec son crédit son existence en tant qu'empire, et son confort en tant que peuple ?
BENJAMIN DISRAELI, JUIF,
Premier ministre, Grande-Bretagne.

L'escroquerie des Nations unies : Henry Morgenthau, juif, secrétaire au Trésor sous FDR ("Certains de mes meilleurs amis sont communistes") a nommé son protégé Harry Dexter White (Weiss), juif, sous-secrétaire au Trésor. White, démasqué plus tard comme un espion soviétique, a volé des plaques du Trésor américain pour les donner aux bolcheviks de l'Union soviétique. Cela explique pourquoi des millions de juifs entrés illégalement aux États-Unis pendant la Seconde Guerre mondiale sont arrivés avec des fonds bien garnis et ont acheté des propriétés et des entreprises américaines pendant que les Américains aryens menaient des guerres génocidaires en Europe. Lors des accords de Bretton Woods (1944), White est à l'origine de la création de la Banque Mondiale et du Fonds Monétaire International, destinés à "stabiliser l'économie internationale". Les Américains versent chaque année des milliards de dollars à ces organisations liées à l'ONU (One World), qui accordent des prêts à faible taux d'intérêt à des gouvernements étrangers à des "fins de développement". En fait, les prêts sont accordés pour s'assurer que les États étrangers disposeront des fonds nécessaires pour rembourser les prêts contractés précédemment auprès des banquiers internationaux. En fait, le gouvernement américain garantit ces prêts étrangers accordés par les banquiers internationaux en cas de défaillance ! Ainsi, les banquiers profitent des bénéfices résultant de leurs prêts à haut risque, tandis que l'Amérique assume les pertes. Pendant de nombreuses années, Robert Strange McNamarra a présidé la Banque mondiale. Récemment (1997), il s'est excusé auprès du peuple américain pour ses mensonges et sa mauvaise gestion, en tant que secrétaire américain à la défense, de "l'action policière" au Viêt Nam. Le mentor de White, Henry

Morgenthau Jr, juif, est surtout connu pour le plan Morgenthau destiné à réduire l'Allemagne à la famine. Lorsqu'on lui a dit que son plan entraînerait la mort de millions d'Allemands, il a déclaré : "Qu'est-ce que j'en ai à foutre du peuple allemand !"

EXTRAIT DES ARCHIVES DU CONGRÈS

LOUIS T. McFADDEN, président de la commission bancaire et monétaire de la Chambre des représentants :

Monsieur le Président, nous avons dans ce pays l'une des institutions les plus corrompues que le monde ait jamais connues. La Réserve fédérale a escroqué les États-Unis en leur retirant suffisamment d'argent pour payer la dette nationale... Monsieur le Président, il est monstrueux pour cette grande nation de voir son destin présidé par un système de trahison agissant en secret avec des pirates et des usurpateurs internationaux. La FED a fait tous les efforts possibles pour dissimuler son pouvoir. Mais la vérité est que la FED a usurpé le gouvernement des États-Unis. Elle contrôle tout ici. Elle contrôle les relations extérieures. Elle fait et défait les gouvernements à volonté. (10 juin 1932).

Monsieur le Président... il existe au sein du Trésor des États-Unis une situation qui, si les citoyens américains la connaissaient, leur ferait perdre toute confiance en leur gouvernement... une situation sur laquelle le président Roosevelt n'aurait pas enquêté. M. Morgenthau a amené avec lui de Wall Street James Warburg, fils de Paul Warburg, directeur de la Manhattan Bank (et principal architecte du système de la Réserve fédérale)... James Warburg est le fils d'un ancien associé de Kuhn-Loeb Co, le petit-fils d'un autre associé et le neveu d'un associé actuel. Il n'occupe aucune fonction au sein de notre gouvernement mais [...] il est présent tous les jours au Trésor et y dispose d'un logement privé. En d'autres termes, Kuhn-Loeb Co. occupe désormais le Trésor des États-Unis. (29 mai 1933).

Monsieur le Président, étant entendu que Henry Morgenthau, qui est lié à Herbert Lehman, gouverneur juif de New York, et qui est lié par mariage ou autrement aux Seligman de la firme juive internationale J&W Seligman, dont il a été démontré publiquement devant une commission d'enquête du Sénat qu'elle avait offert un pot-de-vin à un gouvernement étranger, et aux Warburg, dont les liens par l'intermédiaire de la Kuhn-Loeb Co, de la Banque de Manhattan et d'autres institutions étrangères et nationales sous leur contrôle, ont drainé des milliards de dollars du Trésor américain ; et aux Strauss, propriétaires de R.H. Macy & Co, de New York, qui est un débouché pour les marchandises déversées dans ce pays aux frais du gouvernement... et que M. Morgenthau est également lié ou autrement connecté à la communauté bancaire juive de New York, Londres, Amsterdam et d'autres centres financiers, et qu'il a comme assistant chargé de la gestion des fonds publics, Earl Bailie, membre de la société J& W Seligman. W Seligman, corrupteurs comme susmentionnés — il me semble que la présence d'Henry Morgenthau au Trésor des États-Unis et la demande de lui donner 200 millions de dollars de l'argent du peuple à des fins de jeu, est une confirmation frappante d'autres discours que j'ai prononcés dans cette salle (24 juin 1934).

Certaines personnes pensent que les banques fédérales de réserve sont des institutions du gouvernement des États-Unis. Ce ne sont pas des institutions gouvernementales. Ce sont des monopoles de crédit privés qui exploitent le peuple des États-Unis à leur profit et à celui de leurs clients étrangers, des spéculateurs et des escrocs étrangers et nationaux, ainsi que des prêteurs d'argent riches et prédateurs. Dans ce sombre équipage de pirates financiers, il y a ceux qui couperaient la gorge d'un homme pour obtenir un dollar de sa poche ; il y a ceux qui envoient de l'argent dans les États pour acheter des votes afin de contrôler notre législation ; et il y a ceux qui entretiennent une propagande internationale pour nous tromper... qui leur permettra de couvrir leurs méfaits passés et de remettre en marche leur gigantesque suites de crimes... (10 juin 1932)

Le député Louis T. McFadden est un véritable héros américain. Ses enquêtes ont touché directement le cœur des ILLUMINATI qui, dans les années 1930, complotait la guerre contre l'Allemagne et le système de troc économique d'Hitler. McFadden a reçu peu d'attention de la part de la presse bien qu'il ait subi un barrage de menaces, d'appels téléphoniques obscènes et qu'on lui ait tiré dessus. Lors d'un banquet dans la capitale de notre pays, où il avait été invité à s'exprimer sur toutes les implications de ses enquêtes sur la FED, il fut soudain pris de spasmes et mourut sur le coup, alors qu'il était en bonne santé. Il y a eu l'habituelle autopsie bâclée qui suit la mort des personnalités du gouvernement américain.

Le privilège de créer et d'émettre de la monnaie est... la prérogative suprême du gouvernement.

ABRAHAM LINCOLN.

DOSSIER DU CONGRÈS COMMISSION D'ENQUÊTE DE LA CHAMBRE

Les procès-verbaux secrets des banques fédérales de réserve

**révèlent des comportements clandestins et illégaux.
(Extraits du 24 mai 1977)**

Rep. REUSS, JUIF, président de la Commission bancaire et financière.

Nous avons tout essayé, de la persuasion morale aux tentatives d'audit complet de la FED par le General Accounting Office. Nos efforts — handicapés par la *revendication d'indépendance de la FED* — n'ont donné que des résultats sporadiques. Nous n'avons jamais été en mesure d'obtenir des informations complètes sur les diverses activités de la FED. (REUSS EXPLIQUE QU'APRÈS PLUSIEURS EFFORTS SA COMMISSION A PU OBTENIR LES MINUTES PARTIELS DE PLUSIEURS RÉUNIONS DE LA FED POUR LES ANNÉES 1972-75, NDLR)

Ce que ces procès-verbaux révèlent sur les opérations de la FED... est troublant. Même avec 904 suppressions (dans les procès-verbaux) faites par la FED sur des "sujets sensibles", ces procès-verbaux soulèvent les questions les plus sérieuses sur l'utilisation du pouvoir et de l'argent.

Les procès-verbaux révèlent ce qui suit :

1. Lorsque la législation du Congrès qui aurait soumis la FED à un examen minutieux... a été envisagée, la FED a utilisé le conseil d'administration de ses banques de réserve dans une campagne de lobbying contre la législation (la FED a contacté les grandes entreprises qui dépendent des banques pour faire des affaires, en exhortant les dirigeants des entreprises à menacer de retirer leurs contributions politiques si leurs membres du Congrès soutenaient la législation visant à enquêter sur la FED) (EXTORTION).
2. La FED a encouragé les banques commerciales à accorder des prêts à des bénéficiaires privilégiés tout en niant qu'elle le faisait. (COERCITION).
3. La FED a permis à un directeur du Conseil des gouverneurs de voter sur des questions dans lesquelles son cabinet d'avocats avait des intérêts directs. (COLLUSION).
4. La FED a accordé des prêts non subventionnés à ses propres employés. (MALVERSATION).
5. La FED a permis aux directeurs de voter eux-mêmes (DÉTOURNEMENT).

Chacune de ces activités est en soi une source de préoccupation. Prises ensemble, elles constituent un modèle de décision en matière de responsabilité publique. *Elles témoignent d'un historique de manipulations en coulisses visant à écarter les enquêtes légitimes du Congrès.* (Fin du rapport)

Le rapport susmentionné a entraîné le renvoi du président du Conseil des gouverneurs, Arthur Burns (Burnstein), juif, qui a été discrètement expulsé par les ILLUMINATI et nommé ambassadeur en Allemagne ! Le Comité a évité de divulguer les ACTIVITÉS TRAITRES menées par la FED pendant les années couvertes par le rapport (voir le chapitre 3 : ILLUMINATI), alors que la FED était occupée à financer l'industrie soviétique pendant la "guerre froide", et que nos hommes mouraient au Viêt Nam.

Il ne fait aucun doute que la finance a déjà asservi plus de la moitié du monde et que peu d'individus, d'entreprises ou même de nations peuvent se permettre de déplaire à la puissance de l'argent.
PROF. FREDERICK SODDY, M.A., F.R.S., Oxford.

DOSSIER DU CONGRÈS
Chambre des représentants

HENRY GONZALES, président de la commission bancaire de la Chambre des représentants.

Monsieur le Président, le Président, le Congrès et le peuple sont pris en otage par ce Conseil des gouverneurs à la dérive... Je suis membre de la commission bancaire depuis 20 ans... et à aucun moment nous n'avons vu un président ou un membre du conseil d'administration de la FED manifester la volonté de rendre compte de ses méthodes, jugements, politiques et procédures... à huis clos... au sein du soi-disant comité du marché libre (FOMC), qui est en réalité un comité secret qui détermine les politiques qui peuvent faire ou défaire n'importe quelle administration au pouvoir... M. Volcker déclare : "Ces politiques (les siennes) entraîneront une baisse du niveau de vie de certains Américains." Lesquels ? David Rockefeller ? La Chase-Manhattan Bank a joué un rôle important dans la détermination de la résolution adoptée par cette Chambre à l'égard de la Pologne (la Pologne ne pouvait pas rembourser ses dettes aux banques américaines)... et le Congrès réagit immédiatement : Cinq milliards de dollars au *Fonds monétaire international (FMI)* pour qu'il puisse faciliter les paiements à la Chase-Manhattan Bank... M. Volcker ne fait pas de coupes dans ce domaine... ce n'est pas inflationniste. Mais il dit que des choses comme les prêts à domicile, les prêts aux agriculteurs américains... ou aux petites villes américaines pour le drainage... pour les bons d'alimentation... sont inflationnistes et doivent être supprimées. (2 mars 1982).

Si la FED est, comme le prétendent les gouverneurs, une agence gouvernementale et non un usurpateur inconstitutionnel agissant illégalement, alors chaque fois que la FED crée de l'argent comme elle le fait pour créer de la richesse, la dette devrait être annulée et les obligations détruites, comme on brûle une hypothèque lorsque la maison est remboursée. Mais cela ne se produit pas.
REP. JERRY VOORHIS, CA-D, *"Les mystères de la FED"*, 1981.

Les dirigeants des banques centrales du monde ne sont pas eux-mêmes des puissances substantielles de la finance mondiale... ils sont les techniciens et les agents d'hommes puissants et dominants : les banquiers d'affaires qui les ont élevés au pouvoir et peuvent tout aussi bien les jeter à terre. Le POUVOIR est entre les mains des banquiers d'affaires non constitués en société, dans les coulisses. Ceux-ci ont formé un système de coopération et de domination internationale plus privé, plus secret que celui de leurs agents dans les Banques Centrales.
CARROLL QUIGLEY, *"Tragédie et espoir"*.

Carroll Quigley, partisan d'un gouvernement mondial unique, était considéré comme un "initié". Son livre devait être un hymne aux ILLUMINATI, mais il en a trop dit. Dans un premier temps, le livre a été fermement supprimé et retiré des rayons. Quigley, professeur à l'université de Georgetown, est décédé peu après. Le président Clinton, dans son discours de remerciement, a qualifié Quigley de *"mon mentor"*.

Le Congrès peut adopter des lois affectant l'économie générale après de longs et sérieux débats, mais la FED peut siéger lors d'une brève session et les annuler entièrement.
DR. M. A. LARSON, *"La FED et notre dollar manipulé"*.

Seul le gouvernement fédéral peut prendre un morceau de papier en parfait état, y appliquer de l'encre et le rendre absolument sans valeur.
LUDWIG VON MISES.

Sachant que les banques commerciales, comme la Chase-Manhattan, et les banquiers internationaux, comme Kuhn-Loeb Co, font partie intégrante de l'empire bancaire mondial de la juiverie, examinons une enquête menée par l'État de New York sur certaines banques commerciales :

ASSEMBLÉE DE L'ÉTAT DE NEW YORK

WILLIAM H. HADDAD, procureur de l'État de New York.

Monsieur le Président, l'objet du présent rapport est d'exposer les délibérations omniprésentes de deux comités (pour les banques). D'autres preuves proviennent de l'examen des dossiers... de la Chase-Manhattan Bank qui nous a volontairement permis d'examiner *certains documents (de la Banque)...* peu de temps avant qu'elle, et toutes les banques, cessent simultanément de coopérer à cette enquête.

Il ne fait aucun doute que tous ces hommes savaient précisément ce qui se passait dans cette ville... Les banques étaient manifestement surendettées en titres de la City et, compte tenu de la conviction unanime des banquiers quant à la défaillance éventuelle de la City, la pression exercée sur ces banques pour qu'elles se débarrassent de leur dette par tous les moyens a dû être irrésistible...

Les banques ont été renflouées de trois manières : 1. Elles ont vendu des quantités extraordinaires de titres municipaux provenant de leurs propres portefeuilles. 2. Elles n'ont pas remplacé les titres municipaux arrivés à échéance, ce qui constitue un revirement par rapport aux pratiques antérieures. 3. Ils ont vendu *pour la première fois* des titres municipaux nouveaux et anciens à des investisseurs non institutionnels et non professionnels *sans divulguer le risque qu'ils prévoyaient...*

Précisément, les banques ont vendu des titres de la ville de New York à de petits investisseurs individuels, et elles l'ont fait sans divulguer leurs informations privilégiées sur la situation financière de la ville (...). Dans une situation classique, un médecin avait récemment vendu son appartement... il s'est adressé à une banque plutôt qu'à son courtier pour investir de l'argent... on lui a vendu des titres que la banque était en train de décharger... Pourtant, la banque ne lui a jamais révélé ce fait... Selon elle, la banque était un intermédiaire neutre et impartial agissant selon les principes éthiques les plus élevés.

Certaines banques ont dû se défaire de leurs portefeuilles parce que leurs mauvais investissements dans les fonds de placement immobilier, les pétroliers et les pays sous-développés les plaçaient dans une situation financière précaire. Selon le compte rendu de la deuxième réunion tenue à Gracie Mansion (la résidence du maire), M. Horowitz, de Solomon Bros, a souligné que "la ville a perdu le marché institutionnel... bien que les banques continuent à apporter leur aide, les banques extérieures à la ville ont cessé d'acheter les obligations de la ville". Dans le procès-verbal du comité de planification de Chase-Manhattan figure la déclaration suivante : "Nous continuons à vendre des obligations de la ville de New York à chaque fois que l'occasion se présente". La stratégie prévoyait des ventes même en cas de perte. Je vous remercie de votre attention. (Fin des extraits du rapport Haddad)

Vous ne serez pas surpris d'apprendre que la Securities Exchange

Commission (SEC) a exonéré toutes les parties impliquées dans la promotion et la vente des obligations municipales sans valeur de la ville de New York. Il ne s'agit pas d'un cas isolé. Il s'agit plutôt d'une mise en accusation de l'état d'esprit des banquiers internationaux qui placent toujours le profit monétaire au-dessus de l'éthique.

Tob Shebbe Goyim Harog !
TALMUD : Sanhedrin.

L'arbre de la liberté se nourrit du sang des tyrans ; c'est son engrais naturel.
THOMAS JEFFERSON.

Les autorités monétaires de l'État peuvent subvenir aux besoins du Peuple et assurer tous les travaux utiles à l'État dans la limite imposée par les disponibilités en matières premières et la force cérébrale et musculaire du Peuple, sans avoir à en demander l'autorisation à l'Usurier.
EZRA POUND, "Impact".

La panique de 1907 a été provoquée par la contraction délibérée de la monnaie et du crédit ; les paniques de 1920-21 et de 1929-35 ont été provoquées par la même cause identique. Il ne peut y avoir aucun doute à ce sujet ; et ceux qui sont derrière tout cela sont allés si loin qu'ils ont ouvertement révélé au pays le plan et l'objectif, ce qui a mis à jamais le plan dans les archives publiques. Il ne pourra jamais être effacé.
ROBERT S. OWEN, sénateur américain,
Congressional Record, 3-18-32.

Les faits montrent qu'en mai 1920, une augmentation drastique du taux de réescompte (taux d'intérêt que la FED applique aux banques) a délibérément provoqué l'une des plus fortes baisses de l'activité commerciale et l'un des plus grands effondrements des prix de l'histoire. Il en est résulté une dépression désespérée dont l'Amérique ne s'est jamais remise, malgré le New Deal libéral de FDR, jusqu'à la création de la Seconde Guerre mondiale et le redémarrage des usines américaines. *C'était le stratagème des ILLUMINATI pour préparer l'Amérique à la guerre contre l'Allemagne, qui était heureuse et prospère depuis qu'Hitler avait chassé les usuriers juifs et les marxistes.*

Par tous ces moyens, nous userons tellement les goyim qu'ils seront obligés de nous offrir un pouvoir international de nature à nous permettre, sans violence, d'absorber progressivement toutes les forces étatiques du

monde et de former un super gouvernement.
LES PROTOCOLES, Section V.

QUELQUES RÉALISATIONS DU SYSTÈME FÉDÉRAL DE RÉSERVE

	1913	1982
Dette fédérale	1,2 milliard	1,5 trillion[7]
Pers. Inc. Taxe	3,0 millions	200 milliards
Valeur du dollar	100 Cents	7 cents
Propriété de la FED	négligeable	700 milliards
Coût du pain	10 cents	65 cents
Coût de la tonne de charbon	14 dollars	35 dollars

Parce que le Congrès n'a pas délégué son autorité législative sur les poids et mesures standard, aujourd'hui : Une tonne = 2000 livres. Un pied = 12 pouces. Pour rembourser une dette d'un trillion de dollars au rythme d'un dollar par seconde, il faudrait 31 682 ans (sans compter les intérêts).

Qu'en est-il des Américains "prospères" qui ont pris leur retraite avec de généreuses annuités et pensions ? Le système a été plutôt bon pour eux, dites-vous. Oui, c'est leur récompense pour avoir suivi le système, sans poser de questions. *"Ils ont léché les bottes"*. Ce qu'ils ont fait, c'est hypothéquer les États-Unis d'Amérique en échange d'un condominium sur un terrain de golf. Leurs fils, filles et petits-enfants paieront la facture en tant que moutons marrons métissés sous la dictature mondialiste. N'oubliez jamais : LA DETTE, C'EST L'ESCLAVAGE ! Et, à moins d'être banquier, on la rembourse en sang, en labeur, en larmes et en sueur.

À la fin de cette décennie, nous vivrons sous le premier gouvernement mondial unique qui ait jamais existé dans la société des nations.
PAPE JEAN-PAUL II,
"Les clés de ce sang", par Malachi Martin

---

[7] 1998 La dette fédérale dépasse les 6 trillions de dollars !

CHAPITRE 5

SPIROCHÈTES DE LA SYPHILIS JUIVE

Le développement de la société est soumis non pas à des lois biologiques (la nature) mais à des lois sociales supérieures. Les tentatives de diffuser à l'humanité les lois du règne animal sont une tentative d'abaisser l'être humain au niveau des bêtes.
INSTITUT DE L'ACADÉMIE DES SCIENCES, U.S.S.R.

La théorie marxiste est le système de pensée le plus influent de ce siècle.
ZBIGNIEW BRZEZINSKI, "Entre deux âges".

La haine qui était au cœur du marxisme est également présente dans la nouvelle religion (le freudisme). Dans les deux cas, il s'agit de la haine de l'étranger pour son environnement totalement étranger, qu'il ne peut pas changer et qu'il doit donc détruire.
FRANCIS PARKER YOCKEY, *Imperium*.

Dans le langage... du mythe, le vomissement est le terme corrélatif et inverse du coït ; et la défécation est le terme corrélatif et inverse de la communication auditive.
CLAUDE LÉVI-STRAUSS, JUIF, freudien.

Les apocalypses de l'Ancien Testament du marxisme... le symbolisme anthropomorphique de Freud convenaient parfaitement à un peuple religieux qui cherchait à remplacer une foi mourante et anachronique. L'arrivée de Boas, qui a déclaré que toutes les races étaient égales, a été une aubaine.
WILMOT ROBERTSON, *The Dispossessed Majority*.[8]

LE 20e SIÈCLE est appelé le siècle le plus sanglant. On l'a aussi appelé l'ÂGE DU MENSONGE parce que les JUIFS KHAZAR ont conçu un programme, soutenu par d'immenses ressources financières, par lequel ils ont pris le contrôle des MASS-MEDIA d'Amérique (la *technologie qui a rendu possible ces systèmes remarquables — l'imprimerie, la lumière électrique, la radio, la télévision, la photographie, le cinéma,*

---

[8] *La majorité dépossédée,* de Wilmot Robertson traduit et publié par Omnia Veritas Ltd, www.omnia-veritas.com.

l'enregistrement, les transistors, les ordinateurs, les satellites, etc.)

La capture des systèmes de communication de l'Amérique par une nation étrangère est un vol dont les implications sont si cruciales qu'elles en deviennent ahurissantes. La libre circulation des idées et des informations envisagée par nos Pères fondateurs, essentielle à notre République, est d'abord filtrée par les esprits des MEDIA MOGULS TALMUDIQUES qui ne promulguent que ce qu'ils veulent que vous et vos enfants sachiez. Le premier amendement de la Constitution des États-Unis a été abrogé. L'Amérique se meurt par manque de connaissance des FAITS. Au lieu de cela, la propagande des médias de masse, la désinformation et la saleté sont le poison mortel dont l'Occident est quotidiennement nourri : tout cela sous nos "applaudissements".

Par conséquent, lorsque les charlatans MARX, FREUD et BOAS (tous juifs) ont émergé des ghettos d'Europe, il fallait s'attendre à ce qu'ils soient financés par les ILLUMINATI et promus avec enthousiasme par les médias américains en tant que sauveurs de la civilisation occidentale ! Alors qu'en réalité, ils en étaient les destructeurs intentionnels. Leurs objectifs apparents cachaient leurs buts souterrains.

MARX s'est attaqué à l'ordre naturel de l'humanité — le règne des meilleurs. FREUD visait à empoisonner l'esprit aryen. BOAS s'attaque au patrimoine génétique des Blancs. Les recherches produites par ces charlatans sataniques pour étayer leurs hypothèses étaient totalement subjectives. Les faits n'ont aucune importance : la fin justifie les moyens. Il est improbable qu'ils aient réellement cru à leurs propres théories. Dans l'une de ses lettres très connues à Engels, son coconspirateur, Marx décrit avec précision *Das Kapital* comme étant "plein de merde"[9]. Freud et Boas avaient certainement une opinion similaire de leurs propres déchets thaumaturgiques. En fin de compte, ils n'étaient que des KHAZARS engagés dans une bataille jalouse pleine d'envie, de haine et de vengeance contre l'Occident aryen. William G. Simpson, dans son ouvrage "Which Way Western Man", qualifie leurs idéologies TALMUDIQUES de "spirochètes de la syphilis juive".

---

[9] *Full of shit* dans l'original, littéralement rempli de merde. Ndt.

LE MARXISME

KARL MARX, JUIF (1818-1883), est né en Allemagne, petit-fils de rabbin ; il se convertit au protestantisme, épouse une Gentille de petite noblesse ; puis, souffrant d'aliénation culturelle, il abandonne sa femme, sa famille et le christianisme. Sa compulsion était de détruire la société aryenne qui l'avait rejeté. Sa contribution au Mouvement Révolutionnaire Mondial a été immense.

La stratégie de Marx était d'instiller la HAINE entre les classes là où elle n'existait pas auparavant. Le thème qui sous-tend son idéologie politique est le suivant : *toute l'histoire, toute la vie, est une guerre de classes économiques.* Les deux classes qui s'affrontent sont le prolétariat (le travail), les gentils, et les capitalistes (la bourgeoisie), les exploiteurs du prolétariat. Le capitalisme est mauvais. Par conséquent, tout vestige du capitalisme doit être éliminé : "L'expropriation de l'expropriateur" (ce qui est à toi est à moi) ; et "tous les animaux infectés" seront détruits (c'est-à-dire Tob Shebbe Goyim Harog !). La "Dictature du prolétariat" sera établi, promet Marx, qui finira par céder la place à une société sans État, sans classe et sans Dieu, dans laquelle tout le monde est égal (les chrétiens ne sont toutefois pas autorisés et l'"antisémitisme" (la HAINE) est un crime !) Marx a anticipé Franz Boas, JUIF, dans sa conviction que *les réalisations de l'homme sont simplement le reflet de son environnement.* Ainsi, les qualités de l'intelligence humaine, la personnalité, le comportement, la vie émotionnelle et spirituelle sont déterminés par la position économique de l'homme. *L'homme, nous assure-t-il, est un animal façonné par la soif d'argent : l'idée d'État et de nation (race) est ridicule.* Il n'y a que des individus, des classes et des groupes intéressés qui se détestent.

MARX a formulé son idéologie anti-nature en empruntant, hors contexte, des idées à deux philosophes aryens : le grand Georg W. Friedrich Hegel (1770-1831) et Ludwig A. Feuerbach (1804-1872), dont on se souvient surtout de l'influence qu'il a exercée sur Marx et Sartre.

HEGEL pensait que le salut de l'homme viendrait de la raison. Il pensait que la raison fonctionnait selon la méthode dialectique, dans laquelle une idée (Thèse) est confrontée à son contraire (Antithèse), et les deux se métamorphosent ensuite en un tout fusionné (Synthèse). Hegel a vu cette méthode fonctionner dans la logique, dans l'histoire du monde, dans la gestion de l'État et dans l'établissement de l'esprit du temps. Hegel, un idéaliste qui aurait ridiculisé Marx, croyait que la dialectique *produisait une évolution harmonieuse et continue au sein de l'État-nation et entre ses composantes.* FEUERBACH, un matérialiste, disait que l'homme est ce qu'il mange : de la matière en mouvement, rien de plus. Ce concept apparaît également dans les élucubrations de Freud et de Boas.

Marx affirme qu'il n'y a pas de Dieu et que l'homme n'est donc pas responsable de ses actes devant un juge divin. L'homme est dépourvu d'âme ou de libre arbitre, et donc de valeur individuelle significative. Il est un animal évolutif dont le salut dépend de son esprit (la raison). Marx pensait que le destin de l'homme était déterminé uniquement par son environnement (*apparemment, Marx n'a jamais entendu parler de son ennemi juré,* Gregor Johann Mendel (1822‑1884), qui a donné son nom au *mendélisme,* l'étude de tout ce qui est génétique). Dans la nature, tout évolue parce que tout est déterminé par son contraire : la thèse se synthétise avec l'antithèse, devenant ainsi une thèse nouvelle et différente — ce processus se répète à l'*infini.* Dans la société, le conflit (matérialisme dialectique) est donc inévitable, essentiel et continu jusqu'à l'effondrement de toute la structure (l'État). Puisque ce destin est inévitable et que le changement est un progrès, pourquoi attendre ? Révoltez-vous. Maintenant. Détruisez ! Tuez ! Bourgeoisie contre Prolétariat = Révolution = diktat = GOUVERNEMENT MONDIAL JUIF. Les ILLUMINATI sponsorise les marxistes/anarchistes.

> Il y a des moments où la création ne peut se faire que par la destruction. L'envie de détruire est donc une envie de créer.
> MICHAEL BAKUNIN, marxiste.

"Bourgeoisie" est un mot de code juif pour désigner les goyim qui ont réussi, plus précisément les Blancs de la classe moyenne qui ont réussi. La bourgeoisie, selon Marx, possède tout mais n'a droit à rien. Le prolétariat, quant à lui, ne possède rien mais a droit à tout. Il s'agit également d'un concept chrétien : "Les derniers seront les premiers". Toutefois, Marx a oublié de mentionner que la dialectique insiste sur le fait que le prolétariat doit lui aussi être remplacé ! Les masses sont trop ignorantes pour interroger le joueur de flûte, mais elles aiment beaucoup l'idée d'une ÉGALITÉ immédiate (voir de Tocqueville).

La victoire du prolétariat abolira toutes les classes sauf une : "Le diktat du prolétariat". Et de quoi ou de qui s'agit-il ? Le Dictat, ce sont les juifs privilégiés qui présideront l'État prolétarien. L'État sera propriétaire des fermes, des entreprises, des industries, des palais, des hôtels particuliers et des datchas, expropriés des bourgeois crasseux ! Le Dictat sera également propriétaire du Goulag, qui sera rempli de prolétaires. Comme George Orwell l'a souligné avec perspicacité dans son livre *La ferme des animaux :* Nous sommes *tous égaux, mais certains sont plus égaux que d'autres.*

> Le marxisme est à la fois une victoire de l'homme extérieur, actif, sur l'homme intérieur, passif, et une victoire de la raison sur la croyance... L'Amérique subit une révolution... (qui) démasque son obsolescence... d'ici l'an 2000, il sera admis que Robespierre et Lénine étaient de doux réformateurs.
> Z. BRZEZINSKI, "Entre deux mondes" ;
> CFR/TRILATÉRALE, professeur à l'université de Georgetown,
> conseiller du président américain Jimmy Carter.

> Nous, les Juifs, nous les destructeurs, nous resterons à jamais les destructeurs. Rien de ce que vous ferez ne répondra à nos besoins et à nos exigences. Nous détruirons toujours parce que nous avons besoin d'un monde à nous...
> MAURICE SAMUELS, "You Gentiles" (1924).

F. P. Yockey, dans son livre *Imperium*, note que le MARXISME est sérieusement défectueux parce que MARX, étant juif, ne pouvait pas comprendre les différences réelles entre le CAPITALISME et le SOCIALISME, qui émanaient de la CULTURE-ORGANISME OCCIDENTALE. Le *capitalisme et le socialisme sont la façon dont une nation (famille, peuple, race) se sent, pense et vit*, et sont en second lieu des CONCEPTS ÉCONOMIQUES. L'un appartient au passé, l'autre, le SOCIALISME OCCIDENTAL, représente l'avenir de l'Occident et la fin de la JUIVERIE sur le sol occidental.

L'âge de la raison a engendré le CAPITALISME en Occident, l'IDÉE de l'individualisme pur et dur : "Chacun pour soi". La liberté face à l'autorité : "Ne me marchez pas sur les pieds !" En même temps, paradoxalement, il était entendu que ces individus robustes devaient agir dans le meilleur intérêt de l'État-nation. Pour l'Occident, le CAPITALISME ÉCONOMIQUE signifiait : libre-échange, pas d'impôt sur le revenu, pas d'ingérence de l'État dans les questions monétaires, propriété privée, etc. L'USURE, en revanche, était reléguée à l'extérieur de la sphère et interdite.

Les capitalistes ne voyaient aucun inconvénient à vaincre économiquement, dans le respect de la loi, des groupes économiques opposés. C'était considéré comme une "saine concurrence". Les États européens, poussés par les banquiers, se sont également fait concurrence. Souvent avec des résultats désastreux. Au cours de la Première Guerre mondiale, il est devenu douloureusement évident que l'idée d'un "individualisme exacerbé" allait à l'encontre de la NATION ARYENNE et de ses États.

Le SOCIALISME OCCIDENTAL, contrairement au marxisme/communisme et au capitalisme, n'émane pas de la seule raison mais de l'ETHOS DE L'OCCIDENT. Il exprime les sentiments instinctifs et intuitifs propres à la nation aryenne. Son idée est le cri des mousquetaires : "Un pour tous et tous pour un ! Le rassemblement des États-nations blancs en UN ORGANISME CULTUREL — son propre territoire et son propre État où loger, protéger et nourrir la nation — exclut la guerre des classes et les luttes de haine d'inspiration marxiste entre ses composantes. L'ÉCONOMIE découle de la CULTURE. L'ARGENT devient un simple outil, un moyen d'échange, une réserve de valeur — et non une arme ILLUMINATI.

> Pour le socialisme, la possession d'argent n'est pas le facteur déterminant du rang dans la société, pas plus qu'elle ne l'est dans l'armée. Dans le socialisme, le rang social ne dépend pas de l'argent mais de l'autorité (capacité).
> FRANCIS PARKER YOCKEY, *Imperium*

Les penseurs de renommée mondiale de toutes les disciplines s'accordent à dire que le MARXISME et l'âge de la raison ont abouti à une impasse ignominieuse. Aucune personne intelligente n'a pris MARX au sérieux. Son idée de l'Ancien Testament selon laquelle le travail est un mal - et l'idée du Nouveau Testament selon laquelle les hommes et les races sont également dotés — s'oppose à la nature et à l'âme même de l'Occident. La carotte offerte aux "travailleurs du monde" était l'ÉGALITÉ immédiate en échange de leur obéissance muette. Après l'"expropriation", ils "perdraient leurs chaînes" et se retireraient dans le "La-La Land", pour être servis et soutenus à jamais par les survivants de la classe moyenne détestée ! (comme aux États-Unis, en Europe et en Afrique du Sud aujourd'hui).

En tant que propagandiste — séducteur d'innocents, de sophistes, de libéraux et de perdants de naissance — MARX a été superbe. Sa place dans l'histoire est assurée.

Trois millions de Russes non armés de la classe moyenne (prêtres, propriétaires, artistes, scientifiques, agriculteurs, gestionnaires, etc.) ont été massacrés lors de la poussée initiale de la RÉVOLUTION BOLCHÉVIQUE, et 31 millions sont morts à la suite de sa TERREUR JUIVE.

Les marxistes, les bolcheviks et les communistes dénoncent les "porcs capitalistes". Alors que dans les coulisses — dans la bataille permanente pour mettre en œuvre les PROTOCOLES DE SION — toutes les guerres et révolutions sont financées par les BANQUIERS JUIFS.

> Aujourd'hui, le petit-fils de Jacob, John Schiff (Kuhn-Loeb Co.), membre éminent de la New York Society, estime que le vieil homme a englouti environ 20 millions de dollars pour le triomphe final du bolchevisme en Russie.
> CHOLLY KNICKERBOCKER,
> "N.Y. Journal-American", 2 3-49.

FREUD

Aujourd'hui, Sigmund Freud, JUIF (1856-1939), n'est connu que pour son importance anti-culturelle. Et pour les graves dommages qu'il a infligés à la psyché occidentale avant que sa supercherie ne soit révélée. Freud, comme Marx, a tenté de mettre tous les hommes sur un pied d'égalité, dépouillés de toute signification noble ou spirituelle. Les *deux juifs ont simplement utilisé des méthodes différentes pour atteindre un but unique, le but des ILLUMINATI : la destruction de l'Occident.*

Lorsque Freud était un jeune médecin, un psychologue viennois lui a raconté l'histoire d'une patiente qui, sous hypnose, avait raconté un événement traumatisant de sa vie qui continuait à la rendre anxieuse. À la sortie de l'hypnose, son anxiété était complètement guérie. Freud, comme Saul de Tarse, juif, sur le chemin de Damas, a soudain vu des "possibilités" et a ouvert une entreprise de "rabattage de têtes". Il abandonne l'hypnose et invente la psychanalyse. Méthode de consultation dans laquelle les patients, réticents à révéler leurs problèmes personnels intimes (résistance), transfèrent leurs liens affectifs à l'analyste.

La PSYCHOLOGIE est l'étude des névroses, des psychoses, des perversions et de l'esprit normal. La PSYCHOANALYSE est un traitement. Mais de quoi ? Les symptômes peuvent être diagnostiqués, mais la cause profonde, comme le vent, ne peut être vue. Les maladies du cerveau sont physiologiques et tangibles. Mais les maladies de l'esprit trouvent leur origine dans les gènes et l'âme de l'homme, deux domaines dont Freud ne savait rien et dont il se souciait encore moins. Les "séances de divan" psychiatriques, tout comme les séances de rap et les lectures de thé, sont enveloppées d'une ambiance de mystère et de nomenclature occulte. En réalité, l'analyse n'est rien d'autre que le pouvoir de la suggestion. Tout le monde sait que "la confession est bonne pour l'âme". Et un placebo peut faire des miracles. Mais la "cure" freudienne est partie du principe que tout le monde est névrosé : soit perverti, soit inversé. Donc, les Aryens aussi sont malades ! Tout comme nous, les JUIFS.

> Le problème fondamental est que la psychanalyse est le produit de l'animosité des Juifs à l'égard de la civilisation occidentale. Le désir inconscient des Juifs est de démasquer la respectabilité de la société européenne… qui a exclu les Juifs… en déterrant des aberrations sexuelles sordides et infantiles.
> HOWARD SACHER, JUIF. L'un des premiers freudiens.

Ainsi, les révélations de patients crédules, dupés, soulagent les complexes d'infériorité des analystes ! Les JUIFS (psychanalystes) sont facilement convertis au système JUIF.

> Comme ils sont incapables de comprendre la société occidentale ou d'y participer, ils n'ont d'autre choix que de s'y opposer.
> SIGMUND FREUD, JUIF, "La résistance à la psychanalyse".

Un autre problème est que les psychanalystes juifs, qui sont le plus souvent mentalement anormaux, sont autorisés à déterminer qui est "normal". Cela rappelle l'histoire *des aveugles et de l'éléphant*. Ensuite, il y a le "problème du divan". Les procès en paternité et en attouchements contre les analystes, dont la pratique consiste à soulager les patients vulnérables de leurs angoisses sexuelles, sont aussi fréquents que les agressions à Los Angeles. C'est comme engager les pédophiles Woody Allen, JUIF, et Roman Polanski, JUIF, pour faire du baby-sitting.

La folie se poursuit lorsque Freud s'intéresse à l'âme occidentale. Il la trouve strictement mécanique et totalement prévisible : Les *pulsions spirituelles sont simplement des pulsions sexuelles*. Par conséquent, dans le cerveau TALMUDIQUE de Freud, tous les hommes sont égaux parce qu'ils sont tous sexuellement névrosés. Et c'est lui qui décide de ce qui est névrotique ! Pour Karl Marx, la 9e symphonie de Beethoven était la duplicité de la bourgeoisie. Pour Freud, elle exprimait le désir latent de Beethoven pour Schiller. Évidemment, il faut éliminer l'*Homme culturel*, l'ennemi des JUIFS, en le transformant en robot économique et en organes génitaux animés !

> Il y a une génération, la principale théorie sur la schizophrénie était... (qu'elle était) causée par un maternage froid et distant, en soi le souhait inconscient de la mère que son enfant ne soit jamais né... 20 ans plus tard, cet artefact de l'ère freudienne (JUIF) est entièrement discrédité.
> U.S. NEWS & WORLD REPORT, 4-21-97.

L'astuce de Freud, selon laquelle l'âme aryenne est mécanique, lui a permis d'inventer des maladies de l'âme que seuls lui et ses disciples juifs pouvaient diagnostiquer et guérir : névrose, complexes (en particulier de culpabilité et d'infériorité), répression, perversion, fixation, envie de pénis, etc. Une partie du "remède" était l'ANALYSE DES RÊVES, qui contient des schémas récurrents communs. Ces schémas ont des interprétations alambiquées et ésotériques. Mais seuls les membres de la *cabale* les comprennent et sont les seuls à pouvoir effectuer les "cures" thaumaturgiques. Le MONDE DES RÊVES reflète l'"anxiété" de l'âme. Par exemple, rêver de la mort d'un membre de la famille signifiait que vous haïssiez l'un de vos parents ou les deux. Les freudiens ont conçu un autre "péché originel" : *tous les enfants sont sexuellement pervers*, donc, parce que l'Enfant est le père de l'Homme, tout le monde est sexuellement pervers. TOUT LE MONDE EST MALADE !

Le freudisme est kabbalistique, englobant l'occultisme, le satanisme, le phallisme, la nécromancie, la numérologie, etc., tous émanant de superstitions hébraïques, de l'enseignement talmudique et du cerveau de Freud, malade de la cocaïne.

Hollywood trouve de la matière pour les comédies de mœurs

Depuis que Sigmund Freud a déclaré que tous les jeunes garçons voulaient tuer leur père et copuler avec leur mère, les juifs ont mené une guerre contre la famille traditionnelle aryenne... Le dernier poison... vient des docteurs Louise B. Silverstein et Carl P. Auerbach (juifs) dans leur article "Deconstructing the Essential Father" (Déconstruire le père essentiel). Ils écrivent :

> "Contrairement à la perspective néo-conservatrice, nos données sur les couples homosexuels paternels nous ont convaincus que ni la mère ni le père ne sont essentiels"... ils reconnaissent que les enfants ont besoin d'un adulte "responsable", mais que "l'un d'entre eux, aucun, ou les deux... peuvent être un père ou une mère" avec le même degré d'efficacité. En outre, ils nient que "le mariage hétérosexuel est le contexte social dans lequel la paternité responsable est la plus susceptible de se produire". Silverstein et Auerbach en déduisent que l'AMOUR partagé par les parents naturels et leurs enfants n'est pas plus grand que celui partagé avec les parents d'accueil — qu'ils soient homosexuels, hétérosexuels ou de la même race. Dans leur monde MARXISTE/LIBÉRAL/TALMUDIQUE, toutes les "personnes qui s'occupent des enfants" sont égales. Par conséquent, les familles naturelles n'ont pas la même importance.
> REVUE : THE AMERICAN PSYCHOLOGIST (1-6-99), journal officiel de l'American Psychological Association.

> Lors de la chute du mur de Berlin (1990), le marxisme s'est effondré... Le freudisme aussi, malgré son influence persistante... s'est effondré. Aujourd'hui, la position officielle est que la psychanalyse n'est pas vraiment une science, mais plutôt une forme d'art... comparable à la composition florale ou au macramé ?
> JOSEPH EPSTEIN, juif, rédacteur en chef de *The American Scholar*.

BOASISME

FRANZ BOAS, JUIF (1858-1942) est né en Allemagne. Comme Marx et Freud, il était un KHAZAR, qui se distinguait par sa laideur physique repoussante. Il n'était pas anthropologue, et l'endroit où il a obtenu son doctorat reste incertain (Kiel, Allemagne ?). Il a toutefois été nommé professeur d'anthropologie à l'université de Columbia en 1899, où il est resté pendant 40 ans. Ses commanditaires étaient sans aucun doute des ILLUMINISTES.

L'objectif de Boas était de s'attaquer au cœur de la race aryenne, à son patrimoine génétique. À cette fin, il a créé l'École d'ANTHROPOLOGIE CULTURELLE de Boas, qui présente la doctrine selon laquelle il n'existe pas de races distinctes ; *au contraire, elle professe que TOUS les hommes ont un potentiel égal : les différences raciales résultent, en grande partie, de facteurs environnementaux plutôt que de l'hérédité.* Cette idéologie, ou pseudo-science, est approuvée avec enthousiasme par les libéraux, les marxistes et les juifs, alors qu'elle est totalement réfutée par la science naturelle qu'est l'anthropologie physique, acceptée par les principales autorités mondiales en la matière. Boas affirme que la race est un mythe parce que les races se sont mélangées au cours des siècles ; que les mélanges bâtards sont meilleurs que les parents. Ils affirment que tout le sang humain est le même, que tous les peuples ont une origine commune et que les races sont donc apparentées. Aucune race n'excelle parce qu'elle est plus douée ou meilleure, mais parce qu'elle a bénéficié d'un environnement plus favorable et d'une meilleure chance. Parce que les races sont égales, le métissage n'est pas seulement permis, il est souhaitable (éliminer la race blanche maudite). Nous sommes de la grande famille de l'homme, donc tous les hommes sont égaux.

Les Nations unies ont donné leur approbation inconditionnelle à la doctrine de Boas :

> Les preuves scientifiques indiquent que l'éventail des capacités mentales de tous les groupes ethniques est à peu près le même... Quant à la personnalité et au caractère, ils peuvent être considérés comme n'ayant pas de race... si l'on donne aux membres de chaque groupe ethnique des possibilités culturelles similaires de réaliser leurs potentialités, la réussite moyenne est à peu près la même.
> Documents de l'UNESCO, (Extrait) 1950.

Comme nous l'avons appris, des SPIROCHÈTES DE SYPHILIS JUIFS (le boasisme est l'une d'entre elles) sont injectées dans chaque société que les ILLUMINATI s'emploie à détruire. Mais permettez-moi de dire ici et maintenant que la Doctrine Boas — dans son intégralité — a été exposée comme une fraude ! Nous y reviendrons plus en détail au chapitre V, Le mendélisme.

Les fondateurs de l'école d'anthropologie Boas sont Ashley Montague (Israel Ehrenberg), Raymond Pearl, Melville Herskovitz, Herbert Seligman, Otto Klineberg, Gene Weltfish, Amran Sheinfeld,

Isadore Chein, Ruth Benedict, Margaret Meade et Kenneth Clark. *Tous sauf trois (Meade, Benedict et le nègre Clark) sont des juifs.* Boas a été cité par le Congrès pour 46 affiliations au front communiste. Les activités subversives de Montague, Weltfish, Benedict et Herskovitz sont bien connues de la CIA, du FBI et des commissions d'enquête du Congrès. Tous ces MARXISTES/LIBÉRAUX/JUIFS, qui propagent la syphilis juive, ont créé des chaires d'anthropologie culturelle dans les universités américaines les plus prestigieuses.

> Au cours de leur fausse carrière universitaire, les Boasites ont menti à maintes reprises, falsifié des recherches, porté de faux témoignages, calomnié et utilisé tous les moyens nécessaires pour atteindre leur objectif ultime. J'ai connu Franz Boas personnellement. J'ai pu observer son influence en tant que fondateur de la science anthropologique en Amérique. J'ai également pu observer le degré croissant de contrôle exercé par la secte de Boas sur les étudiants et les jeunes professeurs, jusqu'à ce que la peur de perdre son emploi ou son statut devienne monnaie courante... à moins que la conformité au dogme de l'égalité raciale ne soit maintenue...
> DR. H. E. GARRETTT, Chr. Département de psychologie, Columbia Univ.

Le professeur JOHN R. BAKER, Oxford, ("Science and the Planned State") cite le boasite et érudit communiste Triofim Lysenko, U.R.S.S., qui a déclaré que la science devait être amenée à soutenir la théorie communiste ; que les faits concernant les chromosomes et l'hérédité devaient être supprimés parce que "*dès sa conception (la génétique) conduit à des idées réactionnaires sur la race... et qu'il n'est possible de défendre la fausse base du mendélisme que par des mensonges*". En Union soviétique, les partisans de la génétique étaient exécutés ou emprisonnés au goulag. (L'antisémitisme a été érigé en crime). La distinction entre le mendélisme (nature) et le marxisme (idéologie) s'exprime le mieux dans les lignes suivantes :

> "La beauté est la vérité et la vérité est la beauté — c'est tout ce que vous savez sur cette terre et tout ce que vous avez besoin de savoir."
> JOHN KEATS, "Ode sur une urne grecque".

Pendant la Seconde Guerre mondiale, le MARXISME, le LIBÉRALISME et la JUIVERIE ont assimilé le mendélisme au nazisme, au "racisme" et au prétendu "Holocauste". En conséquence, dans tout l'Occident, la Ligue anti-diffamation du B'nai B'rith (Fils de l'Alliance) a *interdit toute* discussion sur la génétique dans les forums publics. Dans les années 1980, cependant, les vastes avantages offerts à l'humanité par le mendélisme ont été décrits dans les revues scientifiques les plus prestigieuses, dans des conférences, etc. *Ce fait irréfutable frappe au cœur du MARXISME, du LIBÉRALISME et de la JUIVERIE et de leurs efforts pour métisser les races et créer un gouvernement mondial ILLUMINATI.* Comme on peut s'y attendre, les médias, l'Église chrétienne, la JUIVERIE et les universités continuent de promulguer les fausses doctrines du BOASISME et d'ignorer ou de décrier le mendélisme.

> Les marxistes sont des partisans avoués, leur "science" est subordonnée à leur engagement (idéologique). Cela ne peut que nuire à leur analyse, à leurs données, entraver le libre examen et fausser leurs conclusions.
> PROFESSEUR A. JAMES GREGOR,
> *The Mankind Quarterly* (printemps 62).

La proposition de la BOAS selon laquelle l'humanité est composée de races interchangeables également dotées de courage, d'intelligence, de caractère, de capacité, de discipline, d'ambition, de morale, etc. aurait incité les signataires de la Constitution américaine à saisir leur fusil. En outre, les fondateurs croyaient en la méritocratie, qui n'est PAS un système inversé : les *soldats dirigent l'armée et les magnats des médias dirigent le Congrès des États-Unis*. Les fondateurs s'attendaient à ce que l'Amérique soit toujours un bastion de l'Occident. Pas un dépotoir racial. FRANZ BOAS, juif, plus que tout autre individu, a détruit la vision des fondateurs.

Le BOASISME recherche une égalité communiste — non pas une égalité des chances ou une égalité des mérites, mais une égalité des *résultats* — qui nécessite le transfert de l'argent des personnes performantes, qui l'ont mérité, vers les personnes incapables, indigentes et "désavantagées". Comme ces derniers résistent à la dépossession, le gouvernement se voit confier davantage de pouvoirs réglementaires et de police. Les personnes défavorisées — qui constituent un bloc électoral important — sont très favorables à l'idée de recevoir l'argent de leurs impôts de la part de politiciens qui sont prêts à donner n'importe quoi (le vôtre) pour obtenir un vote. Sinon, comment des dégénérés comme le sénateur américain Ted Kennedy peuvent-ils rester en poste ? Aux États-Unis, aujourd'hui, 60% du budget national est consacré à la protection sociale. Les distributeurs de cette immense richesse sont des Noirs à faible QI (la "classe moyenne montante") employés par les autorités locales, étatiques et fédérales à des salaires normalement réservé à des QI élevés.

> Ma maison est une maison délabrée, et le juif squatte le rebord de la fenêtre, le propriétaire, né dans un estaminet d'Anvers, boursouflé à Bruxelles, rapiécé et pelé à Londres...
> T.S. ELIOT, extrait de "Gerontion".

La déclaration de l'UNESCO de 1950 niant la race comme facteur (voir ci-dessus) a été dénoncée par les scientifiques les plus éminents du monde et par les hommes de la rue qui connaissaient la race quand ils la voyaient. En 1952, l'UNESCO est revenue sur sa déclaration, reconnaissant finalement que "les races sont "réelles" et ne sont pas de simples "artefacts de classification". Mais, fidèle à son orientation marxiste, l'UNESCO a commodément oublié ses excuses. Sa position originale (1950), telle qu'elle a été énoncée, figure aujourd'hui dans presque tous les ouvrages de référence.

Une désinformation similaire (mensonge) s'est produite dans l'affaire cruciale et tragique de la Cour suprême des États-Unis, *Brown v. The Board of Education*, 1954, qui s'est prononcée contre la ségrégation des Noirs. L'affaire a été présentée par Thurgood Marshall, Noir, consul de la NAACP, soutenu par l'équipe de juristes juifs de la NAACP. Le professeur BOASISTE Kenneth B. Clark, noir, a été le principal témoin. Clark a présenté les résultats de ses expériences avec des poupées noires et blanches, et la réaction des enfants noirs à ces tests, "prouvant que la ségrégation inflige des blessures aux Noirs". Il a presque fait pleurer les juges. Le problème, c'est que les recherches ont été faites de manière incorrecte et que les conclusions ont été tirées à l'emporte-pièce.

> Je suis forcé de conclure que le professeur Clark a induit le tribunal en erreur... En bref, si les tests du professeur Clark démontrent des dommages aux enfants noirs, ils démontrent que les dommages sont moindres avec la ségrégation et plus importants avec la congrégation (intégration)... Le professeur Clark savait-il que ses tests précédents indiquent que, selon ses propres critères, les enfants noirs sont moins endommagés par la ségrégation que par la congrégation ?... Des expériences du professeur Clark, de son témoignage et enfin de son essai... la meilleure conclusion que l'on puisse tirer est qu'il ne savait pas ce qu'il faisait ; et la pire, qu'il le savait.
> DR. ERNEST VAN DEN HAAG, Professeur de philosophie sociale, NYU, *Villanova Law Review* (VI, 1960).

> Le problème auquel nous étions confrontés n'était pas la découverte de la vérité par l'historien… ce n'était pas que nous formulions des mensonges… nous utilisions les faits… nous glissions sur les faits… nous ignorions tranquillement les faits et surtout nous interprétions les faits d'une manière… qui nous permettait de passer à côté de ces gars-là.
>
> DR. A. H. KELLY, expert employé par la NAACP, dans une confession devant l'American Historical Assoc. en 1961, concernant la fameuse affaire de déségrégation.

Marshall est ensuite devenu membre de la Cour suprême des États-Unis, où ses collègues ont estimé que ses opinions étaient les pires de l'histoire de la Cour. Clarke a continué à utiliser l'outil des Juifs jusqu'à la fin.

Les désastres subis par l'Amérique blanche à cause des Noirs, et les désastres à venir, résultant de la décision de la Cour suprême de mélanger les races, sont presque incalculables.

CHAPITRE 6

LE CANULAR DE L'HOLOCAUSTE

Spirochètes de la syphilis JUIVE (suite)

L'Holocauste a été l'occasion d'assassiner 6 millions de Juifs, dont 2 millions d'enfants. La négation de l'Holocauste est un second meurtre de ces mêmes 6 millions. On a d'abord mis fin à leur vie, puis à leur mort. Une personne qui nie l'Holocauste participe au crime de l'Holocauste lui-même.
DAVID MATAS, JUIF, Conseiller principal,
"Ligue des droits de l'homme, B'nai B'rith."

La politique menée par le Troisième Reich a entraîné la mort de 6 millions de Juifs, dont 4 millions ont été tués dans les institutions d'extermination.
TRIBUNAL MILITAIRE INTERNATIONAL,
Nuremberg, Allemagne.

Mon objection au procès de Nuremberg était que, bien que revêtu de la forme de la justice, il était en fait un instrument de la politique gouvernementale déterminée précédemment à Téhéran et à Yalta... une tache sur l'histoire américaine que nous regretterons longtemps... qui viole le principe fondamental du droit américain selon lequel un homme ne peut être jugé en vertu d'une loi ex post facto.
U.S. SEN. ROBERT TAFT, "Profils de courage", par J. F. Kennedy.

En ce qui concerne le procès de Nuremberg... Je n'aime pas du tout qu'on l'habille d'une fausse façade de légalité.
HARLAN FISKE STONE, Président
de la Cour suprême des États-Unis.

Les déclarations admises comme preuves ont été obtenues d'hommes qui avaient d'abord été maintenus en isolement (jusqu'à) cinq mois... Les enquêteurs mettaient une cagoule noire sur la tête de l'accusé, puis le frappaient au visage avec des poings américains, lui donnaient des coups de pied et le battaient avec des tuyaux en caoutchouc... 137 Allemands sur 139 ont eu les testicules brisés au point d'être irréparables... (Les autres méthodes utilisées étaient les suivantes : se faire passer pour des prêtres pour entendre la confession et l'absolution ; torturer avec des allumettes enfoncées sous les ongles ; arracher des dents et briser des os ; donner des rations de famine ; menacer de déporter les familles des accusés du côté soviétique...). Les enquêteurs "américains" responsables (qui ont ensuite joué le rôle de procureurs au procès de Nuremberg) étaient le lieutenant-colonel Burton Ellis (chef du comité des crimes de guerre) et ses assistants : le capitaine Raphael Shumacher, JUIF ; le lieutenant Robert E. Byrne ; le lieutenant Wm. R. Perl, JUIF ; M. Morris Ellpowitz, JUIF ; M. Harry Thon ; M. D. Kirschbaum, JUIF ; Col. A.H. Rosenfield, JUIF, conseiller juridique du tribunal.

E. L. VAN RHODEN,
Commission de l'armée Simpson, Dachau, 1948.

L'atmosphère qui règne ici est malsaine... Des avocats, des greffiers, des interprètes et des chercheurs ont été employés (des juifs) — qui ne sont devenus américains que récemment — dont les antécédents étaient imprégnés de la haine et des préjugés de l'Europe.

JUSTICE WENNERSTRUM,
Tribunal militaire de Nuremberg.

Le juif contre le goy est autorisé à violer, à tricher et à se parjurer.
TALMUD : Babba Kama.

TOB SHEBBE GOYIM HAROG ! (Le meilleur des Gentil doit être tué !)
TALMUD : Sanhedrin.

L'"HOLOCAUSTE" doit être replacée dans son contexte : celui de l'histoire mondiale, de la Torah, du TALMUD et du Mouvement révolutionnaire mondial (MRM) de Rothschild. Il est nécessaire de comprendre la haine congénitale des JUIFS KHAZAR à l'égard des Gentils, leur haine la plus enragée étant réservée à la nation aryenne.

Les ILLUMINATI ont mis en place l'échiquier de la Première Guerre mondiale, leurs profits étant assurés, lorsqu'un Congrès américain corrompu a promulgué le Federal Reserve Act (1913). Les meurtres de l'archiduc François-Ferdinand et de son épouse par Gavrilo Princip, franc-maçon serbe, ont précipité la guerre. La trahison des bolchéviques a détruit la capacité de la Russie à poursuivre la guerre. Les troupes allemandes ont alors été transférées de la Russie vers le front occidental. La guerre était en train d'être gagnée par l'Allemagne lorsque Chaïm Weizmann, JUIF (plus tard, premier président d'Israël) a conclu un accord avec la Grande-Bretagne : *Les JUIFS feraient entrer les États-Unis dans la guerre si la Grande-Bretagne garantissait aux JUIFS (KHAZARS) une "patrie en Palestine"* (la Grande-Bretagne a *doublé les Arabes avec la déclaration Balfour, 1917).* Les mensonges des JUIFS sur les "atrocités" allemandes ont entraîné l'Amérique dans la guerre. Après l'"armistice", la trahison et la défaite de l'Allemagne, les termes de l'infâme traité de Versailles (le "traité casher") ont presque détruit le peuple allemand. Les BOLSHEVIKS sont entrés dans la danse, tentant d'établir un dictat soviétique en Allemagne, comme ils l'avaient fait en Russie. Mais le peuple allemand les a chassés. Puis, à la stupéfaction du monde, le chancelier Adolph Hitler, qui mettait l'accent sur la génétique et l'homogénéité de la race aryenne, a conduit l'Allemagne à un étonnant redressement spirituel et économique. Cependant, les juifs considèrent que le nationalisme, la fierté raciale et la famille sont des menaces pour leur statut d'"élus", c'est-à-dire leur "droit" de s'incruster parmi leur bétail et de sucer leurs richesses sans être repérés. Le CONGRÈS JUIF MONDIAL (organisé à Genève, en Suisse, par le rabbin "américain" Stephen Wise) a déclaré la guerre à l'Allemagne (1933) : manipulation de l'argent, calomnie, diffamation, assassinats, boycott des produits allemands, sabotage, etc. Les méfaits des Juifs se manifestent dans l'affaire de l'enlèvement et de l'assassinat de Lindbergh (voir : Isador Fisch, JUIF) ; la tragédie du zeppelin Hindenburg et d'autres crimes contre les Aryens d'origine allemande ici et à l'étranger, alors que les ILLUMINATI préparaient la Seconde Guerre mondiale. Par la suite, les Allemands ont considéré les Juifs non seulement comme des intrus étrangers, mais aussi comme des ennemis de l'État. Le schisme culturel entre les Aryens et les Juifs a profité aux SIONISTES dans leurs efforts pour inciter les Juifs de Khazar à "retourner" en Palestine. C'*est ainsi que les sionistes ont collaboré avec le Troisième Reich et d'autres gouvernements européens pour éliminer les Juifs de l'Europe qui allait bientôt être incinérée.*

Le "péché impardonnable" d'Hitler n'était pas sa politique de colonisation des juifs — ils avaient été chassés de tous les États européens à un moment ou à un autre. La Seconde Guerre mondiale a été déclenchée parce que la POLITIQUE MONÉTAIRE du *Juden Frei* d'Hitler a complètement contourné le système bancaire central de Rothschild. La nouvelle banque du Reich a abandonné les réserves d'or internationales et a émis sa propre monnaie sans intérêt (comme l'avait fait Lincoln), garantie uniquement par la capacité de production du peuple allemand. En représailles, les BANQUIERS INTERNATIONAUX refusent d'accepter le Deutsch Mark sur le marché des changes. L'*Allemagne s'est alors contentée de troquer ses produits, sans passer par les intermédiaires.* Au vu et au su du monde entier, l'Allemagne avait défié les ILLUMINATI, s'était extirpée d'un gouffre de dettes et de désespoir, s'était débarrassée de ses chaînes et était devenue l'État le plus prospère d'Europe. Les Juifs savaient que leur empire bancaire mondial était menacé. Le général George Catlett Marshall, secrétaire d'État américain, raconte dans ses mémoires qu'en 1938 — trois ans avant Pearl Harbor — l'"Américain" Bernard Baruch, juif, confident de Wilson, Roosevelt, Eisenhower, Churchill et de nombreux autres acteurs du pouvoir, a déclaré : *"Nous allons attraper ce type d'Hitler ! Nous n'allons pas le laisser s'en tirer à si bon compte... nous allons détruire le système de troc de l'Allemagne !* Mais d'autres dirigeants du monde ont rendu à Hitler un hommage bien mérité :

> Un changement dans le système monétaire allemand a permis à l'Allemagne de passer d'une dépression abyssale à une économie glorieuse... ce qui a amené le leader anglais de la Première Guerre mondiale, Lloyd George, à qualifier Hitler de "plus grand homme d'État vivant et le peuple allemand de plus heureux du monde".
> HUGOR FLACK, "La grande trahison".

> Alors que toutes ces formidables transformations se produisaient en Europe, le caporal Hitler menait son long combat pour conquérir le cœur des Allemands. L'histoire de cette lutte ne peut être lue sans admiration... Si notre pays était vaincu, j'espère que nous trouverions un champion aussi indomptable pour nous redonner du courage et nous ramener à notre place parmi les nations.
> WINSTON CHURCHILL, "Parler franchement".
> par Francis Neilson.

> Mariner Eccles, de la Réserve fédérale américaine, et Montague Norman, juif, de la Banque d'Angleterre, ont décidé, au plus tard en 1935, d'une politique commune visant à mettre fin à l'expérience financière d'Hitler par toutes les méthodes, y compris la guerre si nécessaire. Le travail de Norman consistait à mettre Hitler devant le dilemme de devoir inverser sa politique financière ou de commettre un acte d'agression.
> THE WORD, mensuel anglais, C. C. Vieth.

> La lutte contre l'Allemagne est menée depuis des mois... par tous les Juifs du monde... Nous allons déclencher une guerre spirituelle et matérielle du monde entier contre l'Allemagne. L'ambition de l'Allemagne est de redevenir une grande nation... nos intérêts juifs, en revanche, exigent la destruction complète de l'Allemagne. La nation allemande est collectivement et individuellement un danger pour nous, les JUIFS.
> V. JABLONSKY, JUIF, Représentant du Congrès sioniste français, extrait de son article dans "Natcha Retch", 1932.

Laissez-moi vous ramener en 1913… Si je m'étais tenu ici et que je vous avais dit que l'archiduc serait tué et que de tout ce qui s'ensuivrait naîtrait la chance, l'opportunité, l'occasion d'établir un foyer national pour les juifs en Palestine… vous m'auriez regardé comme un rêveur sans intérêt. Ne vous est-il jamais venu à l'esprit à quel point il est remarquable que, dans ce bain de sang mondial, cette occasion se soit présentée ? Croyez-vous vraiment qu'il s'agit d'un accident ?
LORD MELCHETTE, JUIF,
président de la Fédération sioniste anglaise, 1928.

Comme vous vous en souvenez, Rothschild a implanté l'ÉTAT BOLSHEVIK/COMMUNISTE en Russie (1917), totalement dépendant de son système de banque centrale. L'URSS était un poignard bolchevique pointé sur le cœur de l'Europe. La stratégie d'Hitler consistait à vaincre l'U.R.S.S., à libérer le grand peuple russe de la domination khazare/juive et à créer un nouveau partenaire commercial euro-slave. Ensuite, en déportant les races étrangères, Hitler avait l'intention de créer une Europe unie avec une base de population aryenne.

Les Allemands méprisaient et craignaient le communisme. Ils avaient été témoins des horreurs de la révolution bolchevique, au cours de laquelle le substrat culturel de la Russie et de l'Europe de l'Est avait été pratiquement anéanti. Les Allemands ont également été irrités par le massacre (1918) de la famille royale russe : Le tsar, la tsarine (une princesse allemande catholique), leurs quatre jeunes filles et leur fils de 12 ans. Tous avaient été tués par balles par des juifs, leurs corps démembrés, jetés dans une fosse, puis recouverts de chaux (des restes de squelettes ont été retrouvés vers 1990).

Avant la Seconde Guerre mondiale, Hitler s'était imposé comme l'ennemi juré du libéralisme, du marxisme et de la juiverie — précisément les trois forces motrices qui étaient arrivées au pouvoir avec le New Deal de Franklin Roosevelt (démocrates).
WILMOT ROBERTSON, *The Dispossessed Majority*,[10] 1976.

Le premier triomphe spectaculaire des démocrates non chrétiens d'Europe de l'Est a été la reconnaissance par Roosevelt, moins de 9 mois après son investiture, du gouvernement soviétique de Russie… Le 16 novembre 1933 — à minuit ! … une date dont nos enfants auront

---

[10] *La majorité dépossédée*, Traduit et publié par Le Retour aux Sources, www.leretourauxsources.com.

longtemps le tragique souvenir. C'est à cette date que le commissaire soviétique aux affaires étrangères, Maxim Litvinoff (Finkelstein), juif, pilleur de l'Estonie et premier agent soviétique chargé de socialiser l'Angleterre, s'est assis avec le président Roosevelt — après que Dean Acheson (le "doyen rouge") et Henry Morgenthau, juif, eurent fait le travail de propagande et conclu l'accord qui a conduit le peuple américain et ses ressources autrefois immenses dans une calamité sociale et économique...
  PROF. JOHN O. BEATY, *The Iron Curtain Over America* (Le *rideau de fer sur l'Amérique*), cité par V. La Varre, American Legion Magazine, août 1951. V. La Varre, *American Legion* Magazine, août 1951.

  Certains de mes meilleurs amis sont communistes.
           FRANKLIN DELANO ROOSEVELT.

  Je l'ai déjà dit, mais je le répéterai encore et encore. Vos garçons ne seront pas envoyés dans des guerres étrangères ! (L'Amérique a élu FDR trois semaines plus tard.)
            FRANKLIN D. ROOSEVELT, 1940.

  L'histoire complète de l'appel à la négociation lancé par l'Allemagne et de notre refus catégorique et de la rupture des relations diplomatiques n'a pas été publiée en 1937 et 1938, lorsque l'Allemagne a lancé son appel, mais a été cachée au public jusqu'à ce que la commission de la Chambre des représentants sur les activités non américaines la découvre après la Seconde Guerre mondiale... et la rende publique plus de dix ans après que les faits aient été si criminellement étouffés.
      DR. JOHN O. BEATY, colonel des services de
         renseignement de l'armée américaine.

  La victoire du communisme dans le monde serait bien plus dangereuse pour les États-Unis que la victoire du fascisme. Il n'y a jamais eu le moindre danger que le peuple de ce pays embrasse un jour le bundisme ou le nazisme... Mais le communisme se dissimule, souvent avec succès, sous l'apparence de la démocratie.
       SEN. HOWARD TAFT, *Human Events*, 28 mars 1951.

  Ce que l'on a appelé le "problème juif" apparaît pour la première fois. Ce n'est ni la race, ni la religion, ni l'éthique, ni la nationalité, ni l'allégeance politique, mais quelque chose qui les englobe tous et qui sépare le JUIF de l'Occident : la culture.
         FRANCIS PARKER YOCKEY, *Imperium*.

  Il existe des preuves accablantes qu'Hitler ne voulait pas d'une guerre européenne. Il a tenté à maintes reprises de convaincre la

Grande-Bretagne de se joindre à l'Allemagne pour détruire le communisme, l'Union soviétique et réunifier l'Europe aryenne. Mais ce sont les ILLUMINATI — et non le peuple anglais — qui contrôlent la Grande-Bretagne. En Amérique, l'ambassadeur polonais, le comte Jerzy Potacki, se plaint que la radio, le cinéma et la presse américains sont "contrôlés à près de 100% par des Juifs" et qu'ils "réclament la guerre contre l'Allemagne". Ils voulaient exacerber le différend sur le corridor polonais que Hitler négociait avec eux. Potacki a identifié les "Américains" à l'origine de cette campagne : Herbert Lehman, juif, gouverneur de New York ; Bernard Baruch, juif, conseiller du président ; Henry Morgenthau, juif, secrétaire au Trésor ; Felix Frankfurter, juif, juge à la Cour suprême des États-Unis ; et le rabbin Steven Wise. Ils agissaient, selon Potacki, comme des défenseurs de la démocratie mais étaient "liés par des liens indéfectibles à la juiverie internationale".

Après la déclaration de guerre à l'Allemagne (Seconde Guerre mondiale), une pause inquiétante s'est installée. Les deux camps, hantés par les fantômes de la Première Guerre mondiale, attendent, espérant que quelqu'un, quelque chose, empêchera un nouveau bain de sang. Au front, les "ennemis" fraternisent. David Irving (*Churchill's War*) documente la frustration du Premier ministre face à la "Drôle de guerre". Il recherchait le sang et la gloire — et il avait des promesses à tenir. Son conseiller, le professeur Frederick Lindemann, juif "allemand", a proposé que les Britanniques lancent des bombardements de terreur sur les civils. Cette proposition est considérée comme "prioritaire par le gouvernement britannique". Hitler, qui s'était insurgé contre les campagnes aériennes visant des cibles civiles, sera contraint de riposter.

> Le Premier ministre Neville Chamberlain a déclaré que "l'Amérique et les Juifs du monde entier avaient forcé l'Angleterre à entrer en guerre".
> JAMES FORRESTAL, secrétaire d'État américain à la marine,
> *The Forrestal Diaries*.

Initialement, la "guerre de Churchill" s'est mal passée pour la Grande-Bretagne. C'est alors que Chaïm Weizmann, juif, sioniste, l'homme-lige des ILLUMINATI, se glisse à nouveau sur la scène.

> Nous avons réussi à entraîner les États-Unis dans la Première Guerre mondiale et si vous nous suivez sur la question de la Palestine et de la force de combat juive, nous pourrons persuader les Juifs des États-Unis de les y

entraîner à nouveau cette fois-ci.
Lettre de WEIZMANN à Churchill, Archives Weizmann, Tel-Aviv.

Le succès des Juifs se mesure au nombre de croix marquant les morts aryens dans les cimetières des champs de bataille du monde entier.

Avec cet aperçu, qui nous est refusé par les médias, de l'ordre de bataille des ILLUMINATI, c'est-à-dire le POUVOIR DE L'ARGENT, les SPIROCHÈTES de la SYPHILIS JUIVE et l'imbrication du MARXISME/LIBÉRALISME/JUDAÏSME, nous sommes maintenant mieux à même de comprendre le canular de l'HOLOCAUSTE dans son contexte. L'INFAMIE !

L'"HOLOCAUSTE" est défini comme suit : L'extermination d'environ 6 millions de juifs ou plus, résultat de la politique nazie.

Depuis la Seconde Guerre mondiale, des tonnes de preuves relatives à l'"HOLOCAUSTE" ont été étudiées par des chercheurs de renommée mondiale. Il n'existe AUCUNE preuve à l'appui de l'"HOLOCAUSTE" tel qu'il a été défini :

IL N'Y A PAS EU DE POLITIQUE D'ASSASSINAT DE MASSE DES JUIFS. AUCUN ORDRE N'A ÉTÉ DONNÉ D'ASSASSINER MASSIVEMENT DES JUIFS IL N'Y AVAIT PAS DE BUDGET POUR METTRE EN ŒUVRE UNE TELLE POLITIQUE. il n'y avait pas de moyens (chaudières à gaz, etc.) pour perpétrer des meurtres de masse.

Les historiens révisionnistes ont conclu qu'un total d'environ 300 000 juifs sont morts, toutes causes confondues, au cours de la Seconde Guerre mondiale. Il *n'y a pas* eu d'"holocauste" juif. Par contre il y a eu un holocauste allemand !

"Les mensonges sur l'Holocauste ont été inventés pour les raisons suivantes :

1) Phase initiale (vers 1930) : Inventer les atrocités allemandes pour préparer l'Amérique à la guerre. Créer une solidarité juive derrière le sionisme. Dissimuler les atrocités commises par les Juifs bolcheviques dans la Russie de Lénine.
2) Phase de la deuxième guerre mondiale (vers 1940) : Inventer

"l'holocauste" pour transformer l'Allemagne en PARIA parmi les nations ; justifier l'incinération de l'Allemagne ; justifier les procès de Nuremberg ex post facto. Pendre, et donc faire taire, les dirigeants allemands.

3) Phase d'après-guerre (en cours) : Dissimuler les activités des ILLUMINATI... Dissimuler les atrocités et les raisons des JUIFS/ALLIÉS de la Première et de la Seconde Guerre mondiale. Fournir une raison d'être aux juifs européens "disparus" (aujourd'hui aux États-Unis). Extorquer plus de 100 milliards de dollars de "réparations" à l'Allemagne. Discréditer la CIVILISATION OCCIDENTALE devant le monde entier. Paralyser la VOLONTÉ de l'Occident d'agir dans son propre intérêt. Créer les Nations unies. Permettre aux JUIFS de dominer les États-Unis. Inculquer la culpabilité aux enfants de l'Occident, réduisant ainsi la résistance aux drogues, à l'immoralité, au métissage, au marxisme et à d'autres formes de SYPHILIS des JUIFS. Assimiler l'amour de la race, de la famille, de la nation, aux nazis, donc : "haineux". Établir l'État d'Israël : génocide des Palestiniens. Créer une industrie artisanale de la religion de l'"HOLOCAUSTE". Jeter les bases de la troisième guerre mondiale.

Au départ, l'humanité a été infectée par la SYPHILIS de l'"HOLOCAUSTE" pendant les JOURS DE SAINTETE JUIVE, en octobre 1942. Le rabbin Steven Wise, président du Congrès juif mondial (CJM) et confident des présidents américains Wilson et Franklin D. Roosevelt, l'a annoncé publiquement : L'Allemagne est engagée dans un programme d'extermination des Juifs européens... mais, pour des raisons économiques, elle a abandonné les gazages massifs au profit de l'injection de poison à la seringue ! Des millions de cadavres de JUIFS ont ensuite été transformés en barres de savon !

Les Alliés (États-Unis, URSS, Grande-Bretagne et France), ne présentant AUCUNE preuve de bonne foi, ont publié une déclaration commune en décembre 1943, soutenant les mensonges scandaleux proférés par le rabbin Wise. En privé, de hauts fonctionnaires britanniques et américains, comme nous le savons maintenant, ont tenté en vain d'annuler la déclaration qui puait la propagande des atrocités de la Première Guerre mondiale (y compris le mensonge du savon) pour laquelle les Alliés s'étaient excusés auprès de l'Allemagne.

Il faut TOUJOURS se rappeler que c'est le RABBI STEPHEN WISE, chef khazar de la communauté juive américaine et du

CONGRÈS JUIF MONDIAL, qui a créé le mythe de l'holocauste, avec l'aide des dirigeants alliés (Churchill, Roosevelt et Eisenhower) avec lesquels Bernard Baruch, juif, a négocié, préparé et élevé au rang de protagoniste de la guerre des ILLUMINATI visant à détruire l'Occident.

> Depuis des temps immémoriaux... les Juifs savent mieux que quiconque comment exploiter le mensonge et la calomnie... que le GRAND MENSONGE a toujours une certaine force de crédibilité... Leur existence même n'est-elle pas fondée sur un grand mensonge... qu'ils sont une communauté religieuse et non une race... Schopenhauer appelait les Juifs "les grands maîtres du mensonge".
> ADOLPH HITLER, Chancelier d'Allemagne, *Mein Kampf*.

Environ deux mois après la déclaration commune, le ministère britannique de l'information a envoyé (2-29-44) une lettre très secrète à la British Broadcasting Corp. (BBC) et à des ministres de haut rang de l'Église d'Angleterre sur la nécessité de détourner l'attention du public des atrocités commises par l'Armée rouge en simulant des crimes de guerre commis par l'Axe.

> Nous connaissons les méthodes employées par le dictateur bolchevique en Russie (U.R.S.S.) même... d'après les écrits et les discours du premier ministre lui-même au cours des 20 dernières années. Nous savons comment l'Armée rouge s'est comportée en Pologne en 1920 et en Finlande, en Estonie, en Lettonie, en Galacie et en Bessarabie tout récemment. Nous devons donc tenir compte de la manière dont l'Armée rouge se comportera lorsqu'elle envahira l'Europe centrale. Si des précautions ne sont pas prises, les horreurs inévitables qui en résulteront mettront à rude épreuve l'opinion publique de ce pays. Nous ne pouvons pas réformer les bolcheviks, mais nous pouvons faire de notre mieux pour les sauver — et nous sauver nous-mêmes ("Perfide Albion !") — des conséquences de leurs actes. Les révélations du dernier quart de siècle rendront les dénégations peu convaincantes. La seule alternative au déni est de détourner l'attention du public de l'ensemble du sujet. L'expérience a montré que la meilleure distraction est la propagande atroce dirigée contre l'ennemi... Votre coopération est donc vivement sollicitée pour détourner l'attention du public des agissements de l'Armée rouge en soutenant sans réserve les diverses accusations portées contre les Allemands et les Japonais qui ont été et seront mises en circulation par le ministère.
> ZUNDEL "PROCÈS DE L'HOLOCAUSTE",
> Defense Exhibit, Toronto (1-785).

Il a été observé avec précision que le cœur du canular de

l'"HOLOCAUSTE" est le complexe des "camps de la mort" AUSCHWITZ-BIRKENAU-MAJDANEK. C'est là que le plus grand nombre de juifs (4 millions) aurait été assassiné : C'est là que l'appareil meurtrier des NAZI aurait été le plus efficace. C'est là que l'Allemagne aurait révélé son âme raciale diabolique. "Les témoignages des nombreux survivants d'Auschwitz ont fourni au tribunal de Nuremberg la justification "morale" nécessaire pour déclarer l'Allemagne nazie coupable de "crimes contre l'humanité". À Auschwitz, le mythe de l'"Holocauste" est devenu réalité et l'Allemagne, joyau culturel de l'Occident, est devenue un paria parmi les nations du monde.

Dans son *jugement à Nuremberg,* le Tribunal militaire international a longuement cité l'affidavit de Rudolf Hoess pour étayer le canular de l'extermination. Pourtant, le sergent Bernard Clarke, des services secrets britanniques, a décrit comment lui et cinq autres soldats ont brutalement torturé Hoess (4-5-46), ancien commandant d'Auschwitz, pour obtenir ses "aveux", dans lesquels Hoess déclare : Les juifs ont été exterminés dès 1941 dans trois camps : Treblinka, Belsec et Wolzek ; et 2 à 3 millions de JUIFS ont péri à Auschwitz.

> "Certes, j'ai signé une déclaration selon laquelle j'ai tué deux millions et demi de juifs. J'aurais tout aussi bien pu dire cinq millions de Juifs. Il existe certaines méthodes permettant d'obtenir des aveux, qu'ils soient vrais ou faux".
> RUDOLF HOESS, NAZI, avant sa pendaison.

Sous la torture, et menacé de voir sa femme et ses enfants déportés en Sibérie, Hoess invente le nom de "Wolzek" pour informer la postérité (VOUS) que ses "aveux" sont faux : le camp d'extermination "Wolzek" n'a jamais existé !

Le tribunal de Nuremberg a également considéré comme essentiel le témoignage de Rudolf Vrba, juif, qui a été prisonnier pendant deux ans à Majdanek et à Auschwitz avant de s'évader. Son rapport dicté au Conseil des Juifs de Slovaquie, corroborant le scénario de l'"HOLOCAUSTE", a constitué la base du rapport de la Commission des réfugiés de guerre (1944). Le professeur Vrba, qui a écrit une autobiographie intitulée "I Cannot Forgive" (Je ne peux pas pardonner), enseigne aujourd'hui en Colombie-Britannique (il est décédé en 2000). Les critiques de livres ont loué Vrba pour son "respect méticuleux et presque fanatique de l'exactitude". Mais au cours du procès ZUNDEL, Vrba a avoué qu'il avait inventé de toutes pièces sa thèse sur les "chambres à gaz". Il n'a jamais vu de chambre à gaz. "J'ai pris la licentia poetarium", gémit-il. Ce "témoin oculaire" juif typique a été cru à Nuremberg lorsqu'il a calculé qu'en 24 mois (avril 1942-avril 1944), 1 765 000 juifs ont été "gazés" rien qu'à Birkenau, dont 150 000 juifs venus de France ! Aujourd'hui, tous les historiens (y compris le spécialiste de l'Holocauste, Serge Klarsfeld, JUIF, dans son "Mémorial de la déportation des Juifs de France") s'accordent à dire que moins de 75 000 Juifs "français" ont été déportés dans TOUS les camps allemands. Si Vrba n'a pas vu de chambres à gaz, c'est parce qu'il n'y avait PAS de chambres à gaz — nulle part — comme vous l'apprendrez bientôt. Néanmoins, les "Spielberg" continuent de mentir à nos enfants.

À Nuremberg, le procureur général des États-Unis, Robert Jackson (marié à une Juive), a annoncé au monde que les Allemands avaient utilisé un "dispositif nouvellement inventé" pour "gazer" instantanément 20 000 Juifs près d'Auschwitz "... de telle sorte qu'il ne restait aucune trace d'eux". Le "Daily News" de Washington. D.C. (2-2-45) cite des "rapports de témoins oculaires" selon lesquels les Allemands, à Auschwitz, utilisaient un "tapis roulant électrique sur lequel des centaines de personnes étaient électrocutées simultanément... avant d'être acheminées vers des fours. Elles étaient brûlées presque instantanément, produisant de l'engrais pour les champs de choux avoisinants". Des mensonges avérés. Arnold Friedman, juif, survivant d'Auschwitz, témoignant pour la Couronne (l'accusation) dans les récents procès canadiens de Zundel, a déclaré sous serment que des "flammes de 14 pieds" et des nuages de fumée sortaient des cheminées des crématoires ; que la fumée grasse et la puanteur de la chair humaine brûlée planaient sur le camp pendant des semaines ; que l'on pouvait dire si les juifs polonais maigres ou les juifs hongrois gras étaient gazés par la couleur de la fumée ! Lorsque la défense a produit les descriptions des brevets de Topf & Sons à Erfurt concernant les crématoires d'Auschwitz, elle a démontré — comme pour TOUS les crématoires modernes — l'impossibilité d'émettre de la fumée, des flammes et une odeur nauséabonde. Cela démolit donc les descriptions des "témoins oculaires" qui apparaissent dans pratiquement tous les récits d'horreur de l'"HOLOCAUSTE".

Auschwitz a fait l'objet d'une SURVEILLANCE AÉRIENNE intense pendant toute la durée de la guerre parce qu'on y fabriquait du caoutchouc Buna, un brevet allemand, et d'autres matériaux de guerre. Les PHOTOGRAPHIES AÉRIENNES détaillées du complexe d'Auschwitz ne révèlent aucune file de prisonniers attendant leur exécution, aucun amoncellement de cadavres, aucune énorme pile de charbon, aucune cheminée crachant des flammes et de la fumée ni aucun autre signe de massacre décrit par les "témoins oculaires" juifs et les menteurs congénitaux tels que les TAMUDISTES Elie Wiesel, Simon Wiesenthal, Steven Spielberg d'Hollywood,etc.

IVAN LAGACE, directeur d'un grand crématoire à Calgary (Canada), a déclaré sous serment (procès Zundel) que l'histoire de la crémation à Auschwitz était techniquement impossible. "Il est absurde" et "au-delà du domaine du possible" que 10 000 ou 20 000 cadavres aient pu être brûlés quotidiennement dans des fosses à ciel ouvert et des crématoriums à Auschwitz. Le professeur Raul Hillberg, juif, a déclaré qu'à Birkenau, 46 crématoires pouvaient incinérer 4000 corps par jour, ce qui est "ridicule". Lagace a témoigné qu'un maximum de 184 corps par jour auraient pu être incinérés à Birkenau. Il faut environ 2½ heures pour brûler un seul corps. Les crématoires ne peuvent pas fonctionner 24 heures d'affilée.

En 1988, FRED A. LEUCHTER a effectué des examens médico-légaux sur place de prétendues CHAMBRES À GAZ dans les "camps de la mort" d'Auschwitz-Birkenau Majdanek en Pologne. Leuchter, Reg. Ingénieur de l'État du Massachusetts, est considéré comme le plus grand expert américain en matière de chambres à gaz. Il est consultant pour les systèmes pénitentiaires de l'État du Missouri et de la Caroline du Sud. Lors du procès ZUNDEL, dans un témoignage sous serment, étayé par des vidéos tournées sur place, et dans un rapport technique, Leuchter a démoli l'holocauste en prouvant que les sites n'avaient pas été utilisés et n'auraient pas pu être utilisés comme chambres à gaz d'exécution : leur construction était totalement inadéquate : pas correctement scellée ou ventilée, avec une plomberie primitive, et aucun moyen d'introduire efficacement le gaz. Si les prétendues "chambres à gaz" avaient été utilisées, les fumées qui s'en seraient échappées auraient tué les patients allemands de l'hôpital voisin, les prisonniers au travail et le personnel allemand du camp. L'analyse en laboratoire indépendant d'échantillons médico-légaux prélevés par Leuchter sur les murs et les sols des "chambres à gaz" a prouvé que le pesticide ZYKLON-B (acide cyanhydrique) n'avait pas été utilisé — comme l'ont rapporté des témoins oculaires — pour gazer des millions de JUIFS dans le complexe d'Auschwitz. Leuchter a souligné que les traces de cyanure (acide prussique), introduites dans les roches, le béton et le métal, dureraient des éons de temps.

DR. W.B. LINDSEY, chimiste chercheur pendant 33 ans chez DuPont Corp. a témoigné que, sur la base d'un examen approfondi sur place du complexe d'Auschwitz :

> "Je suis arrivé à la conclusion que personne n'a été tué volontairement ou délibérément avec du Zyklon-B de cette manière. Je considère que c'est absolument impossible d'un point de vue technique."

Un examen et un rapport médico-légaux confidentiels commandés par le musée d'État d'Auschwitz (JUIFS) et réalisés par l'Institut de recherche médico-légale de Cracovie ont confirmé les conclusions de Leuchter selon lesquelles seules des traces minimes, voire inexistantes, de cyanure peuvent être trouvées dans les sites supposés avoir été des chambres à gaz.

WALTER LUFTL, ingénieur autrichien et ancien président de l'Association professionnelle des ingénieurs d'Autriche, a mené des enquêtes sur le site du complexe d'Auschwitz. Dans un rapport de 1992, il a déclaré que la prétendue extermination massive de juifs dans les "chambres" d'Auschwitz était "techniquement impossible".

> À Auschwitz, mais probablement dans l'ensemble, plus de juifs ont été tués par des "causes naturelles" que par des causes "non naturelles".
> DR. A. MAYER, JUIF, Princeton U.
> "Pourquoi le ciel ne s'est-il pas obscurci ?"

> Le grand rabbin britannique souhaite que le chiffre de "6 millions" soit révisé : Il est important de savoir combien de personnes présumées mortes sont encore en vie. Il est bien plus important d'unir les familles que de vivre avec un chiffre obtenu de manière arbitraire.
> DR. JONATHAN H. SACKS, JUIF,
> *The Crescent Magazine*, 515-96

Pendant les 45 années qui ont suivi la Seconde Guerre mondiale, on pouvait lire sur le monument d'Auschwitz :

"QUATRE MILLIONS DE PERSONNES ONT SOUFFERT ET SONT MORTES ICI AUX MAINS DES ASSASSINS NAZIS ENTRE 1940 ET 1945."

En 1982, le pape Jean-Paul a fait une génuflexion devant le monument et a béni les "4 millions de morts". Dans l'embarras, il n'a reçu aucune indication de Yahvé que, huit ans plus tard, le Centre de l'Holocauste Yad Vashem, en Israël, et le Musée d'État d'Auschwitz concéderaient : "Le chiffre de 4 millions a été largement exagéré". Le nombre de morts inscrit sur le monument a été retiré à la hâte. Les juifs ont suggéré que le chiffre de 1,1 million de morts était plus probable.

Malgré une réduction de près de 3 millions du nombre de juifs "assassinés", le chiffre cabalistique de 6 millions reste inviolé afin de maintenir intacts les paiements de réparation de l'Allemagne à Israël. Étrangement, les Juifs semblent exaspérés d'apprendre que leurs proches n'ont PAS été gazés, mais qu'ils sont en vie et en bonne santé, et que nombre d'entre eux travaillent dans les médias américains et au département d'État des États-Unis.

Ensuite (1995), la Russie a publié les registres officiels des morts d'Auschwitz (il manquait un mois) qui font état d'un grand total de 74 000 morts, toutes causes confondues ! (y compris le personnel allemand qui y est mort)

Rien de tout cela n'a été rapporté par les médias marxistes/libéraux/juifs (voir le chapitre 10, Parasitisme, USA).

Vous vous souvenez peut-être du témoignage de Joseph G. Burg, juif, témoin de la défense au procès Zundel. Burg a déclaré que les survivants juifs de l'"HOLOCAUSTE" avaient inventé les histoires de chambres à gaz :

> Si ces juifs avaient prêté serment devant un rabbin portant une calotte, ces fausses déclarations, ces déclarations malsaines, auraient diminué de 99,5%, parce que le serment superficiel n'était pas moralement contraignant pour les juifs.
>
> J. G. BURG

> ... mes promesses (à un païen) ne lieront pas... mes vœux ne seront pas considérés comme des vœux... ni mes serments comme des serments... tous les vœux que je ferai à l'avenir seront nuls à partir de ce jour de l'Expiation jusqu'au suivant.
>
> TALMUD : Serment de Kol Nidre.

Elie Wiesel, juif, lauréat du prix Nobel de la paix, confident du président Clinton, a témoigné que pendant des mois, après que les troupes allemandes en Ukraine eurent abattu des partisans juifs, "des geysers de sang ont jailli de leurs tombes et la terre a tremblé" ("Spielbergisme").

Un tribunal allemand, statuant pour la défense, dans une affaire concernant l'authenticité du Journal d'Anne Frank, a conclu que le journal avait été écrit par une seule personne — vraisemblablement Anne Frank. Plusieurs années plus tard, l'Office fédéral allemand de lutte contre la criminalité (BKA) a certifié que des parties importantes du journal avaient été écrites au stylo à bille — un stylo qui n'a été commercialisé qu'en 1950 !

Cette tromperie, ainsi que les divergences et les impossibilités dans le journal lui-même, révèlent le mensonge. Anne a simplement été exploitée, comme tous les enfants qui ont l'obligation de lire le Journal dans leur école. David Irving, historien britannique, qualifie le journal de "matériel de recherche sans valeur". Il convient de noter qu'Anne et son père ont été emprisonnés à Auschwitz. À l'approche des troupes soviétiques, elle a été envoyée à Bergen-Belsen pour sa sécurité. Malheureusement, elle y est morte du typhus. Son père, Otto Frank, juif, a survécu. Sans source de revenus visible, il est mort de nombreuses années plus tard en Suisse — un homme riche.

L'autorité de Yad Vashem chargée de la mémoire de l'Holocauste admet que le savon n'a PAS été fabriqué à partir de cadavres de juifs. "Pourquoi leur donner quelque chose à utiliser contre la vérité ?" demande le VIP Schmuel Krakpowski, JUIF.

La Commission de guerre alliée a établi très tôt qu'il n'y avait PAS de chambres à gaz d'exécution dans aucun des 13 camps de concentration situés en Allemagne et en Autriche. La Commission a signé un document officiel à cet effet, daté du 1er octobre 1948 (copies officielles disponibles). Les soi-disant "CAMPS DE LA MORT" étaient commodément situés derrière le rideau de fer. L'enquête sur ces camps n'a été officiellement autorisée qu'après l'effondrement de l'U.R.S.S. en 1990. À ce moment-là, l'"Holocauste" était considéré comme une vérité par les moutons goyim.

Qu'en est-il de toutes les photos de cadavres dont la télévision vous menace quotidiennement ?

Au cours des derniers mois de la guerre, les Alliés ont pris le contrôle du ciel. Les autoroutes, les ponts, les voies ferrées, les centrales électriques, le bétail, les fermiers dans leurs champs sont pris pour cible. "Tuez tout ce qui bouge !" (Le général Chuck Yaeger, de l'USAF, a dénoncé cet ordre comme une atrocité). Les transports allemands sont sévèrement limités. Les fournitures vitales ne parviennent pas jusqu'aux camps. Au fur et à mesure que le front de l'Est recule, les prisonniers de ces régions, en particulier les femmes, choisissent d'être transférés dans des camps allemands plutôt que de tomber aux mains des Soviétiques. Bergen-Belsen, par exemple, conçu pour accueillir 3000 personnes, est submergé par *plus de 50 000 prisonniers.* Les systèmes de TOUS les camps tombent en panne. Lorsque les Alliés ont pris le pouvoir, ils ont été accueillis par des scènes d'horreur (rejouées d'innombrables fois à l'écran, sur scène et à la télévision) : les malades, les mourants et les cadavres décharnés couvraient le sol. C'est tragique. Mais ils n'ont pas été assassinés comme nous avons été conditionnés à le croire. Ils mouraient lentement de la faim, du manque de médicaments et de la maladie — le TYPHUS faisait rage dans presque tous les camps. Pour compléter cette scène macabre, la 45e division de l'armée américaine, qui a libéré Dachau, a rassemblé 560 gardes, *infirmières* et *médecins* allemands en uniforme et les a tués à la mitrailleuse.

Le COMITÉ INTERNATIONAL DE LA CROIX-ROUGE (CICR) et l'Église catholique, dont les membres ont fréquenté tous les camps, n'ont signalé AUCUNE exécution de masse et ne mentionnent PAS les chambres à gaz. Adolph Hitler, catholique, n'a pas été excommunié ! Churchill, Truman, Eisenhower, Marshall, De Gaulle et les autres dirigeants alliés ne mentionnent PAS d'"HOLOCAUSTE" dans leurs mémoires.

Le refus du département d'État américain, en 1939, d'autoriser les Juifs à bord du paquebot *St. Louis* à débarquer dans les eaux territoriales des États-Unis était, nous le savons maintenant, un écran de fumée destiné à détourner l'attention de l'Amérique de l'immigration massive, *sub rosa*, de Juifs sur nos côtes. La grande majorité des Américains, comme tous les peuples du monde, ne voulaient pas des Juifs d'Europe. Mais les Juifs d'Europe voulaient les États-Unis. Franklin D. Roosevelt, traître efflanqué de l'Ivy League, aimait à dire : "Certains de mes meilleurs amis sont communistes". Il en avait beaucoup. Avant, pendant et après la Seconde Guerre mondiale, les Liberty ships et les cargos américains, après avoir déchargé des troupes et des fournitures dans les ports européens, sont revenus aux États-Unis remplis de KHAZARS "gazés". Ils débarquaient simplement, se fondant dans les ruelles, sans subir de processus de naturalisation. Et il ne s'agissait pas de pauvres hères. Comme décrit ci-dessus, Harry Dexter White, juif, sous-secrétaire au Trésor, a volé des plaques de gravure du Trésor américain, puis les a données à l'Union soviétique qui a imprimé des millions (milliards ?) de dollars en papier-monnaie américain. Cet argent s'est retrouvé dans les poches des nouveaux juifs "américains". Après la guerre, White, démasqué en tant qu'agent soviétique, devait comparaître devant une commission d'enquête du Sénat lorsqu'il est mort, comme par hasard ! L'homme de confiance de FDR, Henry Morgenthau Jr, juif, secrétaire au Trésor américain, a parrainé le *plan Morgenthau*, qui prévoyait la transplantation de l'industrie allemande en Union soviétique. Lorsqu'on lui a dit que cela entraînerait une famine massive chez les Allemands, il a répondu : "Qui se soucie des Allemands ? "Qui diable se soucie du peuple allemand ?".

Frederick Lindemann (Lord Cherwell), JUIF, chien de garde sioniste de Churchill, s'en souciait beaucoup ! Trois mois seulement avant la capitulation de l'Allemagne (5-5-45), suivant les directives de Lindemann, des avions britanniques et américains ont attaqué DRESDE, en Allemagne (2-13-45), une ville sans défense remplie de réfugiés, qui célébrait le mercredi des cendres chrétien. Plus de 200 000 hommes, femmes et enfants ont été incinérés dans les tempêtes de feu générées par les bombes à concussion et au phosphore. Plus tard, les photos des victimes, empilées comme du bois de corde, ont été superposées aux photos du "camp de la mort" d'Auschwitz (encore des Spielbergismes). La plupart des aviateurs ignoraient que la Saxe était le berceau de leurs ancêtres anglo-saxons.

Le "chien fou" Ilya Ehrenburg, juif, ministre de la propagande soviétique sous Staline, a encouragé le viol des femmes allemandes en promettant aux troupes que "cette sorcière blonde allemande allait passer un sale quart d'heure". Il cherchait à exterminer l'ensemble du peuple allemand. "Les Allemands ne sont pas des êtres humains... Rien ne nous fait autant plaisir que les cadavres allemands !" (*Pravda* 4-14-45).

> Soldats de l'Armée rouge ! Tuez les Allemands ! Tuez TOUS les Allemands ! Tuez ! À mort ! Tuez !
> ILYA EHRENBURG, qui a reçu l'ordre de Lénine et le prix Staline. Il

a légué ses documents au musée de l'Holocauste Yad Vashem, en Israël.

    Les intérêts de la révolution exigent l'anéantissement physique de la classe bourgeoise... Sans pitié, sans ménagement, nous tuerons nos ennemis par dizaines de milliers... qu'ils se noient dans leur propre sang. Pour le sang de Lénine, d'Uritzky, de Ziniviev et de Volodarsky, qu'il y ait des flots de sang de la bourgeoisie — plus de sang ! Autant que possible !
                          GRIGORY APFELBAUM (Zinoviev), JUIF,
                                           Police secrète soviétique.

    Plus la société bourgeoise pourrie vivra longtemps, plus l'antisémitisme (antijuif) deviendra barbare partout.
                                               LÉON TROTSKY, JUIF,
                 Commandant suprême de l'Armée rouge soviétique.

    Le général DWIGHT EISENHOWER (surnommé "le Juif suédois" par ses camarades de West Point) a été promu au détriment de nombreux officiers plus qualifiés pour une raison bien précise. Il a apparemment accepté d'échanger l'honneur de l'Amérique contre 5 étoiles et la gloire. Après la guerre, lors de l'inauguration d'un parc de la ville de New York en l'honneur de la famille Bernard Baruch, le général Dwight D. Eisenhower (USA-Ret.) a admis que l'honneur de l'Amérique n'était pas le même que celui des États-Unis :

    En tant que jeune major inconnu, j'ai pris la mesure la plus sage de ma vie. J'ai consulté M. Baruch.
                   (Général Dwight D. Eisenhower, armée américaine),
                            cité par A.K. CHESTERTON,
                            op. cit, *The New Unhappy Lords*.

    Bernard Baruch, membre de la KEHILLA[11], s'est enrichi en vendant du matériel de guerre ("Un petit oiseau le lui a dit"). Les guerres étaient sa spécialité. Pendant la Seconde Guerre mondiale, il a été qualifié de "personnalité la plus puissante d'Amérique" (Congressional Record). Winston Churchill a également pris cette "sage décision". L'hypothèque sur le domaine Chartwell de Winnie a été inexplicablement remboursée par le négociant en or sud-africain Sir Henry Strakosch, juif (confident de Baruch), après que Winnie eut passé un week-end dans le manoir new-yorkais de Bernie. Puis vint la

---

[11] Organe de commandement de la communauté juive organisée, Ndt.

Seconde Guerre mondiale (voir : *Churchill's War*, de David Irving).

EISENHOWER a stupéfié et rendu furieux les généraux alliés lorsqu'il a ordonné aux troupes américaines victorieuses de faire halte à l'Elbe, conformément à son accord avec Bernie Baruch et ses maitres de la KEHILLA, permettant ainsi aux Juifs et aux Asiatiques, pour la première fois dans l'histoire, de piller et de violer le cœur même de l'Europe. Cette action a divisé l'Allemagne (rempart de la chrétienté), précipité la guerre froide et provoqué l'assassinat de plus de 10 millions d'Allemands de souche après la capitulation sans condition de l'Allemagne. L'Amérique a cédé aux marxistes non seulement l'ancienne ville de Berlin et ses archives inestimables, mais aussi l'importante usine de production de fusées de Nordhausen, les grandes usines d'optique et d'instruments de précision de Zeiss à Iéna et la première usine d'avions à réaction de Kahla. Partout, l'Amérique a cédé aux marxistes des milliers d'avions, de chars et de chasseurs à réaction, des usines de sous-marins à schnorchel, ainsi que des centres de recherche, du personnel scientifique, des brevets et d'autres trésors (*Congressional Record*, 3-19-1951). Les scientifiques allemands capturés, et NON les Soviétiques, ont battu les États-Unis dans l'espace ! Les juifs (Beria, Andropov) avaient assassiné tous les scientifiques gentils. Il n'y avait PAS de technologie avancée. Les Soviétiques étaient incapables de produire des moteurs pour leurs propres chars, et encore moins des fusées et des moteurs à réaction sophistiqués (les États-Unis ont conçu et construit presque tous les moteurs de chars soviétiques, ce qui a permis à l'URSS de remporter la bataille clé de Koursk). Armer l'URSS avec des technologies de pointe, conformément aux instructions de Baruch/Roosevelt/Truman, a engendré la guerre froide — une aubaine pour les banquiers — opposant le portefeuille des États-Unis à la menace soviétique.

Eisenhower, conscient de ses obligations, a traîtreusement ordonné aux troupes américaines et britanniques d'exécuter l'OPÉRATION KEELHAUL, chassant des millions d'anticommunistes russes des États-Unis et d'Europe vers la torture et la mort en Union soviétique. Les statisticiens soviétiques officiels (10-11945) déclarent qu'un total de 5 236 130 anticommunistes ont été livrés par Ike et admettent que trois millions d'entre eux ont été immédiatement assassinés APRÈS LA GUERRE. Les victimes étaient des anticommunistes : des soldats, des prisonniers de guerre et des hommes qui avaient été recrutés dans le service américain, combattant vaillamment sous notre drapeau ; et des civils : des vieillards, des femmes et des enfants qui avaient tenté d'échapper aux BOLSHEVIKS. Tous s'étaient volontairement rendus aux forces américaines après s'être vu promettre la protection des articles de la Convention de Genève.

> Peu de crimes dans l'histoire ont été plus brutaux et plus étendus que ce rapatriement forcé d'anticommunistes, pour lequel Dwight Eisenhower a engagé l'honneur des États-Unis. Traîner l'honneur et la réputation de notre pays dans des mares de trahison sanglante…
> ROBERT WELCH, *l'homme politique*, Président de la John Birch Society.

Les médias annoncent que 40 000 officiers de l'armée polonaise et l'élite civile ont été assassinés dans la FORÊT DE KATYN. Les Allemands, accusés de ce crime, ont été condamnés à Nuremberg et emprisonnés ou pendus. Plus tard, il a été prouvé que le massacre de Katyn était un crime des BOLSHEVIK. Le nombre de personnes assassinées a été ramené à 14 300. Les preuves (comme dans le cas de la famille du tsar) indiquent des meurtres rituels juifs.

Les victimes du procès de Nuremberg ont été jugées pendant les jours saints juifs et ont été pendues le jour de HAHANNA RABA (16 octobre 1946), le jour où YAWEH prononce le jugement final.

Alors que le tribunal de Nuremberg s'apprête à condamner l'Allemagne pour "crimes contre l'humanité", des avions américains larguent des bombes atomiques sur les villes japonaises d'Hiroshima et de Nagasaki, sans défense, tuant plus de 110 000 non-combattants. Autant de personnes sont mortes par la suite d'un empoisonnement aux radiations.

> Le juif contre le goy est autorisé à violer, à tricher et à se parjurer.
> TALMUD : Babha Kama.

> Les Israéliens et les Juifs américains sont tout à fait d'accord pour dire que la mémoire de l'Holocauste est une arme indispensable… une arme qui doit être utilisée sans relâche contre notre ennemi commun… Les organisations et les individus juifs s'efforcent donc continuellement de le rappeler au monde. En Amérique, la perpétuation de la mémoire de l'Holocauste est aujourd'hui une entreprise de 110 millions de dollars par an, dont une partie est financée par le gouvernement américain.
> MOSHE LEDHEM, JUIF, *La malédiction de Balaam*.

Les Britanniques (Banque d'Angleterre) ont proposé d'arrêter la guerre (1939-40) si l'Allemagne acceptait l'étalon-or et l'usure internationale. L'Allemagne a proposé d'arrêter la guerre si les Britanniques lui permettaient de développer son système de troc et lui rendaient une partie de ses colonies et de son territoire.

C. C. VIETH, député britannique.

L'effondrement soudain de l'URSS (vers 1990) a permis au public d'accéder à des dossiers secrets, à ce qu'on appelle les "camps de la mort" et à d'anciens agents soviétiques. La poursuite des recherches a permis de mettre à jour les statistiques relatives aux décès de juifs pendant la Seconde Guerre mondiale :

Le Centre mondial de documentation juive, à Paris, incapable de dire toute la vérité, a néanmoins revu les chiffres à la baisse : 1 485 292 JUIFS sont morts de toutes causes pendant la Seconde Guerre mondiale. Le Congrès juif mondial et Yad Vashem insistent sur le fait que 6 millions de Juifs ont été assassinés par les Allemands, alors qu'ils admettent que près de 3 millions de Juifs de moins sont morts à Auschwitz qu'ils ne l'affirmaient auparavant ! Plus de 4 millions de Juifs demandent des réparations. Pourtant, il n'y a jamais eu plus de 3 millions de Juifs sous le contrôle des Allemands.

Die Tat, Zurich (1-19-95), fondant ses conclusions sur les statistiques fournies par le Comité international de la Croix-Rouge, évalue entre 300 000 et 350 000 le nombre total de civils (pas tous juifs) morts à la suite des persécutions politiques, religieuses et raciales de l'Allemagne nazie.

Les historiens révisionnistes concluent que le nombre TOTAL de Juifs morts, toutes causes confondues, pendant la Seconde Guerre mondiale est de 250 000 à 300 000. La majorité d'entre eux sont morts du typhus. (Voir *The Patton Papers* (pp 353-4) au sujet de la souillure juive).

Pour mettre ces chiffres en perspective, rappelons qu'environ 700 000 civils sont morts pendant le siège de Leningrad et plus de 200 000 à Dresde ("mitraillez tout ce qui bouge !"). On estime que plus de 10 à 15 millions d'Allemands sont morts pendant la Seconde Guerre mondiale.

POPULATION JUIVE MONDIALE Chiffres publiés

- ➢ 1938 – 16.599.250 (*The World Almanac*)[12]
- ➢ 1948 - 15.600.000 à 18.700.000 (*New York Times*)

Le professeur Arthur R. Butz, de la Northwestern University, à Evanston (Illinois), a été le premier à effectuer des recherches professionnelles et à documenter les déplacements de la population juive européenne au cours de la Seconde Guerre mondiale et à démontrer l'impossibilité du prétendue "HOLOCAUSTE". Dans son livre très apprécié, *The Hoax of the Twentieth Century* (1975), Butz conclut qu'environ un million de JUIFS sont morts, toutes causes confondues, au cours de la Seconde Guerre mondiale. Il a écrit son ouvrage dix ans avant les procès Zundel qui, entre autres révélations, ont démoli le mythe des chambres à gaz d'exécution.

Les monument à l'"HOLOCAUSTE"[13] érigés par les ILLUMINATI dans le monde entier pour jeter un opprobre permanent sur la race aryenne sont au contraire des MONUMENTS aux plus grands MENTEURS DE L'HUMANITÉ : LA RACE JUIVE.

Tout au long de l'histoire, les Juifs ont été diagnostiqués comme des menteurs congénitaux. Il n'est pas surprenant de constater que leur livre saint porte un faux témoignage, accusant les Romains d'avoir commis une HOLOCAUSTE :

> Le TALMUD... (prétend) que le nombre de Juifs tués par les Romains après la chute de la forteresse (Bethar) (135 après J.C.) était de 4 milliards, "ou comme certains le disent" 40 millions, tandis que le MIDRASH RABBAH fait état de 800 millions de JUIFS martyrisés. Afin de nous rassurer sur le sérieux de ces chiffres, nous présentons les événements qui les accompagnent nécessairement : Le sang des JUIFS tués atteignit les naseaux des chevaux des Romains, puis, tel un raz-de-marée, plongea dans la mer sur une distance d'un mille ou de quatre milles, entraînant avec lui de gros blocs de pierre et souillant la mer sur une distance de quatre milles. Les enfants juifs de Béthar, selon la littérature TALMUDIQUE, n'ont bien sûr pas été épargnés par les Romains, qui auraient enveloppé chacun d'entre eux dans son rouleau et les auraient tous brûlés, le nombre de ces écoliers s'élevant soit à 64 millions, soit à au moins 150 000...

---

[12] Voir également le Livre Guiness des records.

[13] Hitler a anticipé le "gros mensonge" des juifs, chapitre X, *Mein Kampf*.

ARTHUR R. BUTZ, professeur adjoint d'ingénierie, Northwestern U.,
Le canular du vingtième siècle.

93 PERSONNES CHOISISSENT
LE SUICIDE AVANT LA HONTE NAZIE

93 jeunes filles et jeunes femmes juives, élèves du professeur de l'école Beth Jacob de Varsovie, en Pologne, ont choisi le suicide collectif pour échapper à la prostitution forcée par les soldats allemands, selon une lettre du professeur, rendue publique hier par le rabbin Seth Jung, du Centre juif de New York.

ASSOCIATED PRESS, 8 janvier 1943.

J'ai menti. Je mens tout le temps. On m'a appris à mentir. On m'a dit que c'était la façon de s'en sortir dans la vie.

MONICA LEWINSKI, JUIVE,
Collègue de bureau de Bill Clinton, 1998.

L'histoire nous montre que les juifs sont des menteurs compulsifs. C'est une caractéristique génétique que tous les Juifs partagent. Tous les Juifs savent que l'"Holocauste" est un mensonge — parce qu'ils se comprennent les uns les autres. Par conséquent, tous les Juifs doivent être tenus pour responsables. Réfléchissez attentivement à l'article de journal contemporain suivant :

UN DOCUMENTAIRE DE LA CHAÎNE PBS AFFIRME QU'UNE UNITÉ NOIRE DE L'ARMÉE AMÉRICAINE A LIBÉRÉ DES DÉTENUS JUIFS DES CAMPS DE CONCENTRATION ALLEMANDS. BELLE HISTOIRE, MAIS FAUSSE, DISENT LES SOLDATS.

C'était un moment rare : Jessie Jackson entourée de survivants de l'Holocauste aux cheveux blancs. Il s'agissait d'une célébration judéo-noire des "Libérateurs", le documentaire de PBS sur les unités noires de l'armée américaine qui, selon le film, ont aidé à capturer Buchenwald et Dachau. Les sponsors de la projection, TIME-WARNER et un grand nombre de New-Yorkais riches et influents, ont présenté le film comme un outil important pour la reconstruction d'une alliance entre Juifs et Noirs... E. G. McConnell, un des premiers membres du 761e bataillon de chars d'assaut (présenté dans le film) déclare... "C'est un mensonge — nous n'étions pas du tout près de ces camps lorsqu'ils ont été libérés". Nina Rosenbloom, qui a coproduit le film, affirme qu'on ne peut pas faire confiance à M. McConnell. "Vous ne pouvez pas lui parler parce qu'il a craqué. Il a été touché à la tête par des éclats d'obus et a subi de graves lésions cérébrales". M. McConnell, mécanicien à la retraite chez Trans

World Airlines, rit lorsqu'on lui parle de sa déclaration. "Si j'étais si perturbé, pourquoi m'ont-ils utilisé dans le film ? C'est totalement inexact", affirme Charles Gates, l'ancien capitaine qui commandait la compagnie C. "Les hommes n'auraient pas pu être aussi bien dans leur peau. "Les hommes ne pouvaient pas être là, car le camp se trouvait à 60 miles de l'endroit où nous nous trouvions le jour de la libération. Selon lui, les chars de la 761e ont été affectés à la 71e division d'infanterie, dont le parcours de combat se situait à 100-160 kilomètres des camps. Plusieurs survivants de l'Holocauste sont cités dans le film, affirmant qu'ils ont été libérés par les Noirs de ces unités. Mme Rosenbloom dénonce avec colère les critiques du film, qu'elle qualifie de révisionnistes de l'Holocauste et de racistes. "Ces gens ont la même mentalité que ceux qui disent que l'Holocauste n'a pas eu lieu"... La campagne des "libérateurs", alimentée par le succès des relations publiques, prend de l'ampleur. Des copies du documentaire seront distribuées dans tous les collèges et lycées de la ville de New York. Le coût du projet pour les écoles est pris en charge par le banquier d'affaires Felix Rohatyn... bien que plusieurs philanthropes se disputent l'honneur d'acheter les cassettes pour les écoles. Le film sera utilisé pour "examiner les effets du racisme sur les soldats afro-américains et sur les Juifs qui étaient dans les camps de concentration... pour expliquer le rôle des soldats afro-américains dans la libération des Juifs des camps de concentration nazis et pour révéler l'implication des Juifs en tant que "soldats" dans le mouvement des droits civiques". Peggy Tishman, ancienne présidente du Conseil des relations avec la communauté juive, soutient le documentaire. Elle déclare : "Le documentaire est bon pour l'Holocauste. Pourquoi voudrait-on exploiter l'idée que le film est une fraude ? Ce que nous essayons de faire, c'est de faire de New York un meilleur endroit où vivre pour vous et moi". Elle affirme que l'exactitude du film n'est pas le problème. "Ce qui est important, c'est la manière dont nous pouvons amener les Juifs et les Noirs à dialoguer. Il y a beaucoup de vérités qui sont très nécessaires. Celle-ci, dit-elle, n'est pas une vérité nécessaire !"

JEFFREY GOLDBERG, JUIF, *The New Republic*.

La plus grande tromperie est l'auto-tromperie. Nous explorerons cette vulnérabilité juive en examinant la GÉNÉTIQUE. Car c'est la NATURE qui détruira inévitablement le "peuple élu" de YAHVÉ.

CHAPITRE 7

MENDELISME

Tout est race, il n'y a pas d'autre vérité. C'est la clé de l'histoire. Et toute race qui laisse inconsidérément son sang se mélanger doit disparaitre.
BENJAMIN DISRAELI, JUIF, Premier ministre d'Angleterre.

Le libéralisme est une maladie dont le premier symptôme est l'incapacité à croire aux conspirations.
FRIEDRICH WILHELM IV (1795-1861).

J'ai connu Franz Boas personnellement. J'ai pu observer son influence en tant que fondateur de la science de l'anthropologie en Amérique. J'ai également pu observer le degré croissant de contrôle exercé par la secte de Boas sur les étudiants et les jeunes professeurs, jusqu'à ce que la peur de perdre son emploi ou son statut devienne monnaie courante... à moins que la conformité au dogme de l'égalité raciale ne soit maintenue...
DR. H. E. GARRETTT, Chr. Département de psychologie, Columbia Univ.

Pour étudier les différences raciales chez les hommes vivants, les anthropologues physiques s'appuient de plus en plus sur les recherches concernant les groupes sanguins, l'hémoglobine et d'autres caractéristiques biochimiques... On a découvert chez eux des différences raciales tout aussi importantes que les différences anatomiques les mieux connues... non seulement des variations osseuses et dentaires évidentes chez l'homme fossile, et celles des traits de surface chez l'homme vivant... qui nous permettent de distinguer les races presque au premier coup d'œil, mais aussi des différences plus subtiles qui ne sont visibles que sur la table de dissection ou à travers l'oculaire des microscopes. DR. C.S. COON, président de l'association américaine des physiciens-anthropologues. Assoc. of Phys. Anthropologists.

Quelle que soit la valeur sociologique de la fiction juridique selon laquelle "tous les hommes naissent libres et égaux", il ne fait aucun doute que... dans son application biologique... cette affirmation est l'une des plus stupéfiantes faussetés jamais prononcées...
DR. EARNEST A. WOOTEN, professeur d'anthropologie, Harvard Univ.

La constitution génétique de l'homme détermine son environnement. L'œuf précède la poule. Quelqu'un croit-il qu'un quartier de la ville habité par des Chinois deviendrait un bidonville où règnent la pauvreté, le crime et l'immoralité ?

PROFESSEUR HENRY E. GARRETT.

L'ensemble du camp égalitaire des anthropologues... est très largement juif et presque entièrement lié à la conspiration communiste visant à... détruire l'ensemble de notre ordre social. La forte proportion de juifs dans le camp égalitaire est très suspecte car, dans toute l'histoire de l'humanité, aucune autre race n'a cru en sa supériorité avec autant de fanatisme que les juifs.

W. G. SIMPSON, *Quelle voie pour l'homme occidental* (1970).

GREGOR MENDEL (1822-1884) était un moine augustinien né à Brunn, en Autriche. Sa découverte des premières lois de l'hérédité (1865) a jeté les bases de la science de la génétique. Il a démontré que le matériel héréditaire transmis des parents à la progéniture est particulaire (relatif aux particules minuscules dans la nature) et consiste en une organisation d'*unités vivantes*. Ces unités, aujourd'hui appelées gènes, se retrouvent dans toutes les formes de vie, des virus à l'homme. Les gènes, disposés dans le noyau de chaque cellule, y compris les cellules sexuelles, transmettent un assortiment de gènes des parents à la progéniture. *Les gènes, en interagissant les uns avec les autres, déterminent le développement et le caractère spécifique de chaque individu.* L'environnement joue un rôle dans le développement de chaque individu, mais ce rôle est minime. Le vieil adage est le suivant : *On ne peut pas faire une bourse de soie avec une oreille de cochon.*

L'ensemble du GÉNOME, le "manuel d'instruction biologique" du corps, est constitué de 50 000 à 130 000 gènes disposés le long de 46 chromosomes (dont deux chromosomes, x et y, qui déterminent le sexe) qui sont composés de 3 milliards de paires de nucléotides, les éléments de base de l'ADN (acide désoxyribonucléique) qui, dans chaque cellule, transmet les schémas héréditaires. Au fur et à mesure que les scientifiques moléculaires divisent les nucléotides, nous nous approchons du domaine de la physique nucléaire et de la mécanique quantique, dans lequel les molécules sont décomposées en quarks infinitésimaux (millionième de millionième de pouce) — et en particules de matière encore plus petites — qui se métamorphosent en différentes longueurs d'onde d'énergie électrique. À ce stade, la science entre dans le domaine de la métaphysique où (je le suppose) la matière dont sont faits les gènes échange de l'énergie avec la Force universelle (probablement de manière directement proportionnelle au rang de chacun sur l'échelle de l'évolution). Si c'est vrai, cet échange d'énergie n'est-il pas l'ÂME de l'homme ?

DES JUMEAUX IDENTIQUES. L'explosion technologique a permis d'obtenir de nombreux faits nouveaux. Les techniques de masse, par exemple, qui permettent des études de groupe au niveau génétique, révèlent les effets des gènes en interaction raciale. Aujourd'hui, les *scientifiques attribuent à l'hérédité pas moins de quatre-vingt-dix pour cent (90%) des différences dans notre CAPACITÉ*. Les études portant sur un grand nombre de "jumeaux identiques" prouvent *ce que nos ancêtres aryens savaient intuitivement :* la nature l'emporte sur l'éducation. Les jumeaux identiques commencent leur vie avec des arrangements identiques de gènes dans leur plasma germinatif. Lorsqu'ils sont élevés séparément — nourris, logés et éduqués *dans des environnements totalement différents* — des études exhaustives montrent qu'*invariablement les jumeaux identiques développent les mêmes maladies, partagent les mêmes intérêts et ont, entre autres similitudes, le même niveau de propriétés émotionnelles et mentales* qui déterminent leur comportement social, leur caractère et leur développement. Ces qualités ne subissent pratiquement AUCUNE influence de l'environnement. À elles seules, ces études ont porté un coup fatal aux SPIROCHÈTES DE LA SYPHILIS JUIVE. Les gènes font de nous ce que nous sommes. Et ils nous rendent inégaux : individuellement et racialement.

MUTATIONS

Des recherches approfondies montrent que les mutations génétiques, dont la plupart sont mortelles (plus de 90%), apparaissent dans une certaine mesure chez tous les êtres humains. Toutefois, certains groupes ethniques présentent non seulement une fréquence plus élevée de défauts génétiques, mais *peuvent également souffrir de mutations génétiques propres à leur race*. Par exemple, la maladie de Tay-Sachs et l'anémie falciforme sont respectivement des maladies génétiques juives et noires. Alors qu'il plaît aux libéraux de croire que tous les hommes sont créés égaux, il apparaît que certaines races, au moins sur le plan génétique, sont "plus égales que d'autres".

4-F. Pendant la Première Guerre mondiale, 30% des hommes

américains éligibles ont été déclarés inaptes au service militaire parce qu'ils ne répondaient pas aux critères physiques et mentaux. Au cours de la Seconde Guerre mondiale, ce chiffre est passé à 40%, dont plus d'un million de psycho-neurotiques ; pour des raisons similaires, 300 000 soldats ont été éliminés le long des lignes de combat. Au cours de la guerre de Corée, ce chiffre est passé à 52%, bien que *les normes aient dû être abaissées ! C'est peut-être la raison pour laquelle l'étoile de David apparaît si rarement sur les croix blanches qui marquent les héros américains tombés au combat.*

NAISSANCES

Aux États-Unis, 25 enfants sur 100 naissent déformés au point d'être qualifiés de monstres, souvent à la suite d'une *régression*. Sur les soixante-quinze qui survivent, vingt-huit sont des échecs sociaux dans les quinze ans qui suivent, en grande partie à cause de maladies génétiques dégénératives. *Cela se traduit par un taux d'échec de la reproduction de 53% ! Les cas de maladies dégénératives augmentent de façon exponentielle à mesure que le teint de l'Amérique s'assombrit.*

SANTÉ MENTALE

En 1960, quarante-sept pour cent (47%) de tous les lits d'hôpitaux américains étaient occupés par des malades mentaux. Michael Gorman, directeur exécutif du Comité national pour la santé mentale, a estimé que pas moins de 10% de la population totale passerait du temps dans des hôpitaux psychiatriques. Il a qualifié cette situation d'"épidémie qui balaie le pays". Le problème de l'arriération mentale (l'esprit qui ne se développe pas) est tout aussi inquiétant : L'idiot adulte a l'intelligence d'un enfant de 2 à 4 ans ; l'imbécile de 3 à 7 ans ; le crétin de 7 à 12 ans. Un niveau d'intelligence au-dessus de ces groupes est celui des "normaux ennuyeux", qui sont autorisés à occuper des postes dans l'administration et à voter. L'héritabilité de la faiblesse d'esprit est largement reconnue. Pire encore, ces *dégénérés se reproduisent au sein du groupe, produisant trois fois plus de couples intelligents que de couples intelligents.* Il est révélateur que la proportion de faibles d'esprit aux États-Unis en 1960 était trente (30) fois plus élevée par habitant qu'en Allemagne (apparemment, les troupes d'élite de la Waffen-SS d'Hitler, avant d'être pendues, ont procréé des enfants Alpha). On peut supposer que les statistiques américaines à cet égard montrent que le problème s'est aggravé. Il est bien connu que nos asiles d'aliénés débordent. Les libéraux y voient un problème de "discrimination".

Ainsi, des crétins à l'apparence et au comportement grotesques sont relâchés dans leur environnement d'origine, où ils errent dans leur quartier comme des gobelins à Halloween.

Les ILLUMINATI ont cherché à supprimer toutes les informations concernant la génétique, mais le "rideau de fer" s'est ouvert à presque tous les niveaux de communication. Les médias juifs ne peuvent plus dissimuler les FAITS dévastateurs. L'égalité est un mensonge marxiste, libéral et juif. Ce sont les gènes, et non les programmes sociaux environnementaux, qui déterminent la qualité de la vie humaine : Physiologiquement, psychologiquement, comportementalement, intellectuellement et culturellement. Plus important encore, les gènes sont liés à l'essence spirituelle de l'homme d'une manière que nous pouvons percevoir, mais pas voir, sentir, mais pas toucher. Les contributions de l'environnement sont accessoires et négligeables en comparaison.

> Votre république sera autant pillée et dévastée par les barbares au 20e siècle que l'Empire romain au 5e siècle, à cette différence près que les Huns et les Vandales auront été engendrés dans votre propre pays par vos propres institutions.
> LORD MACAULAY, s'adressant aux États-Unis il y a 150 ans.

> La vérité de sa conviction (Brandeis, Juge à la Cour Suprême, JUIF) que la philosophie individualiste (de l'Amérique) ne pouvait plus fournir une base adéquate pour traiter les problèmes de la vie économique moderne est maintenant généralement reconnue... il envisage un ordre coopératif... Brandeis estime que la Constitution américaine doit être interprétée de manière libérale.
> *ENCYCLOPÉDIE UNIVERSELLE JUIVE (Vol. II).*

> Les scientifiques doivent régulièrement se confronter à ces différences raciales ou ethniques et les aborder avec honnêteté afin d'en découvrir les origines et les implications. Nier que certains groupes sont génétiquement différents d'autres groupes relève de la naïveté... Combien y a-t-il de Juifs ashkénazes dans la Ligue nationale de basket-ball ?
> R. D. BURKE, JUIF, professeur d'épidémiologie, Einstein College, NY. Cité par Robin M. Henig, *Washington Post.*

Garland Allen (professeur de biologie) s'inquiète des possibilités d'un nouveau mouvement eugénique qui ferait écho à la vague de restriction de l'immigration et de stérilisation forcée qui a déferlé sur l'Europe et l'Amérique dans les années 20 et 30 et qui a culminé avec les horreurs du IIIe Reich.
    CANDICE O'CONNOR Université de Washington, St. Louis, Mo.

HITLER avait raison d'évaluer l'importance ultime de la génétique. Par l'eugénisme appliqué (amélioration du patrimoine génétique aryen), il entendait créer une super race aryenne. La religion de l'"HOLOCAUSTE" a été concoctée par les ILLUMINATI pour de nombreuses raisons, l'une d'entre elles étant de dissuader la nation blanche de poursuivre le darwinisme social et l'anthropologie physique appliquée, la génétique et l'eugénisme d'Hitler.

  Venez à nous, enfants de l'Occident ! N'aspirez plus à des rêves de courage, de conquête et de gloire. Vos anciens héros et héroïnes n'étaient que des organes génitaux en mouvement. Il n'y a pas d'âme. Et la vie ? La vie se résume à l'argent, à la luxure et à la fraternité. Venez à nous, enfants d'or de l'Occident !
    MARXISME/LIBÉRALISME/JUDAÏSME.

  L'humanité ne doit pas seulement continuer, mais monter ! Le SURHOMME que j'ai à cœur... ce n'est pas l'homme : ni le voisin, ni le plus pauvre, ni le plus malheureux, ni le meilleur... Ce que j'aime dans l'homme, c'est qu'il est à la fois sur et dans l'abîme, qu'il cherche à créer au-delà de lui-même et qu'à cette fin, il est prêt à succomber lui-même... Les races purifiées deviennent toujours plus fortes et plus belles... Les faibles et les ratés périront : c'est le premier principe de l'humanité.
    FRIEDRICH NIETZSCHE.

  Chaque cellule, chaque organisme, chaque race doit excréter ses déchets ou mourir !
    WILLIAM GAYLEY SIMPSON, *Quelle voie pour l'homme occidental ?*

  E.A. HOOTEN, professeur d'anthropologie à Harvard, qui associe la criminalité à des facteurs génétiques, déclare : Le *"stock de criminels"* du pays *doit être éliminé. Le* seul moyen d'enrayer la prolifération de la criminalité est de *"créer une meilleure race"*.

  Alors qu'ASHLEY MONTAGU (alias Israel Ehrenberg), juive, boasite, déclare : *"Il n'y a pas la moindre preuve pour croire que quelqu'un hérite d'une tendance à commettre des actes criminels"*. Et ce, malgré des montagnes de preuves liant les défauts génétiques à la criminalité. En vérité, la criminalité a augmenté aux États-Unis précisément parce que l'école d'anthropologie de Boas a établi les lignes directrices de la criminologie aux États-Unis.

Si ce que je crains est vrai... nos programmes d'aide sociale noblement intentionnés pourraient encourager... une évolution rétrograde par le biais d'une reproduction disproportionnée des personnes génétiquement désavantagées.
WILLIAM SHOCKLEY, lauréat du prix Nobel, Stanford Univ. dans *Scientific American* (janvier 1971).

Un chien qui sait compter jusqu'à dix est un chien remarquable, pas un grand mathématicien.
GRANDAD, de "Down on the Farm".

La nature enseigne que tout progrès passe par l'amélioration physique de la race. Les hommes ne sont pas des intelligences désincarnées et dénationalisées agissant sans relation avec leurs ancêtres ou leur postérité. Toute l'évolution naturelle s'est faite par l'intermédiaire de certaines races : tant qu'elles ont conservé leur virilité intacte, les réalisations humaines sont restées cumulatives. Mais dès que la pureté du sang et la capacité de reproduction saine d'un peuple ont été altérées, que ce soit par des conditions malsaines ou par le métissage, la race s'est détériorée et la qualité de l'individu a décliné avec elle.
PROF. ARTHUR BRYANT, "Unfinished Victory" (Victoire inachevée).

Les juifs sont parfaitement d'accord, si cela profite à leur tribu, lorsqu'il s'agit d'envoyer de jeunes Aryens mourir dans des guerres sans issue à travers le monde. Mais les juifs deviennent fous dès que l'on suggère que la stérilisation des personnes génétiquement inaptes profitera à l'humanité. Soudain, toute vie humaine — même les imbéciles qui n'ont pas encore été conçus — devient sacro-sainte. La *dernière chose que veulent les juifs, c'est une nation aryenne forte et en bonne santé*. La position catholique sur l'eugénisme appliqué est embourbée dans le même orgueil que celui dont elle a fait preuve lors de sa confrontation avec Galilée. Après tout, c'est le SOLEIL de Dieu qui a gagné cette bataille, et non les cardinaux !

Dans la célèbre affaire : *Buck v. Bell, Cour suprême des États-Unis, 1927*, la Cour a confirmé la loi de l'État de Virginie autorisant la stérilisation obligatoire des "faibles d'esprit". Oliver Wendell Holmes Jr. a

déclaré que les lois sur la stérilisation faisaient partie des pouvoirs de police de l'État et que "trois générations d'imbéciles suffisent".
W.G. SIMPSON, *Quelle voie pour l'homme occidental ?*

Les pays scandinaves ont suivi en 1929, 1934 et 1935. Du début du siècle jusqu'au début des années 1960, les États-Unis d'Amérique ont connu leur propre mouvement eugénique, parrainé par de nombreux éducateurs, scientifiques et juges de la Cour suprême de haut rang qui ont appelé à la stérilisation des Hispaniques et des Noirs présentant des déficiences génétiques.

Les lois visant à prévenir la transmission des maladies héréditaires ont été promulguées par les nazis (juillet 1933) afin de prévoir la stérilisation des personnes atteintes de faiblesse d'esprit congénitale, de certaines maladies mentales telles que la schizophrénie et la maniaco-dépression, d'épilepsie héréditaire, de cécité, de surdité-mutisme et de malformations graves. L'abattage des animaux inaptes a été pratiqué par des nations vigoureuses tout au long de l'histoire. Tous les agriculteurs et éleveurs comprennent l'importance d'un bon élevage. Pour obtenir un jardin vigoureux et productif, il faut commencer par des semences saines, puis préparer le sol, éliminer les plantes défectueuses et toutes les mauvaises herbes. "Les mauvaises *herbes sont dans les yeux de celui qui les regarde"*, protestent les égalitaristes. C'est exact. Chaque race a des sentiments instinctifs sur ce qui est beau, productif, important. Notre rose peut être votre mauvaise herbe. *Le thé de l'un est le poison de l'autre.* Il est évident que des races différentes ne peuvent exister de manière harmonieuse et productive sous le même gouvernement. *La civilisation occidentale — la civilisation blanche — si elle veut survivre, doit éliminer les mauvaises herbes de son jardin. De même qu'elle doit éliminer de son esprit les SPIROCHÈTES DE LA SYPHILIS JUIVE.* Un début nécessaire est la stérilisation des inaptes — en plaçant une puce contraceptive sous la peau du receveur. Elle doit être suivie immédiatement par la remigration de la population non blanche des États-Unis.

GÉNÉTIQUE ET RACE

En tant qu'anthropologue social, j'accepte naturellement et j'insiste même sur le fait qu'il existe des différences majeures, à la fois mentales et psychologiques, qui séparent les différentes races de l'humanité. En effet, je serais enclin à suggérer que, quelles que soient les différences physiques

entre des races telles que l'européenne et la noire, les différences mentales et psychologiques sont encore plus grandes.
L.S.B. LEAKY, *Progrès et évolution de l'homme en Afrique.*

Depuis le début des années trente, pratiquement personne en dehors de l'Allemagne et de ses alliés n'a osé suggérer qu'une race pouvait être supérieure à une autre, de quelque manière que ce soit, de peur de donner l'impression que l'auteur soutenait ou excusait la cause nazie. Ceux qui croyaient en l'égalité de toutes les races étaient libres d'écrire ce qu'ils voulaient sans craindre d'être contredits. Ils ont pleinement profité de cette opportunité dans les décennies qui ont suivi.
DR. JOHN R. BAKER, biologiste, Oxford,
membre de la Royal Society.

Si toutes les races ont une origine commune, comment se fait-il que certains peuples, comme les Tasmaniens et de nombreux aborigènes australiens, vivaient encore au XIXe siècle d'une manière comparable à celle des Européens d'il y a plus de 100 000 ans ?
CARLTON S. COON, professeur d'anthropologie, Harvard.

Malgré les récits élogieux des réalisations africaines des 5000 dernières années, l'histoire de l'Afrique noire est culturellement vierge. Au sud du désert du Sahara, jusqu'à l'arrivée d'autres races, il n'y avait AUCUNE civilisation alphabétisée. (Pas de langue écrite, pas de chiffres, pas de calendrier, pas de système de mesure). L'Africain noir n'avait pas inventé la charrue, la roue, ni domestiqué un animal ou une culture).
PROFESSEUR HENRY GARRETT,
Chef du département de psychologie, Columbia U.

Les races d'hommes sont différenciées de la même manière que les espèces animales bien marquées.
SIR ARTHUR KEITH, M. D., Recteur,
Université d'Édimbourg.

W. G. Simpson ("Which Way Western Man") fait remarquer que l'objectif premier de toute nation n'est PAS de produire un troupeau servile de moutons lobotomisés, *mais de produire le plus grand nombre d'hommes supérieurs.* Des hommes dotés d'un grand instinct et d'une grande intuition, d'un puissant intellect capable d'analyse et de créativité, d'un grand courage et de nobles objectifs, des hommes à la santé et à l'énergie abondantes, à la personnalité imposante et à l'esprit magnanime, qui se considèrent avec l'*"amour et le mépris"* de Nietzsche. Ce sont les hommes qui préfèrent "mourir en selle plutôt que de mourir au coin du feu". Ce sont des Titans, mi-Dieu mi-Homme —

ils sont le pont entre l'animal et le Surhomme à venir. Ce n'est qu'en comprenant et en appliquant les lois de la nature qu'une grande nation continuera à produire des hommes et des femmes supérieurs et se sauvera de l'extinction.

GREGOR MENDEL, en étudiant la reproduction des petits pois dans le jardin de son monastère, *a découvert les éléments constitutifs de tous les êtres vivants,* justifiant (en grande partie) la *théorie de l'évolution de* Darwin. Par la suite, le décret suicidaire de Jéhovah selon lequel l'homme devait *"dominer"* la nature a été relégué au pays des fantasmes. L'humanité est soumise aux lois de la nature. La tâche de l'homme est d'apprendre les lois de la nature et d'y obéir ; ce faisant, l'homme deviendra de plus en plus parfait. *Le cadeau de Mendel à l'humanité est la science qui permet de créer des êtres vivants plus parfaits ! LE CADEAU DE DIEU À L'HUMANITÉ EST MENDEL !*

Comme nous l'avons appris, l'APPAREIL DE HAINE JUIVE s'est abattu sur le MENDÉLISME, enterrant la vérité pendant 100 ans. Finalement, la nature a triomphé de l'idéologie, comme elle le fera toujours, détruisant Marx, Freud et Boas dans le processus. C'est désormais un FAIT INCONTESTABLE : l'environnement ne crée AUCUNE capacité innée, mais peut seulement décider si une capacité innée doit être développée ou non. LA CAPACITÉ EST HÉRITÉE !!! *RÉVEILLEZ-VOUS À L'ÈRE MENDÉLIENNE !*

> Si l'on fait le bilan de toutes les expériences génétiques où l'hérédité était constante et l'environnement variable, il n'est pas exagéré de dire que les résultats sont négligeables.
> DR. EDWARD M. EAST, professeur de génétique, Harvard U.

> N'essayez jamais d'apprendre à chanter à un cochon ; cela gâche votre journée et ennuie le cochon.
> GRANDAD, de "Down on the Farm".

L'EUGÉNIQUE est la science qui applique les lois de la génétique à l'amélioration des races. L'homme est capable de transmettre des caractères génétiques favorables aux générations suivantes, tout en éliminant de nombreuses qualités défavorables. L'homme peut obtenir des résultats encore plus extraordinaires que ceux qu'il a obtenus dans l'élevage des céréales, des fruits, des légumes, des fleurs, du bétail, des chevaux et des animaux de compagnie. Que cela ne vous choque pas. L'homme EST en partie animal. Examinons donc quelques-unes des pratiques d'élevage de l'humanité.

La consanguinité est pratiquée depuis le début de l'histoire de l'humanité. Il s'agit de l'accouplement de parents proches : parents et frères et sœurs, frères et sœurs et cousins germains. Contrairement à ce qu'affirment les distordus, le seul préjudice de la consanguinité résulte de l'héritage défectueux reçu : des défauts qui ont persisté dans la souche pendant de nombreuses générations, mais qui ont été cachés par des caractères plus dominants. Pour que la consanguinité soit réussie, il faut notamment interdire aux défectueux de se reproduire.

> Au lieu d'être condamnée, la consanguinité devrait être louée. Après une consanguinité continue et l'élimination des indésirables, un stock consanguin a été purifié et débarrassé des anomalies, des monstruosités et des faiblesses graves...
> EDWARD M. EAST, Ph.D., LL.D.,
> Professeur de génétique à Harvard.

> La consanguinité n'est désastreuse que si les ingrédients du désastre sont déjà présents dans le stock... une consanguinité étroite d'un stock sain, si elle est associée à une élimination intelligente des faibles et des anormaux, peut être pratiquée pendant de nombreuses générations sans aucune conséquence indésirable.
> A. A. F. CREW, M.D., D.Sc.,
> Ph.D., F.R.S.E., U. Edinburgh.

L'Inde ancienne a prospéré grâce à la consanguinité. Lorsque le système des castes a été abandonné, l'Inde a connu un déclin précipité. Les Spartiates, considérés comme la plus grande race sur le plan physique, pratiquaient la consanguinité, tout comme leurs remarquables cousins attiques, les Athéniens, qui, sur une population de 45 000 hommes nés libres (vers 530-430 av. J.-C.), ont produit quatorze des hommes les plus illustres de l'histoire. En Perse, les épouses de prédilection étaient des cousines du côté paternel. Les Égyptiens et les Incas mariaient pères et filles, fils et mères, frères et sœurs, cette dernière union étant considérée comme la meilleure de toutes les unions matrimoniales. Au cours de la plus grande dynastie d'Égypte (la 18e), il y a eu sept mariages entre frères et sœurs. Les Hébreux n'étaient pas seulement endogames, ils se mariaient souvent au sein de la *famille immédiate*. Par exemple, Abraham a épousé Sarah, sa demi-sœur : Abraham a épousé Sarah, sa demi-sœur ; Jacob a épousé Rachel et Leah, toutes deux cousines germaines. Lot s'est marié avec ses deux filles (ou était-ce l'inverse ?). Le "Dictionary of the Bible" de Hasting indique que les JUIFS ont trois fois plus de chances que les autres races d'épouser des cousins. Les JUIFS produisent également un taux élevé de défectueux car la LOI TALMUDIQUE encourage les personnes génétiquement inaptes à se reproduire ; cette politique fatale a gravement contaminé le patrimoine génétique juif.

La consanguinité est le moyen le plus rapide de faire remonter à la surface les défauts latents afin de les identifier et de les éliminer. C'est également la meilleure méthode pour obtenir l'uniformité et les qualités souhaitées.

> La consanguinité canalise et isole la santé et les autres qualités souhaitables, tout comme elle canalise et isole la mauvaise santé et les autres qualités indésirables. Elle stabilise le germoplasme, ce qui rend les facteurs héréditaires calculables. Elle fait donc de l'apparence un guide de l'équipement héréditaire de l'individu... elle agit comme un purificateur d'une souche ou d'une famille.
> A. M. LUDOVICI, "La quête de la qualité humaine".

L'EXOGAMIE est l'accouplement d'individus non apparentés ou ayant des liens de parenté éloignés, mais appartenant au même patrimoine génétique racial. La consanguinité est un moyen d'élargir et d'enrichir les combinaisons de caractères héréditaires que la consanguinité ultérieure peut être appelée à isoler, à stabiliser et à faire apparaître dans la descendance. Il en résulte ce que l'on appelle l'hétérosis ou la VIGUEUR HYBRIDE, due à la combinaison des qualités des parents. Les déficiences d'un parent peuvent être annulées par les excellences de l'autre parent. Ou encore, les qualités d'un parent peuvent être renforcées par les qualités de l'autre parent. Les trois facteurs les plus importants concernant les HYBRIDES, comme nous l'avons évoqué précédemment, sont les suivants :

1) Pour obtenir la vigueur hybride, les deux parents doivent être non apparentés et de race pure. Les qualités des parents doivent être compensatoires et complémentaires.

2) La vigueur des hybrides, lorsqu'elle se manifeste, est propre au premier croisement. Les croisements ultérieurs d'hybrides entraînent une perte aiguë de vigueur. En bref, les hybrides utilisés pour l'élevage ne valent rien : ils ne peuvent même pas transmettre leur propre taille et leur propre vigueur.

3) Une vigueur hybride aussi bonne, voire meilleure, que celles

qui viennent d'être décrites, peut être obtenue en croisant des souches familiales différentes, mais distinctes, au sein de la même race ou du même patrimoine génétique. Il s'agit en fait d'un type de consanguinité, répandu en Amérique où les anciennes tribus aryennes (allemands, celtes, slaves, etc.) se sont mariées entre elles, créant ainsi un patrimoine génétique extra-européen. Ce grand patrimoine génétique blanc (dont sont issus les fondateurs et les bâtisseurs de l'Amérique) est en train d'être détruit par nos anciens ENNEMIS.

Rappelez-vous (sauf dans le cas de l'autofécondation ou du clonage) que l'endogamie résulte du rétrécissement des lignes de qualités héréditaires et que l'exogamie résulte de l'élargissement du réseau héréditaire.

Le métissage, l'exemple le plus extrême de la surproduction, se produit lorsque des couples issus de pools génétiques complètement différents s'accouplent, comme les Japonais et les Nègres, ou les Aryens et les Juifs.

Les désordres génétiques résultant fréquemment d'une surproduction et d'un croisement extrêmes sont bien documentés et comprennent des troubles physiologiques, instinctifs et psychologiques. Les troubles les plus apparents se manifestent par des aberrations physiques. Les facteurs héréditaires sont transmis à la progéniture de manière indépendante. Par exemple, un enfant peut recevoir une peau pâle d'un parent tout en conservant des cheveux laineux et des traits nègres de l'autre parent ; ou la progéniture peut recevoir des organes internes trop petits ou trop grands pour le reste du corps ; ou recevoir des bras et des jambes en désaccord avec le torse, ce qui rend difficile le fonctionnement du corps en tant qu'unité synthétisée. Au minimum, la santé et l'efficacité sont altérées et la symétrie est perdue. Le mélange de personnages intellectuellement supérieurs avec des personnages mentalement inférieurs dégrade le patrimoine génétique supérieur. Mais le problème est encore plus grave :

La réversion au sein de l'espèce résulte parfois de croisements extrêmes. Les descendants sont des retours à un stade bien antérieur sur l'échelle de l'évolution. Ces dégénérés, souvent des monstres, représentent l'évolution à l'envers et ne sont jamais vus dans les programmes télévisés MARXISTES/LIBÉRAUX/JUIFS.

Les différentes races ont mis des millions d'années à évoluer : certaines races ont évolué plus lentement ou ont commencé plus tard que d'autres. *Le croisement avec des races moins avancées fait perdre à la race supérieure des centaines de milliers d'années d'évolution et impose des anomalies physiologiques et psychologiques qui, à ce stade de la recherche clinique, semblent catastrophiques.*

Le fait qu'il existe des différences héréditaires dans la taille des organes et des parties revêt une signification profonde si l'on se souvient qu'il implique l'inévitable conséquence que les croisements raciaux et autres peuvent conduire à de graves discordances... entre les dents et les mâchoires, entre la taille du corps et la taille d'un ou de plusieurs organes importants, discordance entre les divers composants de la chaîne endocrinienne... la discordance se manifeste couramment par un accouchement difficile causé par une disproportion dans les... tailles des voies maternelles...

A.A.E. CREW, Université d'Édimbourg.

Les familles vraiment saines et efficaces sont trop précieuses pour être mélangées avec les malades et les morbides ; elles doivent donc, dans la mesure du possible, se marier entre elles, comme doivent le faire aussi les moins désirables.

Dr. FRITZ LENZ, cité par A.M. Ludovici.

La consanguinité est le moyen le plus sûr d'établir des familles qui, dans leur ensemble, ont une grande valeur pour la communauté.

Dr. E.M. EAST & Dr. D. F. JONES,
"La consanguinité et la surpopulation."

Les croisements se sont produits tout au long de l'histoire. Il y a également eu des maladies tout au long de l'histoire. La fréquence du métissage et des maladies n'établit pas leur caractère souhaitable. *L'histoire montre que les envieux et les moins doués veulent soit détruire ceux qu'ils ne pourront jamais imiter, soit perdre leur identité en se métissant avec une race supérieure, ce qui constitue dans les deux cas une forme de génocide. Pour les moins performants, le métissage est le désir ardent d'attraper et de tenir un papillon doré d'une beauté alléchante. Mais en le saisissant, ils s'aperçoivent que les belles couleurs déteignent sur leurs doigts. L'enfant bâtard d'une Suédoise aux cheveux dorés et aux membres longs n'est jamais aussi beau ni aussi en forme que sa mère. La gloire s'efface — pour toujours.*

Les nourrissons sont des individus... dès leur naissance. En effet,

nombre de leurs caractéristiques individuelles sont définies bien avant la naissance... Chaque enfant naît avec une nature qui colore et structure ses expériences... Il possède des traits constitutionnels et des tendances largement innés qui déterminent comment, quoi et, dans une certaine mesure, quand il apprendra. Ces traits sont à la fois raciaux et familiaux... Les différences raciales sont reconnaissables dès le quatrième mois du fœtus... Il existe des différences individuelles authentiques qui annoncent déjà la diversité qui caractérise la famille humaine.
PROF. ARNOLD GESELL, Université de Yale, Pédiatrie.

... on en était venu à reconnaître fermement que le facteur racial dans les transfusions sanguines était d'une telle importance pratique que le Dr John Scudder, qui a eu une carrière très distinguée en tant que chirurgien, spécialiste du sang, professeur de médecine et directeur de banques de sang dans diverses parties du monde, et en tant que conseiller en matière de banques de sang auprès de notre gouvernement et de plusieurs gouvernements étrangers, en établissant les règles de sélection des donneurs de sang... a spécifié qu'ils devaient être "de la même race que le patient" et de préférence "du même groupe ethnique que le patient".
WILLIAM G. SIMPSON, "Quelle voie pour l'homme occidental".

En ce qui concerne les groupes sanguins, les hémoglobines et d'autres caractéristiques biochimiques, on a constaté des différences raciales tout aussi importantes que les variations anatomiques mieux connues et plus visibles. Comme elles sont invisibles à l'œil nu, elles sont beaucoup moins controversées que ces dernières dans un monde de plus en plus conscient de l'existence d'une race. Pour moi en tout cas, il est encourageant de savoir que la biochimie nous divise toujours en sous-espèces que nous reconnaissons depuis longtemps sur la base d'autres critères.
DR. CARLTON S. COON, professeur d'anthropologie, Harvard Univ.

Le Dr Carlton Coon, dans son ouvrage très remarqué intitulé "The Origin of Races", cite les quatre facteurs les plus importants dans la formation des races : Recombinaison Mutation Sélection — Isolation. La recombinaison est un échange inexplicable de gènes provenant de chromosomes homologues et formant une combinaison indépendante de gènes dans la progéniture qui n'est pas apparente chez les parents.

La MUTATION est un changement inexplicable dans la composition chimique d'un gène qui lui fait produire un effet différent de celui produit par le gène dont il est issu. En d'autres termes, il s'agit d'un changement chimique dans les gènes qui produit un tout nouveau gène non hérité qui entre dans le pool génétique racial. Il devient alors héritable comme tous les autres gènes du patrimoine génétique. 90%

des mutations sont inutiles ou nuisibles à l'organisme ; elles sont éliminées par la SÉLECTION NATURELLE (Mère Nature est prévenante, jamais gentille). D'autres mutations nuisibles, cependant, peuvent se perpétuer et produire des troubles organiques, comme la maladie de Tay-Sachs, l'anémie falciforme, les goitres, les fentes palatines, les défigurations et bien d'autres afflictions physiologiques et psychologiques qui, soit dit en passant, peuvent être virtuellement éliminées par l'application de l'eugénisme. En outre, et c'est là le point important, la MUTATION est "l'élément principal de l'évolution" des espèces ! "Sans mutation, l'évolution n'aurait jamais pu se produire. Un gène muté richement doté a dû apparaître avant qu'une population puisse se développer en une race. Ce gène spécial est introduit dans le pool génétique racial et un ORGANISME CULTUREL SPIRITUEL est créé, donnant à cette race la maîtrise sur les populations concurrentes.

> L'ISOLATION *du pool génétique protège l'ORGANISME CULTUREL de la contamination par des forces extra-raciales.* L'ISOLATION, qu'elle soit géographique ou socioculturelle, est le moyen par lequel une unité de population particulière ou un pool génétique est soumis aux forces sélectives différentielles de son propre environnement climatique et culturel. Les variations et les différences génétiques qui peuvent apparaître dans un groupe de population sont préservées et deviennent caractéristiques du groupe (c'est-à-dire des éléments d'un "type de race") en limitant l'accouplement aux membres du groupe. La poursuite de l'isolement et de la consanguinité... perpétue et stabilise ainsi les différences entre les groupes.
> DONALD A. SWAN, "The Mankind Quarterly" (Vol. IV, No. 4).

L'isolement a été le grand facteur, ou en tout cas un facteur essentiel, de la différenciation des races.
DR. R. R. GATES, professeur émérite de botanique,
Université de Londres.

> À moins qu'une population reproductrice ne soit confinée (isolée), la sélection naturelle peut être incapable d'éliminer les gènes anciens et défavorables de son pool.
> DR. CARLTON S. COON, professeur d'anthropologie, Harvard Univ.

Comme vous pouvez le constater, les preuves sont irréfutables. Tous les anthropologues, généticiens et historiens crédibles sont d'accord : Les *races sont génétiquement uniques : physiologiquement, psychologiquement, intellectuellement, comportementalement et intuitivement. Les gènes déterminent la race. La race détermine la capacité. La capacité détermine la culture. La culture détermine l'environnement.* Par conséquent, les cultures sont inégales les unes par rapport aux autres. *Les gènes sont intrinsèques à la FORCE DE VIE, ce sont des entités vivantes, évolutives et raciales données par Dieu !*

ADOLPH HITLER a été le premier grand dirigeant politique à comprendre et à souscrire aux principes du MENDÉLISME : les gènes uniques qui ont produit la culture occidentale.

La culture occidentale a été produite par les gènes aryens. Par conséquent, les gènes aryens sont des gènes uniques. (A:B): :(B:C) = (C:A).

Respectant ce syllogisme, qui repose sur les lois de la nature, Adolph Hitler a conclu que la *fonction première de l'État aryen (Reich) était de protéger et d'élever la nation aryenne (le pool de gènes blancs). Hitler comptait lancer son programme politique/eugénique en Allemagne, en réunissant progressivement la famille aryenne sous un seul État ; un concept que les JUIFS considéraient comme "antisémite" (une menace pour le parasitisme) et nationaliste (une menace pour le Nouvel Ordre Mondial PLUTOCRATIQUE). Les MARXISTES, les LIBÉRAUX et les JUIFS (soutenus par l'Église catholique) refusent de promulguer le mendélisme et diabolisent ceux qui le font (la foi et la religion s'opposent toujours à l'instinct et à la connaissance).*

50 ans après que l'Amérique a incinéré le Troisième Reich, la communauté scientifique blanche, aidée par INTERNET, a libéré le GÉNIE de la bouteille (ayant perdu le contrôle du gène par les MÉDIAS, les JUIFS cherchent maintenant frénétiquement à en contrôler l'utilisation). Aujourd'hui, le MENDÉLISME améliore la vie de tous les habitants de la planète. Par conséquent, les sociétés pharmaceutiques, les laboratoires de recherche universitaires, les pathologistes, les eugénistes, les chefs d'État (qui cherchent à améliorer leurs populations), etc. achètent activement des gènes blancs sur le marché. Dans le secteur privé, les étudiantes aryennes, par exemple, sont assaillies d'offres pour leurs ovaires en échange de bourses d'études et d'autres avantages (vous êtes au courant de la souillure hollywoodienne de l'utérus aryen). Les Islandais, dont l'héritage viking est remarquable pour son pool génétique non pollué, commercialisent leurs gènes et leurs ovules dans le monde entier. La vente de gènes et

d'ovules aryens sera bientôt la plus grande activité commerciale de l'Islande ! (Combien de parents stériles se démènent-ils pour acheter des ovules juifs ou portoricains ?)

L'aspect satanique de la commercialisation de la vie (METISSAGE EN TUBE D'ESSAI) est le croisement *in vitro* de gènes blancs : il prive l'enfant blanc qui ne naîtra jamais de son héritage naturel, tout en affligeant le rejeton bâtard d'une perte d'identité raciale, d'un dédoublement de la personnalité et d'une âme torturée.

La SÉLECTION NATURELLE (loi de Dieu) commence par le processus d'accouplement, au cours duquel un couple compatible se marie et produit des enfants qu'ils chérissent *et élèvent, et qui glorifient leur famille. Ce* processus *intra-pool génétique* élimine les qualités génétiques indésirables tout en perpétuant les qualités souhaitables, qui sont produites par recombinaison génique ou mutation.

> Il faut miner la foi, extirper de l'esprit des Gentils les principes mêmes de Dieu et de l'âme, et remplacer ces conceptions par des calculs mathématiques et des désirs matériels.
> PROTOCOLE numéro quatre.

Au cours de l'ère moderne, la culture occidentale (culture aryenne), qui a apporté les contributions les plus significatives à l'humanité, est aujourd'hui menacée par une pathologie culturelle sous la forme d'une croissance parasitaire extraterrestre au sein de l'État-nation lui-même. Si les parasites ne sont pas éliminés, l'Occident mourra. Il ne s'agit pas d'une observation mélodramatique, mais de la leçon de l'histoire.

Au cours de la dernière décennie, l'indice synthétique de fécondité (ISF) de l'Europe a chuté de 21%, partant de niveaux déjà incroyablement bas, pour atteindre 1,45 enfant par femme (il faut 2,1 enfants par femme pour qu'une population reste stable dans le temps). Aux États-Unis, l'indice de fécondité a baissé au cours de chacune des six dernières années pour atteindre un niveau estimé à 1,98.

> La population mondiale actuelle est de 5,8 milliards d'habitants. Selon les projections minimales des Nations unies, la population mondiale atteindra 9,4 milliards d'habitants en 2050, soit une augmentation de 62%. Et elle prévoit qu'elle atteindra 10,7 milliards juste après l'an 2200, soit une augmentation de 84%.
> NATIONS UNIES "Perspectives de la population mondiale

1996 Révisions".

Le comité de l'UNESCO élabore des lignes directrices pour la recherche génétique.... qui déclare que le matériel génétique de chaque être humain est "le patrimoine commun de l'humanité"

... La déclaration affirme que la recherche en génétique humaine recèle un vaste potentiel, mais qu'elle doit être réglementée afin de protéger la santé publique et de se prémunir contre toute pratique "contraire à la dignité humaine et aux droits de l'homme".
AGENCE DE PRESSE REUTERS, Paris, *Washington Times*.

L'ensemble du processus de naturalisation a été tellement édulcoré ces dernières années qu'il fait de la citoyenneté une farce... Dans la précipitation pour s'assurer que davantage d'électeurs démocrates... les fonctionnaires de la Maison-Blanche ont exercé une pression sans précédent sur le Service de l'immigration et de la naturalisation pour qu'il traite les demandes de citoyenneté. En conséquence, en 1996, plus d'un million de nouveaux citoyens ont prêté serment, un chiffre record, mais quelque 180 000 d'entre eux n'ont jamais fait l'objet d'une vérification des antécédents par le FBI, comme l'exige la loi... il n'existe pas de normes uniformes pour les tests (qualifications) des candidats.
LINDA CHAVEZ, *Washington Times*, 3-16-97.

Qu'est-ce que le Noir américain a... ? Son passé est un stigmate, sa couleur est un stigmate, et sa vision de l'avenir est l'espoir d'effacer ce stigmate en rendant la couleur sans importance, en la faisant disparaître en tant que fait de conscience... Je partage cet espoir, mais je ne vois pas comment il pourra jamais se réaliser à moins que la couleur ne disparaisse effectivement : et cela signifie non pas l'intégration, mais l'assimilation, c'est-à-dire laisser sortir le mot brutal de *métissage. Je crois que la fusion totale des deux races est la solution la plus souhaitable pour toutes les personnes concernées...* à mon avis, le problème des Noirs dans ce pays ne peut être résolu d'aucune autre manière.
NORMAN PODHORETZ, JUIF, rédacteur en chef du magazine "Commentary". Il est également associé à la "conservative" *Heritage Foundation*, et sa femme, Midge Dichter, juive, est membre du bureau de cette organisation.

Le développement de la société est soumis non pas à des lois biologiques mais à des lois sociales supérieures. Les tentatives de diffusion à l'humanité des lois du règne animal sont une tentative d'abaisser l'être humain au niveau des bêtes.
INSTITUT DE GÉNÉTIQUE DE L'ACADÉMIE DES SCIENCES, U.S.S.R.

Love Across Color Lines a Biography : ... Maria Diedrich affirme que Frederick Douglass, loin de s'être affranchi de la conscience de la couleur, était "déchiré entre deux races, torturé par sa double conscience d'être à la fois l'un et l'autre". Elle voit en lui un "désir ultime d'identification à la blancheur de son père". L'amour de Douglass pour les femmes blanches lui permettait de "revendiquer comme sien le territoire dont son père-maître l'avait exilé... (territoire) qu'il ne pouvait percevoir que comme blanc". Soulignant qu'Otillie Assing (la maîtresse de Douglass) était à moitié juive... (elle) a tendu la main à Douglass... "comme une femme blanche avec tous les privilèges de la blancheur, mais avec la sagesse d'une métisse". (Assing s'est suicidée).

MARIA DIEDRICH, "Love Across Color Lines" (L'amour à travers les lignes de couleur) (extrait de la revue de presse du *Washington Post*, 6-25-99).

Le pape Jean-Paul II a succombé à la tyrannie des scientifiques évolutionnistes qui prétendent que nous sommes apparentés aux singes... Dans un communiqué, le pape a déclaré que "les nouvelles connaissances permettent de reconnaître que la théorie de l'évolution est plus qu'une simple hypothèse".

CAL THOMAS, éditorialiste, *Washington Times*.

L'évolution est un FAIT. D'autre part... Si l'homme vient des singes, pourquoi les singes vivent-ils encore dans les arbres et ne portent-ils pas de pantalons ?

GRANDAD, "Down on the Farm".

Pour réduire les agonies dysgéniques à la fois pour les personnes génétiquement désavantagées et pour les contribuables surchargés (je recommande)... la stérilisation volontaire... par des primes... peut-être 1000$ pour chaque point en dessous de 100 de QI.

PROF. WILLIAM SHOCKLEY, lauréat du prix Nobel, Stanford U.

CHAPITRE 8

LE NÉGRE

Il n'est absolument pas question d'une quelconque différence génétique : Le potentiel d'intelligence est réparti chez les enfants noirs dans les mêmes proportions et selon le même schéma que chez les Islandais, les Chinois ou tout autre groupe.
SÉNATEUR DES ÉTATS-UNIS DANIEL P. MOYNIHAN, démocrate/catholique.

L'intelligence abstraite est la *condition sine qua non* de l'existence d'une société civilisée. Cinquante années de recherche aux États-Unis ont révélé des différences moyennes régulières, persistantes et statistiquement significatives entre les Noirs et les Blancs.
DR. HENRY GARRETT, chef du département de psychologie, Columbia U.

Aujourd'hui, les tests psychologiques et génétiques mettent hors de doute l'inégalité mentale entre la race blanche et la race noire... le niveau d'intelligence du Noir est très inférieur à celui du Blanc.
EDWARD M. EAST, professeur de génétique, Harvard U.

... la taille du cerveau par rapport à la taille ou au poids du corps est d'une importance cruciale pour placer chaque espèce ou sous-espèce à la place qui lui revient dans les tableaux des gènes avancés ou moins avancés... le cerveau moyen du Noir diffère en poids, étant inférieur de 100 grammes environ à la moyenne du Caucasoïde... il est tout à fait impossible de soutenir que les cerveaux sont les mêmes lorsque nous constatons une différence distincte de ce type.
ROBERT GAYRE, M.A., D.Phil., D.Sc., Ed. *"The Mankind Quarterly"*.

1.Le QI des Noirs américains est inférieur de 15 à 20 points en moyenne à celui des Blancs américains.

2.Le chevauchement du QI médian des Blancs par les Noirs varie de 10 à 25% (l'égalité exigerait un chevauchement de 50%).

3.Environ six fois plus de Noirs que de Blancs ont un QI inférieur à 70 (groupe à l'esprit faible).

4.Les Blancs sont environ six fois plus nombreux à appartenir à la catégorie des "enfants surdoués".

5. Le retard des Noirs est plus important dans les tests de nature abstraite : raisonnement, déduction, compréhension, etc.

6. Les différences entre Noirs et Blancs augmentent avec l'âge, l'écart de performance étant le plus important au lycée et à l'université.

7. Des différences importantes et significatives apparaissent en faveur des Blancs, même lorsque les facteurs économiques ont été mis en équation.

Les statistiques ci-dessus sont tirées de *"The Testing of Negro Intelligence"*, (Social Science Press), par le professeur Audrey M. Shuey, Chr. Dept. Psychology, Randolph-Macon College. Le test comprend 382 comparaisons, pour lesquelles 81 tests différents ont été utilisés, couvrant un large échantillon de centaines de milliers de personnes. Les tests ont été conçus pour mesurer le type d'aptitudes mentales nécessaires pour réussir dans une civilisation moderne, urbaine et hautement alphabétisée.

Les tests ont reçu les éloges des docteurs Garrett, Gayre, Josey, Baker, Woodsworth et d'autres scientifiques éminents. Néanmoins, *six presses universitaires ont refusé de les publier au risque de perdre leurs subventions gouvernementales.*

Le rapport COLEMAN (1966) a été financé par le gouvernement fédéral à hauteur d'un million de dollars. Il a étudié 600 000 enfants, de la maternelle à la terminale, dans 4000 écoles représentatives sur le plan démographique dans toutes les régions du pays. *Environ 15% des enfants noirs égalaient ou dépassaient la moyenne des Blancs ; 85% se situaient en dessous de la moyenne des Blancs. Dans l'ordre des races, les Blancs sont les premiers, les Orientaux les deuxièmes, les Amérindiens (les plus démunis de tous) les troisièmes, les Mexicains les deuxièmes, les Portoricains les troisièmes et les Noirs les quatrièmes.* Le rapport Coleman a été enterré par les libéraux, les marxistes et les juifs.

Pendant la guerre de Sécession, plusieurs milliers de Noirs se sont enfuis au Canada par le "chemin de fer souterrain". Depuis, leurs descendants vivent au Canada "sans discrimination". Pourtant, leurs résultats aux tests mentaux sont les mêmes que ceux des Noirs américains "opprimés".

La taille du cerveau humain est liée à la capacité de penser, de planifier, de communiquer et de se comporter en groupe, en tant que leader, suiveur

ou les deux... Chez les individus et les populations vivantes, on observe des différences dans la taille régulière des lobes et dans la surface du cortex ; la taille de la surface varie en fonction de la complexité et de la profondeur des plis sur les surfaces internes et externes des hémisphères. Plus le cerveau est gros, plus la surface corticale est importante, tant en proportion qu'en valeur absolue.
DR. CARLTON COON, professeur d'anthropologie à Harvard.

Le cortex cérébral humain est l'organe spécifique de la civilisation... La prévoyance, les objectifs et les idéaux vers lesquels nous tendons en tant qu'individus et en tant que nations sont des fonctions de cette matière grise corticale.
PROF. C. JUDSON HERRICK, Université du Texas.

F. W. Vint, Medical Research Laboratory, Kenya, Afrique, a publié des rapports (1934) sur "l'examen du cortex cérébral de 100 cerveaux d'adultes indigènes représentatifs (à l'exclusion des échantillons provenant de prisons ou d'hôpitaux psychiatriques) qui ont été comparés à des cerveaux européens". Il a constaté que "la couche supragranulaire du cortex nègre était environ 14% plus mince que celle des Blancs".

L'ensemble de la zone frontale antérieure d'un ou des deux côtés peut être enlevé sans perte de conscience. Pendant l'amputation, l'individu peut continuer à parler, sans se rendre compte qu'il est privé de la zone qui distingue le plus son cerveau de celui d'un chimpanzé. Après l'amputation, il y aura un défaut, mais il se *peut qu'il ne s'en rende pas compte lui-même.* Ce défaut concernera sa capacité à planifier et à prendre des initiatives... bien qu'il puisse être capable de répondre aux questions des autres avec autant de précision que par le passé.
DR. WILDER PENFIELD, professeur de neurologie et de neurochirurgie, Université McGill, "le meilleur chirurgien du cerveau au monde".

Albert Schweitzer a renoncé à une carrière de théologien, d'auteur, d'organiste et d'autorité sur Bach, mondialement connue en Allemagne, pour obtenir un doctorat en médecine. Il a ensuite créé un hôpital à Lamberne, en Afrique. Là, en raison de son christianisme et de son humanisme, il a consacré 40 ans de sa vie à soigner les Noirs. Le Dr Schweitzer, idolâtré par les "libéraux", a reçu le prix Nobel. Dans son discours d'acceptation, il a déclaré : *"Le Noir est notre frère, mais c'est notre petit frère... et avec les enfants, rien ne peut être fait sans l'usage de l'autorité...". La combinaison de l'amabilité et de l'autorité est le grand secret d'une relation réussie avec le Noir".* À la suite de cette déclaration, le Dr Schweitzer est tombé en disgrâce libérale, tout comme Soljenitsyne lorsqu'il a traité les bolcheviks d'animaux.

Aucun médecin noir formé en Occident ne s'est jamais porté volontaire pour aider le Dr Schweitzer, et son expérience l'a tellement convaincu de l'absence de normes mentales et de caractère chez le Noir pur... qu'il n'a jamais jugé utile de former des Noirs à des responsabilités plus élevées dans son hôpital africain.
H. B. ISHERWOOOD, "À la lisière de la forêt vierge".

On constatera que si l'on classe l'humanité par couleur, la seule des races primaires qui n'a apporté aucune contribution créative à l'une de nos civilisations est la race noire.
DR. ARNOLD TOYNBEE, "L'étude de l'histoire".

Une solution à ces problèmes doit être trouvée, mais elle ne sera jamais obtenue par la falsification des faits de l'histoire héréditaire et raciale.
ROBERT GAYRE, éditeur. "Mankind Quarterly".

Les races d'hommes sont différenciées de la même manière que les espèces animales bien marquées.
SIR ARTHUR KEITH.

L'élève noir moyen (QI 80,7) ne peut aller au-delà d'un programme de septième année conforme aux normes nationales ; pour la moitié du groupe noir, la cinquième année est un maximum... seul un (1%) pour cent (110 QI et plus) des Noirs est intellectuellement équipé pour effectuer un travail acceptable au collège. Trente (30%) des Blancs sont ainsi équipés.
DR. HENRY E. GARRETT. Chef du département
de psychologie, Columbia U.

Les différences d'épaisseur des couches supragranulaires du cortex des cerveaux blancs et noirs constituent la différence entre la civilisation et la sauvagerie.
DR. WESLEY CRITZ GEORGE,
Chef du département d'anatomie, U. N. Carolina.

Les couches supragranulaires du chien sont deux fois moins épaisses que celles du singe, et celles du singe sont trois fois moins épaisses que celles de l'homme blanc. Celles du Noir sont 14% plus fines que celles de l'homme blanc.
CARLTON PUTNAM, LLD, Princeton, "Race et réalité".

Les Noirs sont plus intelligents en proportion directe de la quantité de

gènes blancs qu'ils portent. (Les preuves suggèrent que le QI moyen des populations noires augmente d'environ un (1) point de QI pour chaque pour cent de gènes caucasiens.
DR. WILLIAM SHOCKLEY, lauréat du prix Nobel, Stanford U.

Curt Stern, professeur de génétique à l'université de Californie, rapporte que *"le Noir américain moyen tire 3/4 de ses gènes de son héritage africain et 1/4 de ses gènes blancs"*. *Les* gènes blancs augmentent le QI des Noirs ; inversement, les gènes noirs abrutissent les races intellectuellement supérieures. *L'expression "presque blanc"* est un oxymore, car il n'existe pas de race presque blanche. On est blanc ou on ne l'est pas.

En tant qu'anthropologue social, j'accepte naturellement et j'insiste même sur le fait qu'il existe des différences majeures, à la fois mentales et psychologiques, qui séparent les différentes races de l'humanité. En effet, je serais enclin à suggérer que, quelles que soient les différences physiques entre des races telles que l'européenne et la noire, les différences mentales et psychologiques sont encore plus grandes.
L. S. B. LEAKY, "Progrès et évolution de l'homme en Afrique".

J'ai été ému par le message d'humanité inscrit dans ses murs. Les gorges d'Olduvai nous enseignent que, quelles que soient les différences apparentes entre les êtres humains, nous venons en fin de compte du même endroit. Nous partageons un foyer ancestral commun. Et en fin de compte, quels que soient notre sexe, la couleur de notre peau ou le Dieu auquel nous croyons, quels que soient les vastes océans ou les étendues de terre qui nous séparent, nous faisons tous partie de la même famille humaine.
HILLARY RODHAM CLINTON, Washington Times (4-3-97).

Ce n'est pas dans nos étoiles, cher Brutus, que nous sommes des sous-fifres, mais en nous-mêmes.
WILLIAM SHAKESPEARE, "Jules César".

Les Sud-Africains blancs sont de plus en plus nombreux à fuir le pays, principalement à cause des crimes violents, a déclaré le gouvernement cette semaine... Une récente enquête sur la criminalité menée par un groupe bancaire sud-africain a révélé qu'au cours d'une journée normale, 52 personnes sont tuées, 470 sont gravement blessées lors d'agressions, plus de 100 femmes sont violées, 270 voitures sont détournées... et 590 maisons sont cambriolées.
WASHINGTON TIMES (10-17-96), Johannesburg Wire Services.

Je ne peux concevoir de plus grande calamité que l'assimilation du Noir à notre vie sociale et politique en tant qu'égal.

ABRAHAM LINCOLN.

Il n'y a rien de plus terrible qu'une classe d'esclaves barbares qui a appris à considérer son existence comme une injustice et qui se prépare maintenant à se venger, non seulement d'elle-même, mais de toutes les générations futures. Face à de telles tempêtes menaçantes, qui oserait faire appel avec confiance à nos pâles religions épuisées ?

FRIEDRICH NIETZSCHE, "La naissance de la tragédie".

Les Amérindiens, seuls, ont peuplé les Amériques jusqu'à ce que les conquistadors espagnols et les explorateurs portugais introduisent des esclaves nègres qui ont mélangé leurs gènes africains avec ceux des Indiens. En 1619, une vingtaine d'esclaves noirs sont arrivés à Jamestown, en Virginie, avec des colons britanniques et des serviteurs sous contrat. Dès le début, chacune des treize colonies américaines a reconnu l'esclavage. Pour les besoins du recensement, les Noirs étaient comptés pour 3/5e d'un homme, tandis que les Amérindiens n'étaient pas comptés. Jefferson, qui possédait plus de 200 esclaves, a déclaré dans la *Déclaration d'indépendance* que *"tous les hommes sont créés égaux"*. Ce qu'il voulait évidemment dire, c'est *"égaux devant la loi"* : Ni les Noirs ni la démocratie ne sont mentionnés dans la Constitution. Avec l'avènement de la *révolution industrielle,* les usines textiles britanniques ont offert un marché en pleine expansion aux cultivateurs de coton américains. Pour répondre à la demande croissante, il fallait davantage d'ouvriers agricoles. Les Nordiques ont refusé ces emplois. Ils n'étaient pas physiquement ou mentalement adaptés au travail sous le soleil brûlant du sud, ce qui était le cas des nègres. De plus, il était facile de se les procurer. Les chefs de tribus africaines étaient les pourvoyeurs. Leur tactique consistait à brûler les villages voisins, puis à rassembler les Noirs en débandade, comme les rancheros rassemblent le bétail effrayé. Les captifs, hommes, femmes et enfants, étaient ensuite enchaînés et vendus à des marchands d'esclaves arabes, juifs et blancs. La principale unité d'échange, pour les Noirs expédiés en Amérique, était le rhum bon marché. Les chefs de tribus étaient tellement accros à la "coupe rousse" qu'ils vendaient régulièrement des membres de leur famille et de leur tribu pour l'obtenir. Le plus grand nombre de voiliers (15) utilisés pour transporter des esclaves appartenait à des Juifs.

L'esclavage, bien sûr, est apparu dans presque toutes les sociétés humaines depuis le début de l'histoire. L'Afrique noire ne fait pas exception. Aujourd'hui, en effet, les Nègres pratiquent un commerce d'esclaves florissant au Soudan, au Somaliland, etc.

> L'esclavage était une fonction importante de la vie sociale et économique africaine.
> JOHN HOPE FRANKLIN, NÈGRE,
> "De l'esclavage à la liberté".

Aux États-Unis, les propriétaires de plantations du Sud payaient les nègres au prix fort. *En tant que biens de valeur, les esclaves étaient pris en charge par leurs propriétaires de la naissance à la mort*. Dans la grande majorité des cas, les esclaves étaient traités avec humanité et souvent avec affection. Cependant, les Noirs ont apporté avec eux leurs gènes sauvages d'Afrique. C'est pourquoi l'hygiène, la discipline et l'ordre devaient être inculqués et maintenus ; en ce sens, la vie des Noirs était réglementée. Les écoles des plantations et les études bibliques étaient à leur disposition. Il fallait leur apprendre à travailler, à utiliser des outils, à jardiner et à effectuer des tâches ménagères. Malgré cela, les *conditions de vie étaient bien meilleures dans les plantations qu'en Afrique noire, et l'espérance de vie individuelle était plus longue*. La guerre, ostensiblement menée pour *"libérer les esclaves"*, l'a été en réalité pour étendre l'empire bancaire de Rothschild. Désormais libre, le Noir, qui avait 200 000 ans de retard sur l'échelle de l'évolution, s'est soudain retrouvé à la dérive dans le monde blanc du XIXe siècle. Tous les hommes intelligents et consciencieux, Blancs et Noirs, savaient (et savent) que le Noir devait être renvoyé en Afrique, sa patrie, et y être colonisé avec le soutien financier du gouvernement des États-Unis. Quatre forces majeures ont contourné la colonisation :

1) Le meurtre de Lincoln.
2) La nation était encombrée de dettes de guerre.
3) Les Noirs constituaient une source de main-d'œuvre bon marché et ne devaient plus être pris en charge "du berceau à la tombe".
4) Les ILLUMINATI prévoyaient d'utiliser les Noirs comme "cinquième colonne" pour détruire la culture occidentale/chrétienne.

> Rien n'est plus certainement écrit dans le livre du Destin que ces peuples doivent être libres ; il n'est pas moins certain que deux races également libres ne peuvent vivre sous le même gouvernement.
> (La phrase inscrite sur le Jefferson Memorial, Washington, D.C., s'arrête frauduleusement au point-virgule).
> THOMAS JEFFERSON.

J'ai insisté sur la colonisation des Noirs et je continuerai à le faire. Ma proclamation d'émancipation était liée à ce plan. Il n'y a pas de place pour deux races distinctes d'hommes blancs en Amérique (les Blancs et les Juifs), et encore moins pour deux races distinctes de Blancs et de Noirs... D'ici vingt ans, nous pourrons coloniser pacifiquement le Noir... dans des conditions qui lui permettront de s'élever jusqu'à la pleine mesure de l'homme. Il ne pourra jamais le faire ici. Nous ne pourrons jamais réaliser l'union idéale dont rêvaient nos pères, avec des millions de personnes d'une race étrangère et inférieure parmi nous, dont l'assimilation n'est ni souhaitable ni possible.

ABRAHAM LINCOLN,
Les *"Collected Works"* de Lincoln.

Nous avons entre nous une différence plus grande que celle qui existe entre presque toutes les autres races... Si l'on admet cela, il y a au moins une raison pour laquelle nous devrions être séparés.

ABRAHAM LINCOLN, Sandburg,
"Abraham Lincoln, les années de guerre"

Les relations sociales impliquent toujours des relations sexuelles.
E. A. HOOTEN, professeur d'anthropologie, Harvard U.

Je l'ai fait (le viol) consciemment, délibérément, volontairement, méthodiquement... J'étais ravi de défier et de piétiner la loi de l'homme blanc, son système de valeurs, de souiller ses femmes.

ELDRIDGE CLEAVER, *"Soul On Ice"*.

Le résultat inévitable du mélange des races... est une réduction massive de la proportion de descendants intelligents.

NATHANIAL WEYL, JUIF, éducateur et écrivain.

Certaines races sont manifestement supérieures à d'autres. Une meilleure adaptation aux conditions d'existence leur a donné esprit, vitalité, envergure et stabilité relative... Il est donc de la plus haute importance de ne pas obscurcir cette supériorité par des mariages avec des races inférieures, et d'annuler ainsi les progrès réalisés par une évolution douloureuse et un criblage prolongé des âmes. La raison proteste autant que l'instinct contre toute fusion, par exemple, entre les peuples blancs et noirs... La grandeur (blanche) disparaît chaque fois que le contact conduit à (une telle) fusion.

GEO. SANTAYANA,
Philosophe américain, *"La vie de la raison"*.

Si le nègre n'est pas éliminé des États-Unis, l'Amérique future sera bâtarde, comme les peuples de l'Égypte (actuelle), de l'Inde et de certains

pays d'Amérique latine... lorsque deux races entrent en contact, l'une expulse l'autre... ou ajuste ses différences par un processus de reproduction interraciale... le caractère de la race supérieure tendra à s'effacer chez les bâtards.
      ERNEST SEVIER COX, *"L'Amérique blanche"*.

Le Dr Carlton Coon... affirme que pendant que les races blanche et jaune évoluaient péniblement, le Noir d'Afrique "est resté immobile pendant un demi-million d'années"... Pour être plus précis, le cerveau du Noir est plus petit et plus léger, moins compliqué, moins développé... La primitivité de son cerveau se révèle dans la rapidité même avec laquelle il se développe après la naissance, puis cesse brusquement de se développer, le laissant comme un "Européen lobotomisé".
    WILLIAM G. SIMPSON, *"Quelle voie pour l'homme occidental"*.

Les Australiens, primitifs d'après leurs critères morphologiques, n'ont pas progressé de leur propre initiative au-delà du stade de la collecte de nourriture, pas plus que les Bushmen ou les Sanides, prototypes classiques de la pédomorphose. Une conclusion parallèle s'impose à nous si nous examinons les résultats des tests de cognition et de réussite effectués sur diverses races vivant dans des conditions de vie civilisée. Les Mongoloïdes et les Europides ont obtenu les meilleurs résultats dans ces deux types de tests ; ils sont suivis (de loin) par les Indianides, et les Négrides ont encore moins bien réussi. Conformément à ces résultats, les races chez lesquelles la civilisation est née et a progressé sont les Mongoloïdes et les Europides... La capacité crânienne est, bien sûr, directement liée au problème ethnique puisqu'elle fixe une limite à la taille du cerveau dans les différents taxons ; mais toutes les différences morphologiques sont également pertinentes...
    DR. JOHN R. BAKER, biologiste, Oxford, membre de la Royal Society, extrait de son livre acclamé (mais supprimé), "RACE".

Il serait absurde de prétendre à une quelconque supériorité de tous les Europidés sur tous les Négrides sur la base des résultats obtenus dans le domaine intellectuel ; il faut cependant admettre que les contributions des Négrides au monde de l'éducation ont, dans l'ensemble, été décevantes, malgré toutes les améliorations apportées aux moyens d'éducation. Les Noirs américains sont plus connus pour leur attrait de masse dans les affaires publiques et les divertissements populaires que pour leurs grandes réalisations dans des domaines tels que la philosophie, les mathématiques, la science ou la technologie.
      DR. JOHN R. BAKER, biologiste, Oxford.

L'HISTORIEN DE WELLESLEY TRAITE L'AFROCENTRISME DE MYTHE : Ni Cléopâtre ni Socrate n'étaient noirs. Les Grecs de l'Antiquité n'ont pas volé leur philosophie à des prêtres égyptiens et Aristote n'a pas pillé la bibliothèque d'Alexandrie. Les racines de la civilisation occidentale ne remontent pas à l'Afrique. Ce sont pourtant là quelques-unes des affirmations du mouvement afrocentriste qui prospère sur de nombreux campus.

MARY LEFKOWITZ, JUIF,
professeur de grec classique, Wellesley,
Extrait du *Washington Times*, 1996.

... l'idéal n'est atteint que lorsqu'une région particulière est habitée exclusivement par un peuple d'une seule souche ethnique qui se fait concurrence uniquement dans les écoles et les collèges, avec pour résultat l'émergence d'une élite qui assume la direction du peuple... les peuples nègres sont victimes d'une philosophie politique déguisée en désir de promouvoir leur bien-être, qui déformera leur développement naturel, les privera de leur propre respect de soi et de la satisfaction de leurs propres réalisations et modes de vie, et leur causera un tort incalculable...

ROBERT GAYRE, *"The Mankind Quarterly"* VI 4-1966.

Plus de 70% (1996) des enfants noirs naissent hors mariage. Leur taux d'illégitimité, par habitant, est plus de cinq (5) fois supérieur à celui des Blancs. Les Noirs commettent 15 fois plus de meurtres que les Blancs, 19 fois plus de vols, 10 fois plus de viols et d'agressions. *Il y a eu 629 000 agressions raciales (1985), dont 90% ont été commises par des Noirs sur des Blancs.* Selon le FBI, ces chiffres varient d'une année à l'autre, mais ils représentent une tendance à la hausse dans l'ensemble des États-Unis. *Le crime le plus inquiétant est le nombre croissant de femmes blanches violées par des Noirs. (En Afrique subsaharienne, le viol est considéré comme un comportement normal).*

Je l'ai fait (le viol) consciemment, délibérément, volontairement, méthodiquement... Je me réjouissais de défier et de piétiner la loi de l'homme blanc, son système de valeurs, de souiller ses femmes.

ELDRIDGE CLEAVER, *"Soul On Ice"*.

Si, par hypothèse, tous les NÈGRES et les JUIFS devaient disparaître des États-Unis demain, on assisterait à une renaissance immédiate et glorieuse de l'Amérique envisagée par nos Pères fondateurs. En revanche, si la race blanche disparaissait, *"la patrie des libres et des braves"* ne pourrait pas survivre un seul jour !

Le Noir a beaucoup à offrir. Mais il ne pourra jamais réaliser son potentiel, sa virilité, ni atteindre le bonheur en vivant au sein d'une société blanche. Il n'est pas un parasite par choix. Il a une dignité qu'un Juif ne pourra jamais posséder. *Le Noir américain aurait dû être encouragé et aidé à développer un État-nation qui lui soit propre en Afrique, sa terre ancestrale. Au lieu de cela, il a été manipulé par les Juifs : utilisé dans leurs magasins de vêtements, utilisé pour louer leurs taudis, utilisé comme plaignant dans les affaires de droits civils pour détruire les enclaves blanches que les Juifs n'avaient pas le courage d'attaquer, et utilisé pour jouer les anarchistes dans les rues afin d'aider à faire avancer les aspirations ILLUMINATI.* Seul Louis Farrakhan semble comprendre ce que W. E. B. Du Bois a envisagé et que Martin Luther King a détruit.

Les résultats des tests de QI *ne sont en aucun cas les seuls déterminants de la viabilité et de la valeur d'une race, même s'ils sont importants pour la culture occidentale.* Le bon sens, la perception extra-sensorielle, le courage, la loyauté, la persévérance et l'*âme* — cette essence mystique indéfinissable qui confère à chaque race un caractère distinctif — toutes ces qualités et bien d'autres encore, que le Noir possède dans une large mesure, peuvent être transformées en son propre État-nation. *L'âme raciale ne peut accomplir son destin que sur son propre territoire, parmi son propre peuple, où elle établit sa propre culture et sa propre relation avec l'univers.* Toutes les races ne sont pas obligées de s'envoler vers la lune. Peu d'hommes sont des Titans. Tous les hommes sont moins que Dieu. Toutefois, pour que le gracieux palmier et le séquoia géant accomplissent leur destin dans le grand dessein de la nature, *chacun doit croître dans son propre milieu !*

Les FAITS sont irréfutables : l'intégration avec des races sombres détruira non seulement la race blanche — une TRAGÉDIE génocidaire — mais privera l'humanité de son plus grand bienfaiteur, la civilisation occidentale. Lorsque la race blanche sera lobotomisée, qui s'occupera des populations malades et frappées par la famine dans le monde ? Sûrement pas les juifs dont la pratique consiste à plumer les moutons et non à les nourrir. L'objectif des ILLUMINATI est de réaliser les *Protocoles des Sages de Sion* et non de réaliser le rêve pitoyable d'ÉGALITÉ de Martin Luther King.

Nous exterminons la bourgeoisie (aryenne) en tant que classe.
VLADMIR LÉNINE, JUIF, communiste,
Dictateur suprême, U.R.S.S.

Nathaniel Weyl, JUIF, *("The Mankind Quarterly"*, XI,# 3, Jan. 1971), utilisant les calculs fournis par l'éminent généticien britannique Sir Julian Huxley, a conclu ce qui suit :

> Si, aux États-Unis, les Noirs (QI moyen de 80-85) se croisent au hasard avec les Blancs (QI moyen de 100), la prochaine génération d'Américains aura un QI moyen de 98,46. Quel petit prix à payer pour l'ÉGALITÉ ! Pourtant, cette baisse de 1,5% de l'intelligence moyenne entraînerait une baisse de 50% du nombre de personnes ayant un QI supérieur à 160 ! En bref, elle réduirait de moitié la production de personnes dotées des pouvoirs intellectuels nécessaires à la direction et à l'effort créatif dans les sociétés avancées. À cela s'ajoute l'effet négatif massif causé par le passage de la reproduction assistée à la reproduction aléatoire en termes d'intelligence.

Il reste à savoir si le Noir vivant en Amérique a la VOLONTÉ ou non d'exiger son propre État-nation unique en Afrique ou de rester à jamais l'esclave du LIBÉRALISME/MARXISME/JUDAÏSME.

> La seule condition requise pour centraliser le pouvoir dans une communauté démocratique est de professer l'égalité.
> ALEXIS de TOCQUEVILLE.

> J'étais très attiré par les filles néerlandaises. Je voulais désespérément leur faire l'amour... pour exercer une forme de supériorité sur la race blanche. C'est toujours le but, n'est-ce pas ? Les hommes à la peau brune doivent dominer les Blancs !
> PRÉSIDENT SUKARNO, Indonésie.

> ... Nous voulons des poèmes comme des poings battant des nègres ou des poèmes de poignard dans les ventres visqueux des propriétaires juifs...
> ... mettre le feu et la mort aux culs blancs. Regardez le porte-parole libéral des juifs se serrer la gorge et vomir dans l'éternité...
> Mettez-lui un poème. Mettez-le à nu pour le monde entier ! Un autre mauvais poème qui fait craquer les poings d'acier dans la bouche d'une bijoutière...
> LEROI JONES, Noir, "Black Art".

> De l'Ouest puant dont le temps est révolu,
> Qui pue et titube dans son fumier,
> Vers l'Afrique, la Chine, le rivage de l'Inde,
> Où se dressent le Kenya et l'Himalaya
> Et où roulent le Nil et le Yang-Tsé :
> Tourne tous les visages de l'homme qui se languissent.

Viens avec nous, sombre Amérique :
La racaille de l'Europe s'est engraissée ici et a noyé un rêve,
A fait des marais fétides des refuges :
Asservi les Noirs et tué les Rouges Et armé les riches pour piller les morts ;
Ils ont vénéré les putes d'Hollywood, là où se tenait la Vierge Marie, et lynché le Christ.
Réveille-toi, réveille-toi, ô monde endormi. Honore le soleil ;
Vénérer les étoiles, ces grands soleils qui gouvernent la nuit
Là où le noir est lumineux
Et tout travail désintéressé est juste
Et l'avidité est un péché.
Et l'Afrique continue. Pan Afrique !
W.E.B. Du BOIS, Mulâtre, *"Ghana Calls"*.

Vous savez ce qu'est vraiment le rêve américain ? 10 millions de Noirs nageant vers l'Afrique avec un Juif sous chaque bras.
STANLEY KUBRICK, JUIF, "Vanity Fair" (7-1-99).

Les hommes blancs sont prêts à tout. Ils le feraient à l'aube s'ils pouvaient atteindre cette hauteur.
GRANDAD, de *"Down on the Farm"*.

Les noirs deviennent plus légers. Les filles noires ont des talons hauts.
ANONYME.

Si vous vous mariez, épousez la lumière !
HARLEM CREDO.

CHAPITRE 9

LA FORCE ARYENNE

Les langues indo-européennes (aryennes) ont été associées à une époque à un type racial unique, bien que composite, et ce type racial était un type nordique ancestral.
CARLTON COON, professeur d'anthropologie à Harvard, extrait de son succès monumental *"Origin of the Races"*.

Il n'y a de bon pour une nation que ce qui vient de sa propre souche, sans s'inspirer d'une autre. Car ce qui est bénéfique à un peuple à un certain stade de l'histoire peut s'avérer être un poison pour un autre. Toutes les tentatives d'introduire une nouveauté étrangère chez un peuple qui n'en a pas besoin au plus profond de son cœur sont insensées, et tous les projets d'intention révolutionnaire sont vains, car ils sont sans Dieu, qui se tient à l'écart de telles bévues.
GOETHE, *"Conversations avec Eckermann"*, 4 janvier 1824.

La prospérité matérielle encourage la préservation, le chouchoutage et la reproduction d'éléments inférieurs qui parasitent les civilisations riches. Nous pouvons soit élaguer nos propres branches pourries, soit nous soumettre à la coupe et à l'éclaircissement impitoyables de gènes conquérants plus vigoureux.
DR. ERNEST A. HOOTEN, professeur d'anthropologie à Harvard.

Je suis d'accord avec vous pour dire qu'il existe une aristocratie naturelle parmi les hommes. Les motifs naturels de cette aristocratie sont la vertu et les talents... je considère l'aristocratie naturelle comme le don le plus précieux de la nature pour l'instruction, la confiance et le gouvernement de la société...
Ne pouvons-nous pas dire que cette forme de gouvernement est la meilleure qui permette d'élire purement et simplement ces aristocrates naturels à la fonction gouvernementale.
THOMAS JEFFERSON, lettre à Adams, 28 octobre 1813.

L'aristocratie n'a rien à voir avec la ploutocratie. Les meilleurs ne sont PAS les riches... les meilleurs pourraient plutôt se trouver parmi les plus pauvres... le caractère et la capacité sont ce qui devrait compter.
W. GAYLEY SIMPSON, *"Quelle voie pour l'homme occidental ?"*

OSWALD SPENGLER (1880-1936) sortira de l'oubli où il a été relégué par les MARXISTES/LIBÉRAUX/JUIFS, pour devenir le philosophe du 21ème siècle. Spengler a démontré que l'histoire de la civilisation mondiale n'a PAS progressé de manière linéaire, commençant en Mésopotamie à une époque lointaine suivant un déluge biblique, puis produisant une séquence d'événements historiquement liés (en omettant l'histoire de l'Extrême-Orient), tout en *"s'améliorant jour après jour et de toutes les manières"* jusqu'à ce que l'humanité arrive à la *civilisation occidentale "moderne"* d'aujourd'hui, produit de toutes les civilisations qui l'ont précédée. Au contraire, Spengler (*bien qu'il n'ait pas été versé dans le mendélisme*) prouve que *chaque civilisation apparaissant dans le paysage mondial a émergé d'une HAUTE CULTURE :* l'EXPRESSION UNIQUE D'UN PEUPLE INSPIRÉ :

> Chaque culture a ses propres possibilités d'expression... Il n'y a pas une seule sculpture, une seule peinture, une seule mathématique, une seule physique, mais plusieurs, chacune dans son essence la plus profonde différente des autres, chacune limitée dans le temps et autonome, tout comme chaque espèce de plante a ses fleurs ou ses fruits particuliers, son type spécial de croissance et de déclin (SPENGLER).

Parce que les cultures sont organiques, elles partagent le même GENUS. Par conséquent, chaque Haute Culture, aussi éloignée soit-elle des autres sur le calendrier de l'histoire, connaît des *"phénomènes contemporains"* analogues qui se produisent dans les mêmes positions relatives au cours des cycles de vie des Cultures et *"ont donc une signification correspondante"*. Spengler montre, par exemple, que la *"Voie"* en tant que symbole principal de l'âme égyptienne, la *"Plaine"* représentant la vision russe du monde, la culture arabe *"magique"* et l'idée *"faustienne"* de l'Occident *sont inévitablement analogues dans leur caractère, mais uniques dans leur expression.* D'autres caractéristiques culturelles analogues sont : les attitudes raciales, la religiosité, les techniques, la morphologie, la pathologie et les cycles de vie : la gestation, la naissance, la jeunesse, la maturité, la vieillesse et la mort. Par conséquent, si les HAUTES CULTURES appartiennent au même genre, CHACUNE est l'EXPRESSION UNIQUE d'un peuple inspiré. *Chaque membre de ce peuple, homme, femme et enfant, est une cellule dans la morphologie de l'ORGANISME DE HAUTE CULTURE. L'âme de l'organisme de haute culture est l'âme collective du peuple. En résumé, une haute culture est un organisme spirituellement doué qui possède sa propre expression unique :* "Son *autobiographie historique est le ZIETGEIST"* (YOCKEY).

Les HAUTES CULTURES créent des Idées, des religions, un Esprit, une autorité, des impératifs, des armées, des guerres, des héros, des mythes, des légendes, de la musique, de l'art, des poèmes, de la littérature, des formes architecturales, des lois, des philosophies, des sciences, des techniques et des États. Si certaines formes de connaissances et de techniques peuvent être transférées dans le temps et l'espace d'une culture à l'autre, chaque Haute Culture poursuit instinctivement et sans relâche sa propre et unique IDÉE SPIRITUELLE : *cette compulsion intérieure de l'organisme est sa DESTINÉE.*

La CULTURE OCCIDENTALE exprime l'IDÉE d'un *progrès illimité !* Spengler définit l'âme de l'Occident comme *"l'âme faustienne dont le symbole premier est l'espace pur et illimité".* La quête de l'infini. Alors que de nombreux scientifiques pensent que l'univers ne sera jamais entièrement compris rationnellement, le destin de l'homme aryen réside dans cette tentative. Pourquoi ? Sir Edmund Hillary, en regardant le mont Everest, a répondu : *"Parce que c'est là".* L'ancien symbole représentant l'*impératif occidental* est visible dans les formes gothiques des grandes cathédrales d'Europe, dont les flèches s'élancent vers les cieux. (Sigmund Freud, juif, *pensait que les flèches des cathédrales représentaient le culte du pénis gravé dans la pierre.* Norman Mailer, auteur juif, a qualifié l'*exploration spatiale occidentale d'insensée et d'immorale).*

Le développement continu et la garde de la culture occidentale reposent entre les mains d'un groupe relativement restreint de personnes extraordinaires. Ils peuvent être issus des circonstances les plus humbles ou les plus prestigieuses, mais une combinaison fortuite de gènes parentaux *les a dotés du caractère, des capacités et des qualités spirituelles intenses* qui les distinguent de leurs pairs et des autres races. *Ils sont à la nation ce que le levain est à la bière.*

Au sein de cette fine *strate culturelle* se trouvent les créateurs, les appréciateurs et les gardiens des nombreuses formes d'expression de la nation. Ils sont également les "Précurseurs, et Découvreurs" de Nietzsche, les martyrs, les guerriers de la race, les protecteurs de l'IDÉE occidentale. Ainsi, Yockey constate que l'organisme de la haute culture comporte quatre strates : 1) l'idée (l'âme) ; 2) La strate porteuse de culture qui transmet l'idée (le cerveau). 3) Les destinataires de l'idée qui la comprennent, l'apprécient et agissent (CORPS). 4) Ceux qui sont incapables d'atteindre la culture, *"la bête à plusieurs têtes"* (Shakespeare).

> La vie de l'individu n'a d'importance que pour lui-même : il s'agit de savoir s'il veut échapper à l'histoire ou donner sa vie pour elle. L'histoire n'a rien à voir avec la vie humaine.
> OSWALD SPENGLER.

L'ÉTAT est un terme politique. Yockey l'appelle *"la nation en action"*. Il s'agit d'une structure créée par l'organisme culturel pour contenir, nourrir et protéger le peuple et son territoire. Il change de forme au fur et à mesure que la culture se développe. Une métaphore appropriée pour l'État est celle du *"navire" ou du "vaisseau de l'État"*. Lorsque l'État ne fonctionne plus ou ne protège plus le peuple qui l'a créé, il doit être changé ou remplacé !

> Les hommes sont fatigués jusqu'à l'écœurement par l'économie de l'argent. Ils espèrent le salut d'un endroit ou d'un autre, d'une chose réelle d'honneur et de chevalerie, de noblesse intérieure, de désintéressement et de devoir.
> OSWALD SPENGLER.

Les CIVILISATIONS, qui sacrifient la qualité de la vie à l'indulgence, se développent à partir des Hautes Cultures et les engloutissent progressivement, les entraînant dans leur déclin. La postérité n'a qu'une courte mémoire. Les *conquérants et les créateurs sont suivis par une progéniture sans but. Ils sont bientôt dépossédés par les PARASITES COSMOPOLITES, qui craignent les Hautes Cultures (race, famille, nation) et convoitent plutôt des Démocraties ouvertes et polyglottes, dans lesquelles ils sont moins visibles. L'ARGENT* remplace la loyauté, le devoir et le rang ; l'*USURE* produit l'esclavage ; le droit remplace la réussite ; les intermédiaires remplacent les producteurs. L'héroïsme cède la place à l'acquisition de biens ; l'opportunisme remplace l'honneur ; la trahison prospère en haut lieu. Les *déformateurs de culture* contrôlent l'éducation et la presse ; le patriotisme est rebaptisé "racisme" ; les "Spielbergismes" deviennent "l'histoire" ; l'hédonisme, la bestialité, la promiscuité, la *judéité* remplacent l'utilité, la chevalerie et l'éthique. La famille, le peuple, l'État s'effacent devant l'*EGALITARIANISME/l'UNIVERSALISME/le CATHOLICISME. Les guerres raciales explosent. Le MÉTISSAGE détruit le patrimoine génétique. La CULTURE/ORGANISME MEURT.*

Il est étrange que nos sangs, de couleur, de poids et de chaleur, versés tous ensemble se confondraient jusqu'à les rendre indistinctibles, et pourtant se distinguent par des différences si puissantes.
SHAKESPEARE, "Tout est bien qui finit bien".

Les POPULATIONS *sont racialement diverses, mélangées, fragmentées, disjointes, orientées vers les frictions, contre-productives, sans but dans le paysage.* Les populations sont souvent des vestiges métissés de grandes cultures qui ont décliné et sont mortes. D'autres populations, par ignorance, peut-être pour des raisons religieuses, ont propagé pendant des siècles des défauts génétiques qui les rendent incapables de grandeur. D'autres encore, dépourvues de cerveau dès le départ, ont à peine évolué sur l'échelle de l'évolution.

Les populations ne contribuent en rien à la culture mondiale. *Les ILLUMINATI les considèrent comme des unités de consommation.* (voir *Sans excuses*, Barry Goldwater, JUIF).

Un PEUPLE *est une famille, une tribu, un clan, une nation, issus du même PÔLE GÉNÉTIQUE,* donc dotés d'instincts similaires, parmi lesquels : l'amour de la famille, de la race, de la nation, du pays ; l'agressivité, la survie, le besoin d'exclusivité territoriale ; le sens de la discrimination, et le *sens de l'objectif élevé.* Un peuple partage également : l'appréciation esthétique, l'apparence physique, *l'esprit de corps, les* modèles intellectuels et comportementaux, ainsi que des similitudes psychologiques, physiologiques et SPIRITUELLES. *Seul un peuple peut créer une HAUTE CULTURE.* La CULTURE OCCIDENTALE est la CULTURE ARYENNE, c'est pourquoi *le PÔLE DE GÈNES BLANCS est notre bien le plus précieux. Les* gènes blancs font de nous ce que nous sommes et déterminent notre destin. *Ceux qui cherchent à détruire le réservoir de gènes blancs, par quelque moyen que ce soit, commettent un génocide et doivent être traités comme des meurtriers. Ce sont nos ENNEMIS les plus dangereux.*

La race *est une division majeure de l'espèce humaine dont les caractéristiques distinctives sont surtout apparentes sur le plan physique, mais se manifestent également dans le développement intellectuel et émotionnel, dans le comportement, le tempérament, le caractère et l'ÂME.* Ces caractéristiques raciales, comme nous le savons, sont transmises fondamentalement inchangées, à l'exception des mutations, par les générations successives qui se reproduisent depuis des éons de temps. Malgré le déni des pourvoyeurs de SYPHILIS JUIFS, il n'y a absolument aucun doute sur l'*existence de races distinctes*. Elles sont *"la matière première contribuant à l'évolution humaine"*.

Lorsque des races se croisent, leurs descendants ont tendance à souffrir de défauts physiologiques bien connus, mais aussi de handicaps et de conflits psychologiques, tels que la schizophrénie, la maniaco-dépression, l'instabilité, la désorientation et l'absence d'un caractère ferme et défini. *Ils ont des âmes divisées*. Lorsqu'on étudie un atlas mondial, les régions où les croisements ont été les plus extrêmes sont celles-là mêmes où les populations sont notoirement misérables, indignes de confiance, irresponsables et frappées par la pauvreté. Elles n'apportent que peu ou pas de valeur à l'humanité, par exemple : l'Inde et l'Égypte modernes, Cuba, Hawaï, le Mexique, Hispaniola, le Surinam, le Brésil, l'Afrique, etc. Alors que les *pays les plus durables et les plus créatifs sont ceux dont les populations présentent peu ou pas de métissage racial, tels que l'Europe, la Chine et le Japon*. Il n'y a pas de famille humaine, ni d'égalité entre les hommes. *Il n'y a que les lois de la nature qui méprisent les postures théoriques marxistes/libérales/juives/chrétiennes*.

Répétons-le : *une Haute-Culture (Organisme Spirituel) est unique dans sa Vision du Monde : totalement distincte des populations qui l'entourent ou des extraterrestres qui infestent temporairement son territoire*. L'HOMME DE HAUTE CULTURE représente donc la forme la plus élevée de la Vie ! *Alors que l'homme sans culture est un cryptogramme bipède*.

"Le déclin de l'Occident" (*"Der Untergang Abendlandes"*), le chef-d'œuvre d'Oswald Spengler, examine huit hautes cultures qui ont dominé l'histoire de notre planète. L'une d'entre elles, la culture occidentale, domine toujours *mais souffre de graves problèmes pathologiques et est en plein déclin*. Sept autres hautes cultures sont apparues dans le paysage de l'histoire mondiale, se sont épanouies brillamment comme des *novae* dans le système solaire, puis ont décliné et sont mortes. Il s'agit des cultures suivantes : Babylonienne, égyptienne, indienne, chinoise, arabe (magyare), classique, mexicaine (aztèque, inca, maya). *Toutes, sauf la mexicaine, sont mortes de*

l'intérieur, victimes de la PATHOLOGIE CULTURELLE : *usure, parasitisme et métissage*.

Permettez-moi de répéter ici très rapidement que nous avons discuté du métissage plus tôt — l'idée que la "vigueur hybride" résulte de l'accouplement aléatoire de différentes souches raciales est *ridicule* ! Pour obtenir une quelconque vigueur hybride, les parents doivent être non apparentés, de *race pure*, avoir des pedigrees démontrant une supériorité raciale, et les qualités des parents doivent se compléter. Sans parents de race pure, la descendance croisée n'a que peu ou pas de mérite. Par conséquent, si l'hybride de première génération (F1) peut ou non entraîner une augmentation de la vigueur, la *poursuite du croisement des hybrides entraîne une diminution substantielle de la vigueur dans les générations suivantes et effacera les qualités exceptionnelles des races pures d'origine. Le métissage des Blancs avec les Nègres, par exemple, fera disparaître les blonds aux yeux bleus, les roux et les bruns à la peau claire, ainsi que l'intelligence supérieure que leur blondeur représente. Le métissage détruit également la race noire, en la privant de son âme, de son destin, de sa culture et de son territoire.*

> Je pense que la fusion totale (métissage) des deux races est l'alternative la plus souhaitable pour toutes les parties concernées.
> NORMAN PODHORETZ, JUIF,
> rédacteur en chef du magazine "Commentary".

> La chose la plus terrible au monde est l'ignorance en action.
> GOETHE.

> L'importance de la limitation des mélanges découle du principe mendélien selon lequel un seul croisement peut annuler le travail d'une centaine de générations de consanguinité fidèle.
> C. D. DARLINGTON,
> Professeur de botanique, Université d'Oxford

> Un peuple qui n'est pas fier des nobles réalisations de ses lointains ancêtres n'accomplira jamais rien qui mérite d'être rappelé par de nobles descendants.
> THOMAS B. MACAULEY.

> Un peuple blond et merveilleux se lève au nord. En débordant, il envoie vague sur vague dans le monde méridional. Chaque migration devient une conquête, chaque conquête une source de caractère et de civilisation.

WALTER RATHENAU, JUIF,
Industriel allemand, vers 1925.

Rathenau aurait pu ajouter, *puis* des parasites étrangers ont englouti les États aryens dans une mer de boue humaine.

L'histoire de ces guerriers blonds et créateurs que nous connaissons aujourd'hui sous les noms de Suédois, Danois, Nordiques, Celtes et Germains devient l'histoire des nombreuses civilisations qu'ils ont fondées (égyptienne, indienne, perse, grecque, romaine, occidentale, russe, etc.) Les Anciens ont parlé d'une race de conquérants aux cheveux d'or, venus du légendaire pays de l'*Atlantide,* qui ont implanté des civilisations à Rome et en Grèce. Les dieux et déesses d'Homère, aux yeux bleus et à la peau claire, régnant depuis le mont Olympe, étaient des images *de ces hommes du Nord. Certains archéologues pensent que l'Atlantide faisait autrefois partie de la péninsule ibérique, près de Gibraltar. D'autres affirment que l*'Atlantide était une péninsule s'avançant vers la mer, près de l'actuelle Wilhelmshaven, Helgoland, en Allemagne, qui a disparu lors d'un tremblement de terre dans la mer de Frise. Les *Atlantes* étaient probablement les précurseurs des Goths, dont les chefs régnaient sur l'*île de Goth,* située dans la mer Baltique entre Stockholm et Koenigsberg. Les anthropologues rassemblent des preuves crédibles montrant que de nombreuses tribus aryennes de la préhistoire ont migré hors de l'Europe du Nord bien avant 2000 avant J.-C., établissant des colonies aussi loin à l'est que l'Oural, voire dans des régions de la Chine et du Japon.

Les fouilles archéologiques et les données historiques confirment que des flux constants de Nordiques ont quitté l'Europe du Nord entre 2000 avant J.-C. et 1000 après J.-C. Ces tribus aryennes apparaissent sous des noms différents, mais elles émanent d'un seul et même patrimoine génétique blanc. Les Kassites s'emparent des vestiges de l'empire babylonien vers 1700 avant J.-C. Environ un siècle plus tard, des barbares nordiques, appelés "Hyksos" par les Égyptiens, s'emparent d'une civilisation égyptienne chancelante, la revigorent et la gouvernent. Les Aryens ont conquis l'Inde, établissant un système de castes (endogamie) pour protéger le patrimoine génétique des Blancs ; ils ont ensuite conquis la Perse (Iran). Les Achéens (Germains) et plus tard les Doriens (Celtes) ont conquis la Grèce et y ont semé les graines de la civilisation classique. Les Rus et les Vikings ont navigué sur le Dniepr, la Volga et les voies navigables d'Europe orientale, ouvrant des routes commerciales vers la mer d'Azof, la mer Noire, la mer Caspienne et la mer Méditerranée, et aussi loin que leurs gracieux navires pouvaient les emmener. En bref, nous savons que cette proto-race aryenne (nordique) a établi certaines des plus grandes civilisations du monde : Aryenne-Indienne, Kassite, Hittite, Perse, Mycénienne, Grecque, Romaine, Celtique, Teutonique, Slave, Occidentale et Aztèque/Mayenne/Inca.

> Les langues indo-européennes (aryennes) ont été associées à une époque à un type racial unique, bien que composite, et ce type racial était un type nordique ancestral.
> CARLTON COON, professeur d'anthropologie à Harvard.

> Bien que les (Aryens) soient répartis sur deux continents, nous leur attribuons une ascendance et une origine communes...
> C. D. DARLINGTON, professeur de botanique, Oxford.

> Les Aryens apparaissent partout comme les promoteurs du vrai progrès et, en Europe, leur expansion marque le moment où la préhistoire (de l'Europe) commence à diverger de celle de l'Afrique ou du Pacifique.
> V. GORDON CHILDE, "le plus grand préhistorien au monde".
> (Encl. Britannica).

Vers la fin des grandes migrations, des tribus gothiques aryennes (Ostrogoths, Visigoths), redoutées pour leur courage et leur férocité, ont pillé et ravagé toute l'Europe sous des noms qui nous sont plus familiers : Francs, Angles, Saxons, Celtes, Vandales, Lombards, Burgondes, Belges, Jutes, Vikings, Danois, Rus, Germain, Teutons, Normands, etc. Puis, s'installant dans la couche supérieure de chaque société qu'ils conquièrent, ils en fournissent les dirigeants, les armées et les lois. *Ce qui distinguait cette race blanche des simples populations était sa VOLONTÉ d'accomplir son DESTIN MANIFESTE.* C'est cette FORCE ARYENNE, manifeste dans tous les aspects de la pensée et de l'action, qui a poussé les Vikings, dans de minuscules bateaux, par exemple, à braver l'Atlantique féroce jusqu'aux côtes américaines et au-delà. Comparez cette race aux Nègres qui n'ont jamais produit de conquérant, d'explorateur, d'alphabet, ni même inventé la roue ; ou aux ISRAÉLIENS qui se sont perdus pendant 40 ans dans une région de la taille de Rhode Island. Demandez à n'importe quel général s'il préfère commander une armée de Thuringiens ou une armée de Juifs.

Jules César, au fin fond de la Gaule (France), a conquis les Celtes indigènes (gaulois). Cependant, les tribus nordiques situées au nord et à l'est du Rhin, qu'il n'a jamais conquises, étaient considérées par César comme des Celtes *"originels"*. Le mot latin pour original, ou séminal, est *"germane"*. C'est donc César qui, le premier, a donné ce nom aux Germains. Les Celtes, qui sont des Nordiques, ont ensuite envahi l'Irlande, le Pays de Galles, l'Écosse et la plupart des pays du monde à un moment ou à un autre. Les *"Irlandais noirs"* (l'ancien président Nixon pourrait en faire partie) sont les descendants de marins espagnols rejetés sur les côtes irlandaises lorsque l'Armada a été vaincue par Sir Francis Drake. Le président John F. Kennedy, Celte, a suscité beaucoup de ressentiment dans les milieux puissants, avant la chute du mur de Berlin construit par les juifs, lorsqu'il a annoncé : "Ich bin ein Berliner" (Je suis un Berlinois) : Il parlait au nom de tous les Aryens.

Les Angles germaniques traversèrent la Manche et nommèrent l'île *"Angleland"*, plus tard corrompue en *"Angleterre"*. Les Jutes (allemands) et les Celtes leur posant des problèmes, ils ont demandé de l'aide aux Saxons allemands. Les Saxons ont tellement apprécié l'Angleterre qu'ils y sont restés. Comme chacun sait, en 1066, Guillaume le Conquérant a mené ses troupes normandes (norvégiennes) et teutonnes à la victoire sur les Saxons lors de la *bataille d'Hastings*. *Aujourd'hui encore, les* Britanniques sont connus sous le nom d'Anglo-Saxons (WASPS : *White, Anglo-Saxon Protestants*).

La famille royale britannique d'aujourd'hui est issue de la maison germanique *von Saxe-Coburg-Gotha*. Pendant la Première Guerre mondiale, elle s'est sentie obligée de changer de nom pour devenir la Maison de Windsor *("Uneasy lies the head that wears a crown")*.

La langue anglaise est d'origine germanique. Les langues germaniques comprennent : Le scandinave (suédois, norrois, danois), l'islandais, le néerlandais, l'allemand, l'anglais et le frison (le vieux prussien et le gothique ont disparu). La France a été nommée d'après les Francs, une tribu germanique. La *"franchise"* était la *condition sine qua non de* la sincérité, de l'honnêteté, de l'intégrité et du caractère, c'est pourquoi le *franc* est devenu l'unité monétaire française. Charlemagne, un Franc de la dynastie carolingienne et empereur du Saint Empire romain germanique, a tenu sa cour à Aix-la-Chapelle les noms allemand et français de la même ville. Le Saint-Empire romain germanique (vers 950 après J.-C.) mêle Romains, Chrétiens et Allemands de Barcelone à Hambourg, de Reims à Rome.

Selon Bède, Palladius a introduit le catholicisme en Irlande vers 430 après J.-C. Les Irlandais ont ensuite répandu le mythe en Europe. Lorsque les Saxons ont finalement été convertis au christianisme par les armes franques (800 après J.-C.), cette conversion, selon les Saxons, a fait de l'Europe une *quasi una gens, "une race"* de chrétiens (à la même époque, vers 700, les Khazars asiatiques se sont convertis au talmudisme). *En 1050, tous les chrétiens se considéraient comme une famille raciale.* Au fil du temps, le christianisme a pris une signification territoriale. Par conséquent, dans l'Europe médiévale, *les "relations raciales"* signifiaient en fait les relations entre les langues et les groupes culturels, et non les gènes de reproduction.

Le mot grec "Agon" signifie combat ou guerre *au sein du groupe familial,* par opposition à la lutte contre un ennemi étranger. Ainsi, les chrétiens se sont engagés dans des guerres intestines sanglantes *(Agon)* pour faire avancer les IDEAUX occidentaux. *Mais avant les guerres d'anéantissement des ILLUMINATI contre l'Europe au cours du 20e siècle, les Aryens se sont toujours unis et ont combattu comme un seul peuple pour protéger la chrétienté contre les Khazars, les Maures, les Sarrasins, les Mongols, etc.* Aujourd'hui, l'Église catholique (fondée par les JUIFS), *qui doit son existence à la chevalerie aryenne, promeut le métissage et dénonce le nationalisme aryen*, tout en soutenant l'État d'Israël. Le comportement du pape a des précédents. Jésus a renié les païens en disant : *"J'ai été envoyé aux brebis perdues de la maison d'Israël et à elles seules".* (MATTHIEU).

Au fur et à mesure de l'exploration et de l'expansion, les Aryens ont établi des bastions de la culture occidentale partout où ils ont conquis et persisté : L'Amérique du Nord et du Sud, le Canada, l'Australie, la Nouvelle-Zélande, l'Islande, le Groenland et l'Afrique, parmi d'autres déjà énumérés, ont été fondés et civilisés par ces peuples doués. *Il devrait être évident pour toute personne dotée d'une once d'intelligence qu'une fois qu'un peuple a acquis un patrimoine génétique supérieur, il doit faire TOUT ce qui est en son pouvoir pour le protéger et l'améliorer. L'incomparable POOL GÉNÉTIQUE ARYEN a produit une multitude d'hommes et de femmes illustres. Je vais citer quelques-uns de leurs noms pour vous rappeler qu'ils sont membres de ce même pool génétique, tout comme vous et vos enfants si vous êtes de race blanche :* Ikhnaton, Mahavira, Sigurd, Grettir, Njal, Arthur, Cuchulain, Ulysse, Périclès, Aristophane, Aurèle, Aristote, Zarathoustra, Sappho ; Siegfried, Darius, Alexandre, Rurik, Théodoric, Martel, Charlemagne,

Roland, César, Cléopâtre, Eric, Alaric, Jeanne d'Arc, Godfrey, Bruce, Luther, Marlboro, Rob Roy, Pierre le Grand, Pitt, Napoléon, Nelson, Wellington ; Erickson, Cortes, Colomb, da Gama, Magellan ; Katherine, Elizabeth, Corday, Nightingale ; v. Steuben, Washington, Monroe, Jefferson, Hamilton, Madison, Allen, Henry, Hale, Morgan, Frederick, El Cid, Bismarck, Clauswitz ; Hus, Garfield, McKinley, Hess, Hitler, Patton, MacFadden, McCarthy, Zundel ; Bridger, Coulter, Crocket, Bowie, Houston, Clark, Hickock, Earp, Longbaugh, Oakley ; Lee, Jackson, Forrest, Grant, Lincoln, Barton, Custer, Stuart, Chamberlain ; Pershing, Mata Hari, Richthofen, Rickenbaker, York, Cavell ; MacArthur, del Valle, Crommelin, Rommel, Prien, Nimitz, Lindbergh, Earhardt, Goering, Mussolini, Montgomery, Murphy, Foss, Mindszenty, Pound, Soljenitsyne ; Shakespeare, Pétrarque, Dante, Goethe, Voltaire, Schiller, Swift, Emerson, Byron, Keats, Blake, Burns, Wilde, Shaw, Yeats, Melville, Whitman, Poe, Balzac, Hesse, Dostoïevski, Shelley, Eliot, Kipling, Dreiser, Steinbeck, Plath, Hemingway, Roethke, Dinesen, Bronte, Waugh, James, Pegler, Marsden, Mencken, Chesterton ; Bach, Foster, Grieg, Wagner, Smetna, Beethoven, McCartney, Tschaikowsky, Rachmaninoff, Dvorak, Lehar, Strauss, Debussy, Chopin, Brahms, McDowell, Elgar, Borodin, Bizet, Herbert, Vivaldi, Verdi, Puccini, Haendel ; Praxitiles, Rodin, Remington, Mallol, Titien, Da Vinci, Durer, Rembrandt, Brueghel, Monet, Homer, Bierstadt, Wyth, Degas, Goya ; Platon, Goethe, Kant, Hume, Schopenhauer, Spencer, Pascal, Descartes, Carlyle, Machiavel, Montaigne, Kierkegaard, Nietzsche, Spengler, Santayana, Yockey, Simpson ; Kepler, Copernic, Newton, Swedenborg, Franklin ; Shockley, Coon, Ardrey, Oliver, Sombart, Baker ; Mendel, Curie, Lister, Pasteur, de Bakey ; Gutenberg, Galton, Ohm, Edison, Ford, Carnegie, Krupp, Benz, Chrysler, Diesel ; Planck, Goddard, Hertz, von Braun, Humboldt, Richter, Marconi, Goethals, Rutherford, Roebling, Wright, Sullivan ; Yaeger, Costeau, Lovell, Glenn, Armstrong, Shepard, Grissom ; Traubel, Hess, Sutherland, Swartzkoph, Pons, Lehmann, Caruso, Pavarotti, Wunderlich, Cararras, Pinza, Hines ; Barrymore, Cooper, Gielgud, Olivier, Wayne, Astaire ; Day, Streep, Hayes, Leigh, Davis, Temple ; Griffith, Lean, Wells, Hitchcock, Ford, Bergman ; Ripken, Di Maggio, Ruth, Spahn, Williams, Schmidt, Hornsby, Gehrig, Berra, Rose, Wagner, MacGwire ; Nicklaus, Jones, Hogan, Palmer, Snead, Norman ; Lombardi, Staubach, Montana, Elway, Kramer, Unitas ; Hingis, Laver, Borg, Graf, Connors, Court ; Bird, West, Bradley, Laettner, Walton, Havlichek ; et al.

La race élève l'homme au-dessus de lui-même : elle le dote de pouvoirs

extraordinaires — je dirais presque surnaturels — tant elle le distingue de l'enchevêtrement chaotique des peuples venus de toutes les parties du monde... sa race le renforce et l'élève de toutes parts... il s'élève vers le ciel comme un arbre fort et majestueux nourri par des milliers et des milliers de racines — non pas un individu solitaire, mais la somme vivante d'innombrables âmes qui s'efforcent d'atteindre le même but.
   H. S. CHAMBERLAIN, "La Genèse du XIXe siècle". (Chamberlain, britannique, était le gendre de Nietzsche).

 Toutes les grandes civilisations du passé n'ont péri que parce que les races d'origine sont mortes d'un empoisonnement du sang.
   ADOLF HITLER, Chancelier de l'Allemagne.

CHAPITRE 10

PARASITISME U.S.A.

Ce que l'on a appelé le "problème juif" apparaît pour la première fois. Ce n'est ni la race, ni la religion, ni l'éthique, ni la nationalité, ni l'allégeance politique, mais quelque chose qui les englobe tous et qui sépare le JUIF de la culture occidentale.
FRANCIS PARKER YOCKEY, *"Imperium"*.

Liés entre eux par la foi la plus obstinée, les Juifs étendent leur charité à tous ceux qui sont de leur obédience, tandis qu'ils nourrissent à l'égard du reste de l'humanité une haine sourde et invétérée.
TACITUS, *"Travaux historiques"*.

Les Israéliens contrôlent la politique du Congrès américain.
J. WILLIAM FULBRIGHT,
Sénateur américain, CBS *"Face the Nation"*.

L'influence juive dans ce pays est si forte qu'on ne le croirait pas. Des Israéliens viennent nous demander de l'équipement. Nous leur répondons qu'il est impossible que le Congrès soutienne un tel programme. Ils nous répondent : "Ne vous inquiétez pas pour le Congrès, nous nous occuperons du Congrès..." il s'agit de quelqu'un d'un autre pays, mais ils peuvent le faire.
GEN. GEORGE S. BROWN,
Président de l'état-major interarmées, 1973.

Il n'y a que deux groupes qui battent aujourd'hui le tambour pour une guerre au Moyen-Orient : le ministère israélien de la défense et son groupe d'amis au Congrès américain.
PAT BUCHANAN, *"Le groupe McLaughlin"*, 1991.

Kennedy a déclaré : "Je suis tout à fait d'accord avec vous pour dire que la partialité américaine dans le conflit israélo-arabe est dangereuse à la fois pour les États-Unis et pour le monde libre"... L'assassinat du président Kennedy... a réduit à néant la possibilité que son second mandat puisse voir Washington commencer à se libérer du lourd fardeau de la partisanerie américaine dans le conflit israélo-arabe.
ALFRED M. LILIENTHAL, JUIF, *"The Zionist Connection"*.

TRAHISON ET SÉDITION

Comme nous l'avons vu, partout où les Juifs pénètrent dans un État Gentil, leur seul but est d'aspirer les sucs vitaux de la nation hôte et d'y implanter leur propre culture. Vers 1850 après J.-C., les JUIFS ont placé l'Amérique dans leur ligne de mire. Au cours des 150 années qui ont suivi, ils ont envahi les États-Unis, accroché leurs ambitions et leur haine à nos ressources et à notre puissance humaine, puis ont entrepris d'entraîner l'Amérique dans une série de guerres menées dans le seul but d'enrichir les JUIFS et de faire progresser l'agenda ILLUMINATI.

> Charles Lindbergh publie ses "Journaux de guerre" dans lesquels il insiste sur le fait que sa position non interventionniste (Seconde Guerre mondiale) était fondamentalement correcte et que les États-Unis avaient en fait perdu la guerre... Il souligne la perte génétique irréparable... subie par les peuples d'Europe du Nord.
> WILMOT ROBERTSON, *"The Dispossessed Majority"*.

Après la Seconde Guerre mondiale, un *"rideau de fer"* s'est installé sur l'Europe. *Il était impératif de maintenir les populations dans l'ignorance des vampires qui s'étaient repus d'elles.* Le mythe de l'*"HOLOCAUSTE", stratagème visant à dissimuler l'Holocauste perpétré contre l'Allemagne,* surgit comme un chien enragé. Les juifs ont envahi les rouages du gouvernement des États-Unis. La *"guerre froide"*, un autre canular, apparaît à l'horizon. Les bolcheviks rampent comme des larves hors des cadavres de la Russie et de l'Europe de l'Est, menaçant Main Street, U.S.A.

> Les immigrants juifs aux États-Unis ont si bien résisté à l'identification par la race (et la religion) en insistant sur le fait qu'ils ne devaient pas être considérés comme des Juifs mais comme des Allemands, des Polonais ou autres, que pendant de nombreuses années, les différents quotas nationaux ont été occupés presque entièrement par des Juifs ; et à ce jour, le nombre de Juifs aux États-Unis n'est connu que par les chiffres que les Juifs eux-mêmes nous donnent.
> WILLIAM G. SIMPSON, *"Quelle voie pour l'homme occidental ?"*

L'un de ces immigrants qui, comme tant d'autres, a "miraculeusement" échappé à l'holocauste est Albert Einstein, juif (1879-1955), physicien théorique réputé pour sa brillante "théorie de la relativité" ($E=mc2$) et pour son soutien au communisme, qui a écrit au président Franklin Roosevelt pour l'exhorter à lancer un programme de développement d'une arme nucléaire américaine destinée à être utilisée contre l'Allemagne. Alexander Sachs, banquier juif, a remis la lettre qui accusait faussement l'Allemagne de fabriquer une bombe atomique. En fait, Hitler, tout en étudiant le potentiel de l'énergie nucléaire, s'élevait contre TOUTES les armes de destruction massive (y compris le bombardement de cibles civiles). Les conseillers de Roosevelt, Baruch, JUIF, Rosenman, JUIF, Morgenthau, JUIF, Hopkins, Hiss, et autres, ont vendu à FDR l'idée d'Einstein. Les cerveaux qui ont finalement mis au point la bombe atomique étaient Lisa Meitner, juive, Neils Bohr, juif, Hans Bethe, juif, Edward Teller, juif, John von Neumann, juif, Leo Szilard, juif, et Enrico Fermi, aryen, dont l'épouse était juive. Presque tous avaient fait leurs études à l'université de Gottingham, en Allemagne, et certains avaient travaillé à l'institut Max Planck. Meitner avait volé les détails des expériences allemandes réussies sur la fission à Berlin. Ce sont les précurseurs de l'énergie nucléaire et, plus tard, de la bombe A construite à Los Alamos sous la direction du Dr Robert J. Oppenheimer, JUIF. Teller et von Neuman quittèrent le projet de la bombe A et commencèrent à développer la bombe à hydrogène. Les schémas de la bombe A ont été rapidement reproduits par des traîtres juifs et transmis à l'Union soviétique. La bombe A n'a pas été achevée à temps pour être larguée sur l'Allemagne, au grand dam de la juiverie mondiale. Mais on ne pouvait pas leur refuser un sacrifice de sang. Le Japon, qui titubait vers une défaite certaine, allait recevoir une leçon de TALMUD.

La seule protestation vigoureuse contre le largage de la bombe A sur le Japon a été enregistrée par le conseiller scientifique de Truman, Ernest Lawrence, un aryen. D'autres voix plus fortes se sont fait entendre. Obéissant à ses maîtres, Truman ordonna l'incinération des villes non défendues d'Hiroshima (une ville chrétienne) et de Nagasaki. Le largage de la bombe atomique sur une zone inhabitée aurait pu constituer un exemple suffisant de sa capacité destructrice. Mais les vampires voulaient donner une leçon inoubliable aux honorables Japonais qui s'étaient alliés à l'Allemagne. *Soyez assurés que les descendants des grands samouraïs n'ont PAS oublié.*

L'ampleur dangereuse de la pénétration communiste aux États-Unis est devenue évidente au cours des nombreux procès pour espionnage qui ont suivi la Seconde Guerre mondiale ; même le goy le plus ignorant commençait à comprendre la stupidité de l'alliance de l'Amérique avec "l'empire communiste maléfique" contre l'Allemagne aryenne. Le président Harry Truman, sous la pression des médias et de ses conseillers juifs (le rabbin Steven Wise, Sam Rosenman, Eddie Jacobson, les frères Rostow, Max Lowenthal, David Niles, etc.), a rejeté la demande d'assistance du Canada dans son enquête sur les réseaux d'espionnage communiste opérant au Canada et aux États-Unis. Truman (qui nous a entraînés dans la débâcle coréenne soi-disant pour lutter contre le communisme et qui a tenté d'abolir l'incomparable corps des Marines américains) a qualifié les enquêtes sur les communistes de "Red Herring". Procédant sans l'aide des États-Unis, le Canada a arrêté et condamné un réseau d'agents soviétiques parmi lesquels figuraient : Sam Carr (Cohen), organisateur pour l'ensemble du Canada ; Fred Rose (Rosenberg), membre du Parlement, organisateur pour le Canada français ; et Hermina Rabinowich, agent de liaison avec les communistes américains. Tous ces "Canadiens" étaient des JUIFS KHAZAR.

Enfin, surpris par l'ampleur de la subversion dont Truman s'était moqué, les services de renseignement américains ont commencé (vers 1950) à arrêter et à condamner des espions soviétiques travaillant aux États-Unis, parmi lesquels figuraient : John Gates (Israel Regenstreif), rédacteur en chef du journal communiste "Daily Worker", Gil Green (Greenberg), Gus Hall (Halberg) et Carl Winters (Weissberg), tous juifs.

La même année, les premiers espions atomiques américains sont condamnés pour espionnage : Julius et Ethel Rosenberg ; Morton Sobell ; David Greenglass ; Harry Gold ; Abraham Brothman ; Miriam Moskowitz ; Gerhardt Eisler ; William Perl (Mutterperl) Physics Dept. Columbia Univ. TOUS JUIFS *(les Rosenberg ont été condamnés et exécutés pour trahison au milieu des cris d'antisémitisme. Les dossiers soviétiques, finalement rendus publics en 1997, ont confirmé que les Rosenberg avaient transféré les schémas de la bombe A de Los Alamos à l'Union soviétique).* Il s'est avéré que ces Juifs étaient des acteurs relativement mineurs d'une conspiration juive bien plus profonde. Comme nous le verrons.

Alors que l'Amérique était engagée dans la "guerre froide" contre l'Union soviétique (certains Américains construisaient des abris anti-bombes dans leur jardin), le Dr Robert J. Oppenheimer, juif, chef du projet de Los Alamos et scientifique nucléaire le plus médiatisé des États-Unis, a soudainement protesté contre la poursuite du développement de la bombe à hydrogène. Lui qui avait été enthousiaste à l'idée de larguer la bombe A sur l'Allemagne et le Japon a exigé, à la stupéfaction des dirigeants américains, que le projet soit abandonné pour des "raisons humanitaires" ! Son point de vue était fortement soutenu, dans la presse et dans les faits, par les juifs américains qui (en ce qui concerne l'Union soviétique) étaient soudainement devenus des pacifistes profondément convaincus.

L'état-major interarmées américain savait que les Soviétiques avaient fait une offre de contrepartie aux scientifiques allemands capturés, à savoir leur libération d'une mort certaine au goulag en échange de leur expertise scientifique. Avec beaucoup d'efforts, les chefs d'état-major ont passé outre l'opposition d'Oppenheimer. Le Comité spécial du Conseil national de sécurité (deux Aryens et un Juif) vota alors à deux voix contre une la poursuite du programme de la bombe H. La voix dissidente fut celle de l'ancien ministre de la Défense. La voix dissidente est celle de David Lilienthal, JUIF, président de la Commission de l'énergie atomique. Les États-Unis ont réussi à produire la bombe H 11 mois avant que les Soviétiques ne produisent la leur, sauvant ainsi les États-Unis de l'extorsion soviétique et peut-être de l'extinction. Sentant un rat "sous les piles", le FBI a retiré à Oppenheimer son habilitation de sécurité. Motif invoqué : sa femme, sa maîtresse et ses meilleurs amis ont des "affiliations communistes étendues". L'ADL et les médias ont crié au sectarisme ! Le président Lyndon Johnson, un barbouze facile à faire chanter, poussé par Abe Fortas, JUIF, et les frères Rostow, JUIFS, a rétabli l'habilitation de sécurité d'Oppenheimer lors d'une grande cérémonie, avec hommages, récompenses et excuses larmoyantes. (Peu de temps après, le candidat de Johnson au poste de président de la Cour suprême, Abe Fortas, et son associé Louis Wolfson, JUIF, ont été reconnus coupables de détournement d'actions. Ils ont purgé leur peine dans le même type de prison de country-club qui a accueilli plus tard des personnalités juives comme Michael Milken, Ivan Boesky et d'autres vendeurs et escrocs d'obligations à haut risque de Wall Street).

En 1994, Pavel A. Sudoplatov, ancien agent soviétique, a communiqué des dossiers du KGB à la Central Intelligence Agency américaine, révélant que l'énigmatique Dr Robert J. Oppenheimer, JUIF, était un espion soviétique ! Oppenheimer (aujourd'hui décédé) avait compromis la sécurité des États-Unis en fournissant à l'Union soviétique des secrets nucléaires américains détaillés. La trahison d'Oppenheimer a failli coûter aux États-Unis la victoire dans la guerre froide et a indirectement contribué à la mort de milliers de militaires américains en Corée et au Viêt Nam. Les médias ont décidé d'étouffer cette information. Votre député joue les idiots.

> Rappelons que le procureur général des États-Unis a récemment déclaré qu'une analyse de 4984 des membres les plus militants du parti communiste aux États-Unis a montré que 91,4% d'entre eux étaient d'origine étrangère (juifs) ou mariés à des personnes d'origine étrangère.
> PAT MCCARRAN, Chr. Commission judiciaire,
> Sénat américain, 1950.

La grande majorité des Juifs changent de nom, suivant un précédent établi par Lénine (Ulianov), Trotski (Bronstein) et Staline (Dzugashvili), un Tartare marié à une Juive. Aujourd'hui, le changement d'identité comprend la chirurgie faciale qui améliore considérablement leur apparence, ce qui leur permet de se cacher presque inaperçus parmi les goyim qu'ils ont l'intention de détruire.

Le SÉNATEUR JOSEPH McCARTHY a mené l'attaque (vers 1950) contre les communistes au sein du gouvernement américain (qualifiée de "chasse aux sorcières" par les procureurs du gouvernement et les médias). Des amis de McCarthy l'ont prévenu qu'il serait attaqué par les deux camps. Il a répondu : "Le peuple américain ne me laissera jamais tomber". Il ne connaissait pas le *Stupidus Americanus* qui a subi un lavage de cerveau. McCarthy a lancé des enquêtes sur les départements d'État, de l'Agriculture, du Trésor et de la Défense. Plusieurs agents soviétiques sont finalement arrêtés, notamment : Alger Hiss, Currie, Ware, Collins, Duggin, Reno, Remington, Wadleigh, Field et Whittaker Chambers. Parmi les juifs démasqués en tant qu'agents soviétiques, on trouve : Abe Pressman, Abt, Perlo, Silverman, Witt, Gompertz et White (Weiss), protégé de Henry Morgenthau, juif, secrétaire au Trésor de FDR.

L'ADL a eu recours à des tactiques éprouvées, diabolisant le messager pour détourner l'attention des faits. McCarthy disposait de preuves irréfutables que les communistes sapaient les fondements de notre République et trahissaient les services de renseignements américains au profit du bloc communiste.

Il faisait de réels progrès lorsqu'il a été accusé de porter des accusations non fondées contre l'intégrité de l'armée américaine, notamment en accusant à tort le Dr Victor Perlo, dentiste de l'armée américaine et juif, d'être affilié à un parti communiste. L'accusation portée contre McCarthy a été exagérée par les médias, qui voulaient du sang. Dans le feu de la diffamation télévisée nationale, les précieux services rendus par le sénateur à l'Amérique ont été ignorés. Finalement, le sénateur McCarthy, censuré par un Sénat servile, fut contraint de prendre sa retraite. Perlo (qui avouera plus tard être communiste) marche, héros de la gauche. Un nouveau mot d'approbation, le "maccarthysme" (signifiant : attaques invalides et aveugles contre un témoin) est entré dans le lexique américain. Sa véritable définition est : *"Celui qui attaque les cocos sera brûlé sur le bûcher"*. Un aspect important de cette tragédie américaine est que l'opposition à McCarthy dans les salles d'audience était menée par des avocats aryens, dont beaucoup appartenaient à l'Ivy League et étaient des membres du Skull & Bones, vassaux de la règle d'or : "Celui qui a l'or gouverne".

Récemment, le sénateur décédé est sorti de sa tombe :

> L'"épouvantail" de l'ère McCarthy s'avère assez précis : Des documents montrent l'infiltration soviétique
> Le sénateur Joseph McCarthy et d'autres partisans de la guerre froide ne se sont pas trompés sur l'ampleur de la pénétration soviétique dans les agences gouvernementales américaines... Des documents publiés hier par l'Agence nationale de sécurité montrent que plus de 100 agents soviétiques ont infiltré les départements d'État, de la justice, de la guerre, du trésor et même l'Office des services stratégiques, précurseur de la CIA... Les communiqués précédents... détaillaient la découverte des efforts soviétiques pour voler des secrets nucléaires et l'implication de Julius et Ethel Rosenberg dans l'effort d'espionnage en temps de guerre. "Les personnes accusées par McCarthy n'étaient pas toutes innocentes", a déclaré M. Radosh, notant que le contrecoup de la croisade anticommuniste de McCarthy tendait à discréditer tous ceux qui cherchaient à exposer les activités soviétiques aux États-Unis. Mais l'historien David Kahn (JUIF), auteur de *"The Codebreakers"*, a déclaré qu'il était beaucoup plus prudent quant à la possibilité de redorer le blason de McCarthy... "Je ne veux pas aller trop loin", a déclaré M. Kahn.
> The WASHINGTON TIMES, 6 mars 1996.

Dans les années 1970 (époque du Vietnam), les médias, avec le maccarthysme à l'esprit, ont protesté contre l'espionnage domestique du gouvernement américain qui menaçait la "liberté".

Le président Ford, toujours facilement persuadé, a permis au procureur général Edward Levi, JUIF, d'imposer les "directives Levi" aux agences d'enquête américaines. Ces directives ont vidé de leur substance les programmes de sécurité du personnel du gouvernement en mettant ceux qui prêchaient la subversion à l'abri de toute enquête, à moins qu'ils ne préconisent ou ne se livrent à des crimes spécifiques. En d'autres termes, les États-Unis ne sont plus autorisés à faire de la prévention avant que l'incendie ne se déclare. Ce qui introduit une autre histoire d'espionnage...

En octobre 1998, la signature d'un nouvel accord de paix entre la Palestine et Israël a fait la une des journaux. Yasser Arafat, arabe, les lèvres frémissantes, parle d'un avenir glorieux de paix et de prospérité pour leurs deux peuples : "Nous, les frères sémites" ! Benjamin Netanyahou, juif, khazar, a sensiblement grimacé.

Aux petites heures du matin, après la conclusion de l'accord, mais avant la signature, Netanyahou, le Premier ministre israélien, a fait échouer les négociations. Il a menacé de se retirer si les États-Unis, dans le cadre de l'accord, ne libéraient pas l'espion israélien Jonathan Pollard de sa prison. Clinton n'a pas osé obtempérer. Toutefois, pour apaiser les Israéliens, son dernier acte en tant que président a été de gracier un ensemble de voleurs juifs, dont l'escroc américain Marc Rich, juif, figurant en bonne place sur la liste des personnes les plus recherchées par le FBI.

Pollard est le juif "américain" qui a vendu "*un nombre incroyable de secrets américains à Israël*". Parce que Pollard a une connaissance intime de tous les aspects de la sécurité américaine, il reste un risque même en prison. Alan Dershowitz, juif, professeur à la faculté de droit de Harvard et vedette de la télévision, déclare que la détention de Pollard est une "tache sur l'Amérique" car "les secrets ont été vendus à un allié des États-Unis ; il a purgé une peine suffisante" (plus de 12 ans). Les "têtes parlantes" des médias, soucieuses de leur travail, s'accordent à dire que Pollard, qui est devenu citoyen israélien pendant son incarcération, devrait être renvoyé en Israël pour "le bien de la paix". Israël, où Pollard est considéré comme un héros national, exige que les États-Unis libèrent immédiatement leur espion. M. Dershowitz s'est emporté lors d'une interview sur CNN lorsque la question de la double loyauté des juifs a été posée. "C'est une vieille rengaine", s'est-il emporté. "Pollard n'est qu'un Juif américain qui se trouve être un espion. Dershowitz, bien sûr, ne fait que dissimuler la vérité. Les Juifs, comme toutes les races, sont génétiquement uniques : les gènes déterminent le comportement. Historiquement, les juifs sont connus pour leur déloyauté envers les nations qui les accueillent. Cela ne signifie pas que tous les Juifs des États-Unis présentent des risques pour la sécurité, comme Pollard et les autres. Cela signifie simplement que de nombreux Juifs qui professent leur foi dans le MARXISME/JUDAÏSME/SIONISME constituent des risques pour la sécurité. Plus précisément, cela signifie qu'environ 98% (quatre-vingt-dix-huit pour cent) de tous les Juifs représentent des risques pour la sécurité. Les États-Unis d'Amérique découvrent ce que l'Europe a appris il y a longtemps : Les Juifs sourient tout en poignardant leurs hôtes dans le dos.

Alfred Lilienthal, juif, a enregistré (7-4-72) l'entretien suivant avec deux adolescents de Brooklyn appartenant à la Conférence internationale de la jeunesse synagogale :

Si Israël et les États-Unis entrent en guerre, de quel côté serez-vous ?

Cela n'arrivera jamais, ce n'est pas possible.

Vous considérez-vous comme un Américain ou comme un Juif ?

Je suis américain et juif.

Mais que faut-il considérer en premier ?

Je suis juif avant d'être américain.

Avez-vous une double loyauté ? Certaines personnes insistent sur ce point.

Non, mais nous avons des liens étroits avec Israël ainsi qu'avec les États-Unis, et nous avons plus de liens avec Israël, parce que c'est notre État.

Que voulez-vous dire par là ? Je croyais que les États-Unis étaient votre État ?

Nous vivons aux États-Unis. Nous sommes cependant fiers qu'Israël soit notre État. Israël est notre patrie et notre objectif final est de nous y installer.

Pourquoi ne pas y aller maintenant ?

Nous ne sommes pas prêts à partir.

Alors pourquoi restez-vous aux États-Unis et pourquoi utilisez-vous les États-Unis ?

Nous devons avoir un pays puissant et fort, et nous voulons construire les États-Unis parce que pendant que nous sommes ici, nous pouvons aider Israël. Nous sommes ici parce que c'est un pays puissant et nous voulons user de notre influence.

Influencer les États-Unis en faveur d'Israël ?

Il ne s'agit pas seulement d'influencer les États-Unis, mais aussi d'influencer les autres Juifs américains, dont beaucoup ne font pas autant qu'ils le devraient.

Quel est votre sentiment à l'égard d'Israël ?

Israël est notre pays. Les États-Unis ne sont pas notre État. Nous en faisons notre foyer, mais un foyer n'est pas notre État.

Que se passe-t-il lorsqu'on dit que des Juifs utilisent les États-Unis et qu'il est temps d'en sortir ?

Ils voudraient que nous fassions savoir qu'il s'agit d'antisémitisme.

Mais vous avez une double loyauté ?

Qu'y a-t-il de mal à cela ? Israël peut aider les États-Unis et les États-Unis peuvent aider Israël... Nous n'utilisons pas les États-Unis comme base. Nous soutenons les États-Unis, nous payons nos impôts. Nous ne voulons pas immigrer en ce moment. Et n'allez pas croire que nous vivons de la graisse de leur terre et que nous la leur prenons, c'est du sectarisme, cela ressemble à de l'antisémitisme.

Peut-être, mais ne nourrissez-vous pas cet antisémitisme avec vos idées ?

Si les États-Unis nous demandaient de servir dans l'armée et que cela n'impliquait pas Israël, nous le ferions. Mais nous ne pouvons pas faire confiance aux États-Unis pour qu'ils fassent tout ce que nous voulons. Si les États-Unis n'ont pas une politique favorable à l'égard d'Israël, c'est à nous de contribuer à la construire, et nous ne pourrions pas faire pour Israël ce qui est nécessaire si nous ne vivions pas aux États-Unis.

ALFRED LILIENTHAL, "The Zionist Connection".

Un jeune Pollard aurait pu être l'un des juifs interviewés ci-dessus. *("Les lentes deviennent des poux",* Gen. Sheridan, USA).

Récemment, un autre document du KGB décrypté par le programme américain Venoma indique, sans le prouver, que David K. Niles (Neyhus), juif, était un traître américain haut placé. Protégé de longue date de Bernie Baruch, juif, et de Harry Hopkins, chef de cabinet de FDR, *Niles a été conseiller administratif de Roosevelt et de Truman*

(Hopkins, *récemment démasqué comme espion soviétique, a* en fait *vécu à la Maison-Blanche*). À sa mort en 1953, Niles a été décrit par le New York Times comme *"un homme mystérieux"*. Le FBI avait placé Niles et nombre de ses associés sous surveillance. Leur scénario a commencé lorsque Niles a recommandé David Karr (Katz), juif, à Alan M. Cranston pour un emploi. Karr était membre du personnel du journal communiste *Daily Worker* et directeur des relations publiques de la Ligue américaine pour la paix et la démocratie, un front communiste. Cranston était alors membre de l'Office of War Information (OWI). Plus tard, il est devenu sénateur américain (CA-Dem.). Cranston a publié une édition déformée de "Mein Kampf", qu'il a vendue au public américain en tant que traduction de la première édition d'un *"Spielbergisme"*. Obéissant aux directives de Niles, Cranston a engagé Karr comme fonctionnaire à l'OWI. À ce titre, il avait un accès quotidien aux équipes des présidents Roosevelt et Truman, qui comprenaient Hopkins, Lauchlin Currie, Alger Hiss, Harry Dexter White (Weiss), JUIF (tous démasqués en tant qu'agents soviétiques), et bien sûr David Niles, JUIF. Les dossiers Venona confirment également les activités d'espionnage de Kim Philby, de Klaus Fuchs, juif, et des Rosenberg, juifs. Le fait est que David Niles n'a jamais fait l'objet d'une enquête du Congrès. Truman (qui a poussé les États-Unis dans la débâcle coréenne) a qualifié Niles "d'ami proche et d'associé de confiance". La réponse à la question de savoir à quel point la Maison-Blanche, contrôlée par les démocrates, a été (et est encore) le théâtre d'une haute trahison, est enfermée dans les dossiers du FBI, que le Bureau ne divulguera sans autre forme de procès qu'au Congrès des États-Unis. Le Congrès, qui doit s'attirer les faveurs des médias, feint de s'en désintéresser (voir l'éditorial du *Washington Times*, 8-29-97).

Avant la Seconde Guerre mondiale, Hitler s'était imposé comme l'ennemi juré du libéralisme, du marxisme et de la juiverie, précisément les trois forces motrices qui étaient arrivées au pouvoir avec le New Deal de Franklin Roosevelt.
WILMOT ROBERTSON, "The Dispossessed Majority", 1976.

Certains de mes meilleurs amis sont communistes.
FRANKLIN DELANO ROOSEVELT

L'histoire complète de l'appel à la négociation de l'Allemagne et de notre refus catégorique et de la rupture des relations diplomatiques n'a pas été publiée en 1937 et 1938 lorsque l'Allemagne a lancé son appel, mais a été cachée au public jusqu'à ce que la commission de la Chambre des

représentants sur les activités non américaines la découvre après la Seconde Guerre mondiale... et la rende publique plus de dix ans après que les faits aient été si criminellement étouffés.
DR. JOHN O. BEATY, colonel des services de renseignement de l'armée américaine.

John F. Kennedy a proposé aux Nations unies un plan de paix (1961) appelant au "désarmement général et complet des États-Unis", une mesure supplémentaire pour mettre en œuvre le plan de Bernard M. Baruch.
A. K. CHESTERTON, "Les nouveaux seigneurs malheureux".

La profondeur de la pénétration des gouvernements alliés par les AGENTS JUIFS est attestée par les guerres du 20 siècle menées non seulement au profit des ennemis de l'Occident, mais aussi par les stratégies employées pour assurer la défaite de l'Occident. Nous avons vu plus haut que la Maison-Blanche et le numéro 10 de Downing Street ont capitulé devant les ILLUMINATI, s'alignant sur l'Union soviétique contre l'Allemagne chrétienne. Nous avons vu comment Bernard Baruch, l'homme de main de la KAHILLA, "l'homme le plus puissant d'Amérique", a imposé un contrôle absolu sur FDR, Churchill et Dwight Eisenhower, qui, de concert, ont sacrifié l'héritage de leur pays pour faire avancer l'agenda des ILLUMINATI (voir le chapitre 6 : "Holocauste"). La trahison de la chrétienté par Roosevelt à Yalta et Truman à Potsdam, largement documentée, a assuré une VICTOIRE COMMUNISTE totale lors de la Seconde Guerre mondiale et a causé la mort de millions d'Européens désarmés après la guerre.

La trahison ne prospère jamais. Quelle en est la raison ? Parce que lorsqu'elle prospère, personne n'ose la qualifier de trahison.
LORD HARRINGTON.

STRATAGÈMES DE DÉFAITE ET GUERRES NON GAGNANTES

CHINE : Après la Seconde Guerre mondiale, Mao Tse-Tung, financé par les ILLUMINATI, entraîne ses communistes chinois dans un conflit armé contre la Chine nationale dirigée par le généralissime Chiang Kai-Shek, allié de l'Amérique contre le Japon. Truman a sommé Chiang d'intégrer les communistes dans le gouvernement national de la Chine, faute de quoi l'aide américaine lui serait retirée. Chiang refuse de se laisser extorquer, invoquant sa répulsion pour le cartel bancaire international. Privé de l'aide américaine et de l'approvisionnement de son armée, Tchang Kaï-chek se retire dans l'île sanctuaire de Formose et s'y retranche. Ainsi, les États-Unis ont délibérément trahi leur ancien allié Tchang Kaï-chek et ont cédé la Chine continentale au communisme. Par la suite, la Chine communiste s'est vu attribuer un siège permanent au Conseil de sécurité des Nations unies, son siège le plus puissant. Mao Tsé-Toung, célèbre pour son *"Petit livre rouge"* et chouchou de l'"élite" de New York-Hollywood, les JUIFS, a ensuite assassiné 65 millions de ses compatriotes dans ce que David Rockefeller et le "Mongol" Brzezinski appellent "une révolution glorieuse".

CORÉE : Peu après, Truman, sous le regard détourné du Congrès, engage des troupes américaines en Corée. La mission supposée était d'EMPÊCHER le communisme de s'étendre à la Corée du Sud, une péninsule pointée vers le Japon, désormais désarmé. Cette "action de police" s'est rapidement transformée en une véritable guerre non déclarée. Le grand général Douglas MacArthur a repoussé les Nord-Coréens, dirigés par des officiers chinois rouges, vers la frontière chinoise, sous les cris de protestation de Wall Street, qui craignait une guerre avec "notre partenaire commercial", la Chine rouge. Dans les rues américaines, les libéraux, les marxistes et les juifs "protestaient" contre nos victoires et exultaient devant nos défaites, donnant ainsi, aux yeux des patriotes, une raison d'être à la guerre. MacArthur se plaignait que sa conduite de la guerre était compromise par des espions au sein du gouvernement américain : "L'ennemi reçoit mes directives (du Pentagone) avant moi". MacArthur demande à Truman d'autoriser les troupes de Chiang Kai-Shek à combattre aux côtés des Américains contre les Chinois rouges. Truman refuse. MacArthur se voit refuser sa demande d'attaquer les forces ennemies massées de l'autre côté de la frontière du Yalu en vue d'une attaque. Il se voit refuser sa demande de recueillir des renseignements par reconnaissance aérienne au-dessus de la Chine. MacArthur se rend rapidement compte qu'on attendait de lui qu'il gagne des batailles mais qu'il perde la guerre. À maintes reprises, face à des chances incroyables et au prix de lourdes pertes américaines, les forces américaines arrêtent l'ennemi, mais le président Truman les empêche d'administrer le coup de grâce. MacArthur insiste publiquement sur la victoire, ce qui exaspère les ILLUMINATI. Truman démet alors MacArthur de ses fonctions pour insubordination. Son remplaçant, le général Ridgway, a déclaré après la guerre : "Si nous n'avons pas gagné, c'est parce que j'avais reçu l'ordre de ne pas gagner". Pourquoi personne n'a-t-il été pendu pour haute trahison ? Seul les ILLUMINATI le savent. Rétrospectivement, tous les faits permettent de conclure que l'objectif du gouvernement américain en entraînant l'Amérique en Corée n'était pas de vaincre le communisme, mais de tuer autant d'Américains que possible dans une défaite ignoble, de se débarrasser du héros MacArthur en tant que candidat possible à la présidence et d'attirer une Amérique désillusionnée dans l'acceptation d'un gouvernement mondial unique.

VIET NAM : Un scénario identique s'est déroulé dix ans plus tard, sous une autre administration démocrate inféodée aux juifs. Le président démocrate Lyndon Johnson, dans un discours spécial adressé au public américain, a signalé l'attaque d'un navire de guerre américain dans le golfe du Tonkin par un torpilleur nord-vietnamien. Johnson annonce solennellement que "l'agression communiste doit être stoppée car elle constitue une menace pour la sécurité américaine". (Plus tard, alors que les 58 152 morts américains n'étaient plus que des noms sur un mur, les registres déclassifiés de l'US Navy ont révélé qu'il n'y avait pas eu d'attaque à la torpille !) Johnson a ensuite ordonné à 165 000 soldats américains, sous la direction du général Westmoreland, de soutenir une poignée de "conseillers" américains qui avaient été envoyés sur place par l'ancien président démocrate John F. Kennedy. Ces "conseillers" ont aidé les Sud-Vietnamiens ineptes dans leur guerre raciale contre les Nord-Vietnamiens, qui étaient aussi des communistes. Une fois les forces américaines engagées en grand nombre, le gouvernement fédéral américain, comme en Corée, leur a interdit d'attaquer certains sanctuaires ennemis (zones de transit) dans lesquels les communistes se retiraient, se regroupaient, se réarmaient et lançaient de nouvelles attaques. Le matériel de guerre, expédié par le "Hanoi Run" de l'URSS au Viêt Nam, a été produit dans des usines russes qui avaient été construites par des sociétés américaines et financées par le système de la Réserve fédérale détenu par les juifs. Comme en Corée, des espions marxistes au sein du gouvernement américain ont communiqué des informations vitales à l'ennemi. Une fois de plus, la politique secrète des ILLUMINATI était : "L'endiguement du communisme" tout en empêchant une victoire américaine ! Refuser une victoire finale sur un ennemi marxiste dévoué et compétent était une recette pour le meurtre de nos hommes. Cela signifiait reprendre le même terrain sanglant encore et encore. Pourtant, malgré la trahison en haut lieu, les troupes américaines, en infériorité numérique (dix contre un), gagnaient la guerre. C'est précisément la raison pour laquelle les marxistes, les juifs et les libéraux américains ont protesté avec tant de véhémence contre l'engagement des États-Unis et c'est la seule raison pour laquelle nous détruisions leurs camarades… les communistes. Les

ROUGES.

La canaille marxiste des rues américaines (Bob Dylan, JUIF ; Joan Baez, JUIVE ; Bettina Apetheker, JUIVE, Mort Kunstler, JUIF ; Jerry Rubin, JUIF ; Abbie Hoffman, JUIF ; "Hanoi Jane" Fonda, Rhodes Scholar William J. Clinton, des menteurs, des pédés, des punks, des lesbiennes, des juifs d'Hollywood, des dégénérés, etc.) ont organisé des défilés de protestation, jeté des excréments sur la police, brûlé des cartes de recrutement, saccagé le drapeau américain, fréquenté l'ennemi, tourné les tribunaux en dérision, sali nos héros militaires en *crachant littéralement sur les vétérans handicapés revenant du Viêt Nam, sans qu'aucune sanction n'ait encore été prononcée.*

Mais lorsque les Hell's Angels et les gangs de motards ont ensanglanté les nez des MARXISTES/JUIFS, les Harley Boys ont été arrêtés sur la base de fausses accusations au titre de la loi RICO. À Kent State, trois des quatre psychopathes lanceurs de pierres tués par la Garde nationale étaient juifs (plus tard martyrisés dans le marbre par l'université).

Pendant ce temps, les médias ont soudainement inversé leur politique en faveur de la guerre, refusant à nos troupes assiégées le soutien moral de leur pays. Les médias ont déversé des calomnies sur les chefs militaires américains, présenté des scènes tendancieuses et horribles décrivant "le *meurtre gratuit de civils vietnamiens*" et la *"dégénérescence"* de nos hommes et femmes au combat. Finalement, les goyim américains au cerveau lavé, confus et épuisés ont forcé notre gouvernement à se rendre. Nous voyons maintenant le schéma récurrent de SÉDITION/TRAHISON. Le gouvernement américain soutient secrètement le communisme dans le monde entier, puis envoie l'armée américaine pour *"contenir la menace communiste"*. C'est ainsi que l'Europe, la Russie, la Chine, la Corée, le Viêt Nam, le Cambodge, la Thaïlande, le Japon et le Moyen-Orient ont été transformés en champs de bataille et que les gouvernements en place ont été détruits. Les ILLUMINATI s'installent alors dans le vide, établissent des banques centrales et émettent des dettes et des crédits aux populations dévastées. Il ne fait aucun *doute que ces guerres de trahison américaines sans victoire avaient pour but de désillusionner la nation américaine et de lui faire accepter la perte de sa souveraineté et un gouvernement mondial unique (voir les Protocoles).* Vous pouvez également être sûrs que les KHAZARS ont applaudi avec enthousiasme la mort d'Américains héroïques.

U.S.S. LIBERTY : Rien n'illustre mieux le contrôle que les juifs exercent sur le gouvernement américain que l'atrocité de l'*USS Liberty*. Le *Liberty*, un "furet" ou navire de surveillance bien connu (répertorié dans le manuel *de* référence *Jane's Fighting Ships*) était un navire *"Victorieux"* de la Seconde Guerre mondiale converti, dont la silhouette était reconnaissable entre toutes. Il était équipé d'un matériel de surveillance sophistiqué et ultramoderne qui ajoutait à son aspect distinctif. Le 8 juin 1967, le *Liberty* patrouille dans les eaux internationales au large de la péninsule du Sinaï. La journée est chaude, la visibilité illimitée, la brise de 5 nœuds et la mer calme. À 100 pieds au-dessus de la passerelle, un drapeau américain de 40 pieds carrés flottait au mât principal ; un chiffre 5 de 12 pieds de haut était peint sur les deux proues et son nom apparaissait en gras sur la poupe. L'armement total *du Liberty* consistait en deux mitrailleuses jumelées de calibre 50 sans bouclier anti-éclats : une à l'avant et une à l'arrière. À 11h30, des avions de reconnaissance ISRAELIENS ont commencé à surveiller le navire de près et de manière continue pendant près de 3 heures. À 14 h 5, trois Mirage ISRAELIENS sont apparus en formation, chacun transportant deux canons de 30 mm et jusqu'à 72 roquettes. Soudain, sans défier le *Liberty*, ils ont mené une attaque mortelle et coordonnée contre le navire pratiquement désarmé. L'objectif était clairement de couler le *Liberty* sans laisser de traces. *Rétrospectivement, il s'agit d'un meurtre délibéré.* Le premier passage a détruit la salle de radio, tuant tous les hommes ; le suivant a tiré sur tous les radeaux de sauvetage. Les juifs ont effectué des attaques croisées répétées, détruisant le *Liberty* de la proue à la poupe. Le pont est inondé de sang américain qui coule par les dalots et le long du franc-bord. *Notre drapeau est arraché du mât.* Incapables de le couler, les Juifs envoyèrent trois vedettes-torpilles qui criblèrent le *Liberty* d'armes automatiques de 20 et 40 mm. L'une des trois torpilles lancées atteint le navire au milieu et détruit le centre de communication. Pourtant, le Liberty refuse de sombrer. En 39 minutes, 34 marins américains sont tués et 164 blessés. Le capitaine McGonagle, au début de l'attaque, réussit à envoyer un "Mayday" qui fut capté à 600 miles de là par la Sixième Flotte. Le flat-top *USS America* lance une attaque *mais les avions américains sont rappelés par la Maison-Blanche.* Les pilotes ISRAÉLIENS, en interceptant les communications de la Sixième Flotte (les radios des JUIFS étaient réglées sur les fréquences de l'USS), ont rapidement quitté la zone : Les Juifs sont les meilleurs pour tirer sur des Arabes affamés armés de bâtons et de pierres. Le capitaine McGonagle amena le Liberty en cale sèche à Malte, puis à Little Creek, en Virginie. Finalement, la carcasse ensanglantée fut mise à la ferraille. L'équipage a été muselé. Une commission d'enquête israélienne attribua l'attaque à une *erreur d'identification :* leurs pilotes avaient confondu l'*USS Liberty, un* navire de 10 000 tonnes, avec l'*El Quseir, un* navire de transport de troupes égyptien de 2640 tonnes !

Aux États-Unis, l'ambassadeur américain auprès des Nations unies, Arthur Goldberg, juif, et Eugene et Walt Rostow, juifs, *conseillers spéciaux pour la sécurité nationale* auprès du président Johnson, ont exercé de fortes pressions pour soutenir la position d'ISRAËL. Ce sont ces mêmes juifs qui ont contribué à l'organisation de la guerre du Viêt Nam (Walt Rostow enseigne aujourd'hui à Yale, haut lieu du sionisme). Le chef de la CIA, Richard Helms, *à propos de* l'attentat contre le *Liberty,* a permis que toutes les opérations de renseignement américaines en Israël soient menées par le Mossad (le Mossad *est la* CIA). Une commission d'enquête américaine, présidée par le contre-amiral I. C. Kidd, USN, a déclaré : *"L'attaque du Liberty était en fait un cas d'erreur d'identification".* La position officielle des États-Unis est ainsi établie.

Au cours des années qui ont suivi, des faits remontant à la surface ont indiqué que les ISRAÉLIENS savaient exactement ce qu'ils faisaient, par exemple : Les Juifs prétendent qu'ils pensaient attaquer un navire égyptien, alors qu'ils n'ont brouillé que les fréquences de communication des États-Unis. Le *USS Liberty* a lancé son "Mayday" avant que les radios ne soient tuées, uniquement grâce à la rapidité d'action de McGonagle et à l'équipement de communication avancé du navire.

C'est apparemment ce qui s'est passé : Le *Liberty* avait reçu l'ordre de la Maison-Blanche de se rendre dans un autre secteur de la Méditerranée, mais le message, pour des raisons non divulguées, n'a jamais été envoyé. Toujours en patrouille au large du Sinaï, le *Liberty* a intercepté des communications révélant les attaques furtives d'ISRAËL contre l'Égypte et la Jordanie, ce qui a déclenché la guerre de 1967. Pendant ce temps, avec l'aide des médias américains, les ISRAÉLIENS annoncent au monde qu'ils ont été attaqués par les Égyptiens. La Maison-Blanche (qui a doublé les Arabes) a soutenu les mensonges des ISRAÉLIENS. Moshe Dayan, chef de la défense israélienne, ordonne de couler le *Liberty.* Il en savait trop et, plus important encore, l'atroce naufrage pourrait être imputée à l'Égypte, ce qui produirait une autre réaction de type *Lusitania*, Pearl Harbor ou Coventry en Amérique.

ISRAËL n'a pas traduit en cour martiale les pilotes de Mirage, dont deux étaient des juifs "américains" formés à l'Académie de l'armée de l'air américaine, dans le Colorado. La marine américaine a averti les survivants de l'*USS Liberty* de ne jamais parler de l'incident. Pour la première fois dans l'histoire des États-Unis, les médailles décernées pour la bravoure ne mentionnent pas le nom de l'ENNEMI : elles font plutôt référence à une "bataille en Méditerranée". Au cours d'une cérémonie normalement organisée avec solennité et dignité à la Maison-Blanche, le capitaine McGonagle s'est vu décerner la plus haute distinction de notre nation, la médaille d'honneur du Congrès, par un *représentant* du président Johnson, dans une antichambre des chantiers navals, aussi rapidement et silencieusement que possible. À ce jour, le département d'État américain refuse de déclassifier des documents importants relatifs aux meurtres de *l'USS Liberty*, qui se sont produits il y a près de 35 ans ! La déclassification serait considérée comme de l'antisémitisme.

Le capitaine Joe Toth, USN, qui demande des dommages et intérêts au nom de son fils assassiné, Stephen Toth, et de deux autres officiers tués à bord de l'*USS Liberty*, a été menacé par la marine américaine et par le département d'État des États-Unis de se taire ou d'en subir les conséquences. Sa veuve a déclaré :

> Ils ont d'abord tué mon fils, puis mon mari. Le harcèlement a pris la forme de menaces et d'affirmations selon lesquelles Joe portait atteinte à la sécurité nationale ; il y a eu une surveillance et des pressions de la part de personnes comme le fisc. C'en était trop pour son mauvais cœur. Il a fallu un an pour le tuer, mais c'est finalement arrivé.

Dix ans plus tard, UPI a rapporté (9-18-77) que des documents de la CIA obtenus par l'Égypte grâce à la loi sur la liberté de l'information révèlent que le ministre israélien de la Défense, Moshe Dayan, KHAZAR, a ordonné l'attaque non provoquée. Le directeur de la CIA, Stansfield Turner, traître goy, interrogé à la télévision nationale sur les documents de la CIA, a déclaré : "Ils n'ont pas été authentifiés... l'attaque israélienne était une erreur honnête".

C'est absurde. Les preuves à première vue révèlent à elles seules la dissimulation éhontée : c'était en plein jour. Les marins américains, bien visibles, ne ressemblent pas aux Égyptiens. Maintenant, demandez-vous qui, selon vous, contrôle les présidents des États-Unis, les membres du Congrès, les amiraux et les directeurs de la CIA.

Ainsi, les PARASITES JUIFS assassinent notre peuple, déforment notre culture et détruisent notre destin. Les tragiques défaites politico-militaires de l'Amérique, ainsi que les actes de sédition et de trahison sur lesquels notre Congrès sans scrupules refuse d'enquêter, ne sont pas des événements sans rapport entre eux. Il s'agit plutôt de moments, examinés dans une boucle temporelle, qui illustrent le *déclin continu de la civilisation occidentale.* Le scénario diabolique de ces hauts crimes est fourni par les *Protocoles des Sages de Sion* qui, comme Henry Ford l'a fermement déclaré, *correspondent à ce qui s'est passé dans le passé et à ce qui se passe aujourd'hui.* C'est tout à fait exact. La métaphore du *"navire d'État",* qui fait référence aux États-Unis, évoque l'image de l'*USS Liberty* en train de sombrer. C'est ainsi que notre nation saigne, criblée de parasites, rongée par un ENNEMI que personne n'ose nommer.

LES MÉDIAS DE MASSE

Les cris occasionnels des Américains réclamant justice sont ignorés parce que *les médias interprètent le 1er amendement comme le droit de n'imprimer que ce qui correspond aux objectifs des ILLUMINATI.* Il est évident que lorsque la *vox populi* est réduite au silence, les actes de trahison restent impunis. (Nous notons que la "liberté de la presse" n'est pas accordée aux nazis, aux nations aryennes, au KKK, etc.)

Les médias de masse façonnent l'opinion publique en lavant le cerveau de la société à l'aide d'informations erronées, de désinformations et de faux sondages, afin qu'elle s'oriente dans la direction souhaitée par les ILLUMINATI. Il a été souligné que les sondages d'opinion publique testent réellement l'efficacité des médias. Les médias de masse sont en fait des auxiliaires des ILLUMINATI et de ses groupes de pression : CFR/TRILATÉRALE, Federal Reserve System, Internal Revenue Service, World Jewish Congress, Anti-Defamation League of the B'nai B'rith, the Foundations, etc. dont l'influence combinée dépasse de loin celle de notre gouvernement constitutionnel. *Seuls les Américains aryens, correctement armés et dirigés, ont un plus grand pouvoir.*

LES MÉDIAS DE MASSE maintiennent les trois branches du gouvernement américain sous contrôle. Les juristes et les hommes politiques nationalistes sont considérés comme politiquement incorrects : ils *sont déclarés persona non grata* par les médias et ignorés, ou bien ils sont crucifiés par eux. Les deux journaux les plus influents du monde, sur lesquels méditent les courtiers de D.C. en prenant leur café du matin, sont le *New York Times* ("All the News that Fits"), propriété des familles Oakes (Ochs), juive, et Sulzberger, juive, et le *Washington Post*, propriété de Martha Meyer Graham (fille bâtarde d'Eugene Meyer, juif, banquier, qui a acheté le journal comme organe de propagande pour pousser l'Amérique à la guerre). Ces deux empires médiatiques comprennent des stations de radio et de télévision, des sites web et d'autres entreprises d'édition. Ils font ou défont les gouvernements, répandent les spirochètes de la syphilis juive, créent des paniques financières et des guerres, et reçoivent leurs instructions de la KEHILLA.

Parmi les autres publications contrôlées par les Juifs, on peut citer :

Louis Post Dispatch (propriété de la famille Pulitzer, fondatrice du "yellow journalism") ; *Philadelphia Inquirer, San Francisco Chronicle, Los Angeles Times, Las Vegas Sun* ; U.S. NEWS AND WORLD REPORT, TIME, NEWSWEEK ; FORTUNE, MONEY, THE NATION ; NEW YORK REVIEW OF BOOKS, SATURDAY REVIEW OF LITERATURE, BOOK OF THE MONTH CLUB, ENCYCLOPEDIA BRITANNICA, BOWKERS ; NEW REPUBLIC, COMMENTARY, SCHOLASTIC, AMERICAN HERITAGE, STARS AND STRIPES ; VOGUE, GLAMOUR, SEVENTEEN, MADEMOISELLE, McCALL'S, TEENAGE, LADIES HOME JOURNAL, RED BOOK, COSMOPOLITAN ; PEOPLE ; NEW YORKER, VANITY FAIR, ESQUIRE, SPORTS ILLUSTRATED ; AMERICAN HOME, HOUSE AND GARDEN, FAMILY CIRCLE, ARTS AND ANTIQUES, etc.

Ancorp National Services (Union News), propriété de Henry Garfinkle, JUIF, est le principal distributeur de livres de poche, de magazines et de journaux aux kiosques à journaux et aux points de vente au détail. Sam Newhouse, JUIF, possède la troisième plus grande chaîne de journaux, représentée, aux dernières nouvelles, par plus de 30 quotidiens.

Le contrôle exercé par les Juifs est omniprésent dans l'édition de livres : Knopf, Random House, Viking Press, Doubleday, Dell, Holt-Rinehart & Winston, Grosset and Dunlop, Penguin, Bantam, pour n'en citer que quelques-uns.

La plupart des critiques de livres et de films sont juifs ou travaillent pour des publications juives. Il en va de même pour les agents de livres, de films et de télévision. Harry Sherman, JUIF, propriétaire du Book-of-the-Month Club, distribue chaque année des millions de titres dans les points de vente du pays. Pensez-vous qu'il distribue des ouvrages figurant sur la liste de l'ADL ? Essayez d'acheter, chez votre libraire local, un exemplaire de "Churchill's War" de David Irving, de "Dispossessed Majority" de Wilmot Robertson ou de "Did 6-Million Really Die?" d'Ernst Zundel. Vous n'obtiendrez rien. Ils ne les catalogueront même pas. En revanche, le "Journal d'Ann Frank", un canular avéré, est disponible partout. En fait, les juifs déterminent ce que les Américains sont autorisés à lire, à entendre, à voir, à écrire et à PENSER.

> Abraham H. Foxman, dans sa lettre au rédacteur en chef, m'accuse d'"antisémitisme" ; il me qualifie de "négationniste bien connu de l'Holocauste et d'apologiste des nazis", et il parle de mon "modèle de partialité et de tromperie". Je vois ensuite qu'il dirige une ligue contre la diffamation (ADL). C'est étrange.
> DAVID IRVING, Lettres, "Vanity Fair", octobre 1999

Récemment, Bertelsmann USA, un conglomérat allemand, a acheté plusieurs maisons d'édition new-yorkaises, créant la panique au sein de la Tribu. Toutefois, l'accord précisait que Bertelsmann ne publierait plus *"Mein Kampf"* et que l'infrastructure des maisons d'édition rachetées resterait fermement sous la direction des JUIFS !

Pendant les années qui ont précédé et suivi la Seconde Guerre mondiale, une succession de hiérarchies juives a contrôlé TOUTES les informations diffusées sur les réseaux de radio et de télévision américains : William Paley, JUIF, PDG de *CBS ;* la famille Sarnoff, JUIFS, dirigeait *RCA (NBC)* ; Leonard Goldenson, JUIF, dirigeait *ABC. PBS* et Sports Network sont également contrôlés par des juifs, tout comme les principales chaînes câblées : *TNN, CNN, A&E, History Channel,* pour n'en citer que quelques-unes. Dans certains cas, la propriété des réseaux a changé à la suite de fusions d'entreprises, mais les infrastructures restent indéfectiblement juives, comme par exemple *la société Disney :* Dirigée par Michael Eisner, JUIF, a acheté *ABC ;* et

Sumner Redstone (Rothstein) JUIF, a acheté *CBS* pour former *Viacom*, le deuxième plus grand conglomérat de médias au monde, qui crache ses immondices dans tous les coins du monde. Des "têtes parlantes" aryennes grassement payées, qui profèrent l'idéologie juive (Cronkite, Jennings, Sawyer, Cokie Roberts, George Will, Matthews, Brokaw, Rather, etc.), jouant le rôle de Judas, ont conduit les États-Unis au bord de la catastrophe : une guerre impossible à gagner contre les États arabes. Ce que les Américains savent de leur propre histoire et de l'histoire des Juifs, c'est ce que la TRIBU leur permet de savoir.

TIME-WARNER COMMUNICATIONS, le plus grand conglomérat de médias du monde, dirigé par Gerald Levin, juif, a récemment acquis la Turner Broadcasting Company. Turner, un entrepreneur sans éducation (Brown Univ.) mais très prospère, était marié à Jane Fonda, une bimbo d'Hollywood. Comme vous vous en souvenez, elle a été photographiée derrière les lignes ennemies en train d'agiter un drapeau communiste pendant la guerre du Viêt Nam. Par la suite, les troupes américaines ont placé des photos plastifiées de "Hanoi Jane" dans leurs urinoirs. Il n'est donc pas surprenant que Ted/Jane (qui sont maintenant divorcés) aient fusionné avec *Time-Warner* (JUIFS), puis, avec beaucoup de bruit, aient fait don d'un milliard de dollars exonérés d'impôts aux Nations unies, dont l'objectif est le GOUVERNEMENT MONDIAL ILLUMINATI.

La propriété d'Hollywood, du théâtre, de Broadway et de l'industrie du disque est presque un monopole juif. Pour échapper aux actions antitrust, quelques goyim obéissants sont autorisés à prendre une petite part du butin. Les Khazars contrôlent non seulement le financement, la création et la production du média, mais possèdent également, presque exclusivement, la distribution, l'exposition et les droits auxiliaires à l'étranger et dans le pays, ainsi que les privilèges de la cabine de casting où sont fabriquées (et élevées) les jeunes starlettes entreprenantes.

Le pouvoir des Juifs dans l'"industrie du divertissement" découle de leur capacité apparemment unique à obtenir un soutien financier. En dernière instance, ce sont les banquiers d'investissement, les financiers, les investisseurs en capital-risque, presque tous juifs, qui déterminent ce qui sera produit. Si le contenu ne répond pas aux critères des ILLUMINATI, il est mis à la poubelle. Il n'y a pas eu de films basés, par exemple, sur *"La destruction de Dresde"* de David Irving, *"Les journaux de Goebbel"*, *"L'avancée vers la barbarie"* de Veale,

"L'archipel du Goulag" de Soljenitsyne, *"Le marchand de Venise"* de Shakespeare, *"Un pilier de fer"* de Taylor Caldwell, ou un documentaire sur l'atrocité du *"U. S. S. Liberty"*, qui a fait l'objet d'une enquête de la part de la Commission européenne S.S. Liberty — un film qui ébranlerait le monde et ferait pendre les membres du Congrès et les taupes de la CIA pour trahison.

La contribution des Juifs à la culture cinématographique (en plus de la copulation à l'écran et des "rires enregistrés") est le DOCU-DRAMA, dans lequel le film documente des personnages et des événements historiques pour assurer l'authenticité, mais déforme ces personnages et ces événements pour soutenir les idéologies des Juifs. Enfin, le docu-fiction est vendu comme une histoire authentique. Ces demi-vérités sont, bien entendu, des mensonges qui portent gravement atteinte, comme ils sont censés le faire, à la nation aryenne. *La Liste de Schindler* est un exemple de "Spielbergisme" :

Le texte suivant est extrait de la page de copyright de la première édition du livre de Thomas Kneally, qui a servi de base au film *"La liste de Schindler"*. Les éditions actuelles du livre omettent les clauses de non-responsabilité !

TOUCHSTONE Rockefeller Center
1230 Avenue des Amériques
New York City, NY 10020

THOMAS KENEALLY — La liste de Schindler.

Ce livre est une œuvre de fiction. Les noms, les personnages, les lieux et les incidents sont soit le fruit de l'imagination de l'auteur, soit utilisés de manière fictive. Toute ressemblance avec des événements, des lieux ou des personnes réels, vivants ou morts, est purement fortuite.

1. Schindler, Oskar, 1908-1974... Fiction.
2. Holocauste, juif 1939-1945... Fiction.
3. Seconde Guerre mondiale, 1939-1945... Fiction.

Le docu-fiction permet au réalisateur Sir Stephen Spielberg, juif, sans être gêné par les faits historiques, de déverser sa haine des Allemands. Aucun mensonge n'est trop dégénéré pour que ce KHAZAR le présente comme un fait. Malheureusement, son viol du premier amendement traumatise les jeunes qui croient ce que leurs aînés leur disent.

D'anciennes photographies de l'armée de l'air américaine et des entretiens avec d'anciens prisonniers révèlent que le camp de Plaszow était en réalité bien différent de celui décrit dans le film très médiatisé "La liste de Schindler". Par exemple, la maison du commandant Goeth, le "tueur maniaque", était en fait située au pied d'une colline, ce qui l'empêchait d'abattre les juifs qui se trouvaient dans une enceinte au sommet de cette même colline. Cela ne s'est pas produit, sauf dans le cerveau malveillant de Spielberg. L'histoire montre que Plaszow était un camp de concentration raisonnablement confortable et bien géré. Il n'y avait pas de chambres à gaz. Pas de commandant fou. Tous des *Spielbergismes* !

Spielberg a fait sa carrière en calomniant les Allemands. Il est donc révélateur qu'il préfère les femmes aryennes (comme tant de juifs d'Hollywood). Jusqu'à présent, le célèbre réalisateur a épousé deux d'entre elles. Spielberg sait reconnaître un nez aquilin de qualité. Il veut que sa progéniture porte ces gènes aryens "haineux, bigots et maniaques". Récemment, le Congrès des États-Unis, poussé par le sénateur Arlen Specter, JUIF démocrate, a accordé au milliardaire Spielberg un million de dollars de votre argent pour enregistrer les fantasmes des "survivants de l'Holocauste" récemment découverts, dans un effort continu pour extorquer la pitié du public goyim au cerveau lavé. Dans leur avidité, les juifs oublient que plus il y a de survivants, moins il y a de "victimes".

> On pourrait probablement démontrer par des faits et des chiffres qu'il n'y a pas de classe criminelle typiquement américaine, à l'exception du Congrès.
>
> MARK TWAIN.

Les LIBÉRAUX *se sentent si bien* lorsqu'ils ont d'autres personnes à plaindre ! Les élus de Dieu, qui se plaignent de la SHOAH, s'attaquent à ces pauvres hères comme des voleurs à la tire chez Macy's. Pendant que les goyim stupides se flagellent avec l'amour fraternel, les JUIFS volent tout ce qui n'est pas cloué au sol, tout en criant à l'antisémitisme.

L'ARGENT

La chutzpah fonctionne aussi dans le JEU DE L'ARGENT ! Le

magazine *Forbes* dresse la liste des 400 premiers méga-milliardaires et milliardaires américains (1998). Il y a 5 juifs parmi les 10 premiers méga-milliardaires et 15 juifs parmi les 30 premiers milliardaires. Ainsi, tout en prétendant être victimes de l'antisémitisme et représenter 3% de la population, les juifs constituent 50% des hommes les plus riches d'Amérique. La majorité de ces juifs sont nés en Europe de l'Est, ce qui prouve que les nazis n'étaient pas aussi efficaces qu'on a voulu nous le faire croire.

Le magazine *Vanity Fair*, qui présente le "New Establishment" pour 1998, mentionne 12 juifs parmi les "30 premiers courtiers en puissance des États-Unis". *Les membres de la cabale bancaire internationale* qui détiennent les intérêts de la dette américaine de six trillions de dollars *brillent par leur absence dans les deux sondages susmentionnés. Ce* sont les *"hommes dominants"* dont parlait le président Wilson, qui siègent aux conseils d'administration des sociétés les plus prestigieuses du monde ; des personnages de l'ombre qui claquent des doigts et le Congrès obéit comme un seul homme.

> L'usure peut être pratiquée sur les chrétiens.
> TALMUD : Abhodah Zara 54a.

> Un rapport spécial du recensement fédéral de 1950... a révélé que parmi les... différents groupes de population des États-Unis, les "Russes nés à l'étranger" avaient le revenu moyen le plus élevé. Le revenu moyen des Américains d'origine blanche était inférieur de 40%... "le groupe russe contient d'importantes composantes réfugiées et juives".
> WILMOT ROBERTSON, *"The Dispossessed Majority"*.

> La propriété chrétienne appartient au premier juif qui la revendique.
> TALMUD : Babha Kama 113b.

> Les juifs doivent diviser ce qu'ils facturent en trop aux chrétiens.
> TALMUD : Choschen Ham 183.7.

Nous savons maintenant que la "théorie de la retombée" du financement commence avec le président du Conseil des gouverneurs de la FED qui fournit des informations "confidentielles" à des financiers privilégiés, lesquelles retombent sur des membres moins importants de la cabale. Aimeriez-vous apprendre 48 heures à l'avance que la FED a l'intention d'abaisser le taux directeur ? Aimeriez-vous être un agent à l'origine ou à la réception, par exemple, de dollars acheminés par le

FMI vers la Russie ou Israël ? Vous aussi, vous pouvez figurer dans *Forbes 400* !

Pourquoi de nombreux membres du Congrès arrivent-ils pauvres et partent-ils riches à la retraite ? Réponse : Parce que leur honneur vaut moins que ce qu'ils reçoivent des groupes d'intérêt. L'argent achète tout. Il a "acheté" la chambre de Lincoln. Il a acheté la Cour suprême. Il a acheté votre pays.

INFLUENCE JUIVE ?

Il n'y a pas si longtemps, les Juifs n'avaient pas droit de cité dans les grands cabinets d'avocats de Washington, D.C... Les Juifs n'étaient pas autorisés à entrer dans les principaux country clubs... Je pense à la position des Juifs aujourd'hui en Amérique : Le secrétaire d'État est juif... Le secrétaire à la défense est à moitié juif... Le secrétaire au Trésor est le seul à être juif et à admettre qu'il l'est... Le directeur de tous les grands studios d'Hollywood est juif. Les dirigeants de tous les réseaux sont juifs. Les directeurs de deux des quatre journaux nationaux sont juifs... Les dirigeants de toutes les universités de la Ivy League sont juifs... Je vais vous dire comment je sais, sans l'ombre d'un doute, que la position des Juifs en Amérique a changé de façon spectaculaire... Un ami proche a eu un service commémoratif au Chevy Chase Country Club (!). Et il y avait un cantor avec une kippa qui faisait le service... Je ne peux pas vous décrire à quel point la tournure des événements est étonnante.

BEN STEIN, JUIF, discours lors d'une conférence juive pro-vie à la faculté de droit de l'université catholique (extrait du *"Washington Times"* 11-17-98).

PAS DE PLACE POUR LES CHRÉTIENS BLANCS DANS L'ARC-EN-CIEL DE L'IVY LEAGUE

Si les universités d'élite et les écoles supérieures inscrivent 75% de leurs étudiants parmi les petites minorités démocrates alors que les chrétiens et les catholiques blancs, qui représentent 75% de la population, sont relégués à 25% des sièges, il n'y a aucun doute quant à l'identité de ceux qui dirigeront l'Amérique au 21e siècle.

Dans la page éditoriale du *Wall Street Journal* (11-16-98), un essai remarquable (rédigé par Ron Unz, ancien élève de Harvard) expose l'histoire vraie et cachée de ceux qui sont réellement "sous-représentés" dans nos écoles d'élite et qui sont les véritables victimes du sectarisme ethnique en Amérique. Selon M. Unz, aujourd'hui, à Harvard College, les inscriptions des Hispaniques et des Noirs ont atteint respectivement 7% et

8%, soit un peu moins que les 10% et 12% de la population américaine qui sont Hispaniques et Noirs. Cette situation a suscité des protestations... car les Hispaniques et les Afro-Américains insistent sur une représentation plus proportionnelle.

M. Unz... poursuit en disant que près de 20% des étudiants de Harvard sont des Américains d'origine asiatique et que 25 à 33% sont des Juifs, bien que les Américains d'origine asiatique ne représentent que 3% de la population et que les Juifs d'origine américaine représentent encore moins de 3% de la population. Ainsi, 50% des étudiants de Harvard proviennent de 5% de la population américaine !

Si l'on ajoute les étudiants étrangers, les étudiants issus de notre petite élite WASP et les petits-enfants des diplômés, on obtient un corps étudiant de Harvard où les Blancs non juifs représentent 75% de l'effectif.

La population américaine n'obtient que 25% des places ! La même situation... existe dans d'autres écoles d'élite... Comme les Hispaniques, les Asiatiques, les Afro-Américains et les Juifs américains votent eux aussi massivement pour les démocrates, le tableau qui se dessine n'est pas beau à voir. Une élite libérale soulage sa conscience sociale en privant la classe moyenne blanche américaine de son droit d'aînesse et en la confiant à des minorités qui votent justement pour le parti démocrate...

PAT BUCHANAN, extrait du *Washington Times* (12-13-98).

La même conspiration a existé dans l'Allemagne d'après-guerre. Hitler a tenté d'expulser les Juifs. Les Juifs ont déclaré la guerre. L'Amérique a envoyé des troupes à l'étranger pour tuer les Allemands ! Aujourd'hui, les Juifs dirigent l'Amérique.

LA POLITIQUE "TROP DE JUIFS" SUSCITE DES PROTESTATIONS :

Le président de la commission des relations internationales de la Chambre des représentants, Benjamin A. Gilman, a écrit hier au président Clinton pour s'opposer à un rapport (anonyme) selon lequel les postes de haut niveau dans le domaine des affaires étrangères ne sont pas pourvus parce qu'il y a trop de... d'"hommes blancs juifs" aux postes de direction du département d'État... Les sources s'exprimaient dans le contexte de la préoccupation de l'administration Clinton pour la recherche de la "diversité"... afin qu'aucun sexe ou groupe ethnique ne soit surreprésenté... Néanmoins, M. Gilman a déclaré... "La publication d'une telle déclaration, même anonyme, à notre époque est scandaleuse... La *discrimination religieuse est totalement inappropriée dans les décisions relatives au personnel"*... M. Gilman a déclaré à M. Clinton : "Nous suivrons de près les décisions de votre administration en matière de personnel sur cette question".

WASHINGTON TIMES, par Ben Barber, 1997.

Gilman, juive, reprend la vieille rengaine selon laquelle la juiverie doit être identifiée par la *religion* et non *par la race*. Alors que même l'idiot du village comprend qu'Elizabeth Taylor, JUIVE, et Sammy Davis Jr, JUIF, ne sont pas des KHAZARS et qu'Henry Kissinger, JUIF, n'est pas allemand. C'est un jeu de dupes. Lorsque les pratiques d'embauche ou de recrutement sont basées sur des quotas *raciaux* et que les JUIFS sont sous-représentés, on entend les élus de Dieu crier à l'antisémitisme (anti-race). Les parasites sont insatiables.

Le président Clinton, *sous la houlette des ILLUMINATI*, a nommé plus de juifs khazars à des postes gouvernementaux essentiels *(avec le désastre que cela implique)* que n'importe quel autre président dans l'histoire des États-Unis. Pourtant, Gilman, la quintessence des Juifs, tout comme Shylock, l'usurier par excellence de Shakespeare, exige de la chair, de la chair et encore de la chair.

> Un juif reste juif même s'il change de religion. Un chrétien qui adopterait la religion juive ne deviendrait pas juif, car la qualité de juif n'est pas dans la religion mais dans la race.
> "THE JUIFISH WORLD", Londres, Angleterre, 12-14-1922.

INVASIONS CULTURELLES

On dit que pour apprécier Wagner, Beethoven et Richard Strauss, il suffit d'écouter une composition de Mahler, JUIF. Quoi qu'il en soit, au podium, quel que soit le programme, il y a presque toujours un chef d'orchestre juif : Bruno Walter, Daniel Barenboim, Serge Koussevitsky, Pierre Monteux, Erich Leinsdorf, Eugene Ormandy, George Szell, Arthur Fiedler, James Levine, Leonard Bernstein, André Previn, George Solti, Arthur Schnabel, Leonard Slatkin, Zubin Mehta, etc. Les chefs cités ci-dessus ne représentent que quelques-uns des nombreux chefs d'orchestre juifs qui, depuis la Seconde Guerre mondiale, ont été nommés à la tête des plus grands orchestres du monde. Les gentils qui sont autorisés à brandir occasionnellement la baguette sont considérés comme des intrus sur ce qui est devenu le territoire des juifs. Pourquoi ?

Les redevances étrangères et nationales provenant de la vente de disques et de cassettes permettent aux orchestres symphoniques, aux chefs d'orchestre et aux solistes de ne pas être dans le rouge. Aux États-Unis, l'industrie du disque est contrôlée par les juifs. En effet, ce sont eux, avec l'aide des médias, qui déterminent quels artistes seront engagés, étoilés et licenciés. Ainsi, les grandes formes musicales de l'Occident en sont venues à être interprétées par des chefs d'orchestre et des solistes juifs à leur manière kitsch. Ce sont eux qui reçoivent les avantages financiers et les accolades, tandis que les *Aryens sont apparemment incapables d'interpréter la grande musique créée par leur propre race.* C'est un autre exemple du choc des cultures qui a polarisé l'Allemagne.

Les Juifs ne se contentent pas de plagier, de s'approprier et de déformer notre musique, ils ont un autre tour dans leur sac. Invariablement, un tour de force musical, par exemple un enregistrement de Mozart dirigé par von Karajan, comportera au verso des sélections de compositeurs JUIF de troisième ordre, tels que Copeland, Bernstein et Gershwin. Ainsi, le caractère sacré des bibliothèques musicales aryennes, comme celles des clubs privés et des écoles, est violé par des personnes non invitées. S'opposer à une telle audace suscite des cris d'antisémitisme, alors qu'il s'agit en réalité d'une objection à la culture juive.

> Pour réussir à composer des comédies musicales, il faut être juif ou homosexuel. Je suis les deux.
> LEONARD BERNSTEIN,
> Chef d'orchestre, New York Philharmonic.

> Vous serez pour moi un trésor au-dessus de tout le monde.
> EXODUS 9:15

> Les Juifs d'Europe ont un caractère particulier et sont connus pour leur fraude.
> DAVID HUME, philosophe écossais.

ESPACE

La conquête de l'espace est depuis longtemps l'apanage de l'Occident, depuis le mythe d'Icare et le concept faustien de l'homme en vol de Léonard de Vinci. Les frères Wright ont fait décoller l'homme avec des ailes à Kitty Hawk. Goddard a été le pionnier de la fusée ; les scientifiques allemands ont inventé les moteurs à réaction et développé la science des fusées qui a propulsé les États-Unis et l'URSS dans l'espace ; Werner von Braun et son équipe germano-américaine de la

National Aeronautics Space Administration (NASA) ont envoyé l'Amérique sur la lune. *La créativité, la science, la merveilleuse technologie et les techniques qui ont mis le système solaire à notre portée ont été produites par les Aryens.* Ce sont eux qui ont pris les risques et qui ont vaincu les dangers parfois mortels. C'est alors qu'arrive Daniel E. Goldin, KHAZAR/JUIF, nommé par le président Clinton, selon les instructions des ILLUMINATI, à la tête de la NASA. Il assure ainsi à Israël tous les renseignements de la NASA que les espions juifs ne volent pas d'abord. Sous Goldin, les États-Unis et la Russie (financée par les États-Unis) coopèrent désormais sur le programme spatial, et non les États-Unis et l'Europe aryenne ! (Le monument érigé sur la Lune à la mémoire des pionniers de l'espace néglige de mentionner Werner von Braun, un aryen).

Le PARASITISME aux U.S.A. est, bien sûr, un *redoublement* historique. Theodor Herzl, JUIF, a souligné que *l'antisémitisme existe partout où les Juifs apparaissent parce qu'ils l'apportent avec eux.* Leur mission initiale était de propager leur religion. Ils ont échoué dans cette mission. Aujourd'hui, peu de Juifs revendiquent cette mission messianique. Les dirigeants israéliens, les premiers ministres Golda Meir et Benjamin Netanyahu, par exemple, admettent volontiers qu'ils ne sont pas de *"vrais croyants". Mais l'idée d'une mission demeure sous une forme dégénérée : gâcher tout ce qui n'est pas juif.* Ils y parviennent, quelle que soit la nation qui les accueille, grâce à un plan clandestin et hautement organisé d'acquisition et de destruction, décrit avec précision dans ces pages.

La philosophie juive ne consiste pas à "FAIRE" (GAGNER) de l'argent, mais à "OBTENIR" de l'argent. C'est pourquoi les JUIFS sont toujours des financiers et des intermédiaires, rarement des capitaines d'industrie, des constructeurs et des producteurs. L'Aryen robuste et loyal choisit un travail qui lui plaît et dont il est fier, même si cela signifie "gagner" un peu moins d'argent. Mais pour le JUIF, "gagner" de l'argent est la principale considération. Les idées de *"travail créatif"* et de *"travail bien fait"* lui semblent ridicules. Les Aryens aiment avoir affaire à des idées créatives, à des compétences, à la qualité et au danger. Les juifs ne conquièrent pas les régions sauvages et ne se lancent pas dans l'espace. Pour les Aryens, le travail est tout ce qu'il y a de plus important, et non le fait de négocier des accords et de vivre des efforts d'autrui. Bientôt, le soi-disant JUIF "américain", le parasite qui n'a rien fait, a tout reçu !

Nous avons tenté de montrer dans ce chapitre quelques exemples de la partie émergée de l'iceberg de ce que les juifs "américains" font le mieux : commettre des trahisons et d'autres crimes graves aux échelons les plus élevés du gouvernement ; promouvoir la destruction de l'éthique américaine en fomentant des guerres sans victoire non déclarées (appelées "actions de police") au cours desquelles des milliers de jeunes Américains sont morts inutilement, leur honneur étant ensuite traîné dans la boue par la canaille dirigée par les JUIFS ; voler le programme nucléaire américain tout en renforçant les capacités militaires et nucléaires de la CHINE/ISRAËL/SOVIÉTIQUE ; meurtre prémédité de l'USS Liberty ; poursuite de l'extorsion et des mensonges sur l'"HOLOCAUSTE" malgré les preuves accablantes qu'il n'y avait pas de politique de massacre des JUIFS et qu'il n'y avait pas de chambres à gaz ; prise de contrôle de l'argent (par la FED), des médias, du gouvernement, des entreprises, du complexe militaro-industriel et du programme spatial de l'Amérique. Tout cela, et plus encore, par une tribu laide et hostile qui vit en parasite dans les veines de notre nation.

> Laissez-moi émettre et contrôler l'argent d'une nation et je ne me soucie pas de savoir qui fait ses lois.
> AMSCHEL MAYER ROTHSCHILD.

> Tuez les Juifs !
> SADAM HUSSEIN.

> Le "problème juif" ne s'explique pas d'un point de vue éthique, racial, national, religieux, social, mais uniquement d'un point de vue culturel... En ce siècle où l'Occident se transforme en une unité de culture, de nation, de race, de société, d'économie, d'État, le Juif apparaît clairement dans sa propre unité totale : un étranger intérieur complet à l'âme de l'Occident.
> FRANCIS PARKER YOCKEY, *"Imperium"*.

> Cette race rusée a un grand principe : tant que l'ordre règne, il n'y a rien à gagner.
> GOETHE.

À l'aube du nouveau millénaire, les Juifs sont confrontés à trois perspectives terrifiantes :

1) La synthèse dialectique de l'Occident inaugure l'ère mendélienne ; 2) L'élite culturelle de nombreuses nations à travers le monde a jugé que les Juifs devaient payer pour leurs crimes ; 3)

L'Internet mondial, pour la première fois en 85 ans, lève le rideau de fer de la censure juive sur l'information publique. Les FAITS historiques autrefois supprimés sont désormais accessibles ici et à l'étranger à toute personne disposant d'un ordinateur.

À Toronto, dans l'Ontario, le "déni de l'holocauste" est traité comme un crime de haine passible d'amendes sévères et de peines d'emprisonnement. Les procès d'Ernst Zundel, occultés ou déformés aux États-Unis, ont constitué un véritable drame. Au tribunal, la défense de Zundel a prouvé de manière concluante qu'il n'y avait pas de chambres à gaz à Auschwitz. Néanmoins, le juge a déclaré Zundel coupable de haine, en statuant que *"la vérité n'est pas une défense"*. Avant et pendant le procès, la haine était à son comble. De nombreuses tentatives ont été faites pour tuer Zundel à l'aide de lettres piégées, de gourdins et de coups de feu. Le bureau de Zundel a été incendié, causant 600 000 dollars de dégâts. Ni le gouvernement, ni les médias, ni la police canadienne, sachant de quel côté leur pain est beurré, n'ont osé admonester les JUIFS (voir bibliographie). LE CONGRÈS MONDIAL JUIF, Edgar Bronfman, Président, JUIF (Seagrams Distillers) exhorte les gouvernements américain et canadien à fermer le site web d'Ernst Zundel :

http://www.zundelsite.org

En Allemagne, Manfred Roeder continue de protester contre l'holocauste dans un Reich au cerveau lavé (toujours occupé par les troupes nègres américaines). Roeder, ancien avocat de l'amiral Doenitz, a failli être battu à mort l'année dernière par six voyous masqués brandissant des tuyaux de fer. Aucune arrestation n'a eu lieu. Au lieu de cela, Roeder a été inculpé, jugé et condamné à trois ans de prison pour avoir nié l'"Holocauste".

Aux États-Unis d'Amérique, les *crimes commis par les Juifs contre les révisionnistes sont également tolérés par la police locale, tout comme l'espionnage et la subversion des Juifs sont tolérés par le Congrès américain.*

Suite à la marée montante du mendélisme et du révisionnisme, les juifs américains (sous la bannière du judéo-christianisme, de la démocratie et de la fraternité) intensifient leurs efforts pour consolider leurs remarquables gains politiques, métisser les races et établir un gouvernement sioniste mondial. Pour faciliter cette tâche, ils ont l'intention d'abolir les restrictions à l'immigration entre les États-Unis, le Mexique et les Caraïbes, de confisquer TOUTES les armes appartenant aux citoyens américains et d'entraîner l'Amérique dans une guerre mondiale. Les Juifs, comme toujours, sortiront avec le butin tandis que les Aryens mourront. Rappelez-vous que l'ARME RÉVOLUTIONNAIRE DES ILLUMINATI est composée de JUIFS en DIASPORA : bolcheviks, "néo-conservateurs", assassins, mafieux, anarchistes, escrocs, proxénètes, provenant de tous les coins du monde.

Ces derniers, la *canaille*, fomenteront la révolution dans les forces armées américaines, les prisons, les quartiers défavorisés et dans Main Street, U.S.A.

TOB SHEBBE GOYIM HAROG !

CHAPITRE 11

PATHOLOGIE ET SYNTHÈSE

PATHOLOGIE

Le pouvoir et le droit ne sont pas synonymes. En vérité, ils sont souvent opposés et inconciliables. Il y a la LOI DE DIEU dont découlent toutes les lois équitables de l'homme et selon laquelle les hommes doivent vivre s'ils ne veulent pas mourir dans l'oppression, le chaos et le désespoir. Séparé de la LOI ÉTERNELLE ET IMMUABLE de DIEU, établie avant la fondation des soleils, le pouvoir de l'homme est mauvais, quelles que soient les nobles paroles avec lesquelles il est employé ou les motifs invoqués pour l'appliquer. Les hommes de bonne volonté, conscients de la LOI DÉPOSÉE PAR DIEU, s'opposeront aux gouvernements dirigés par des hommes et, s'ils veulent survivre en tant que nation, ils détruiront les gouvernements qui tentent de statuer selon les caprices ou le pouvoir de juges vénaux.

CICÉRON (106-43 AV. J.-C.).

Le peuple juif, pris collectivement, sera son propre Messie. Il parviendra à la maîtrise du monde par l'union de toutes les AUTRES races humaines, par l'abolition des frontières et des monarchies, qui sont le rempart du particularisme, et par l'érection d'une République universelle, dans laquelle les Juifs jouiront partout de droits universels. Dans cette nouvelle organisation de l'humanité, les fils d'Israël se répandront sur tout le monde habité et, appartenant tous à la même race et à la même culture-tradition, sans avoir en même temps une nationalité déterminée, ils formeront l'élément dirigeant sans trouver d'opposition. Le gouvernement de la nation, qui constituera cette République universelle, passera sans effort entre les mains des Israélites, par le fait même de la victoire du prolétariat. La race juive pourra alors supprimer la propriété privée, et après cela administrer partout les fonds publics. Alors s'accomplira la promesse du Talmud. Quand le temps du Messie sera venu, les Juifs tiendront entre leurs mains la clé de toutes les richesses du monde.

BARUCH LEVY, JUIF, historien,
extrait de sa célèbre lettre à Karl Marx (souligné par nous).

Pour posséder ce que l'on ne possède pas, il faut passer par la voie de la dépossession.

T.S. ELIOT, "Four Quartets".

Ne pas savoir ce qui s'est passé avant notre naissance nous maintient à jamais dans l'état d'enfant.

CICÉRON (106-43 AV. J.-C.).

Les races purifiées deviennent toujours plus fortes et plus belles.

NIETZSCHE.

La *raison d'être d'*un gouvernement communiste, selon Karl Marx, est de construire un système de société prolétarienne. Lorsque l'on trouve des personnes ou des classes de personnes qui ne peuvent s'intégrer dans une telle société, elles sont "liquidées", c'est-à-dire mises à mort... C'est dans cet esprit sans passion que Lénine (juif) et Dzershinsky (juif) ont éliminé les classes aristocratiques et ploutocratiques de la Russie tsariste ainsi que des dizaines de milliers d'évêques et de prêtres orthodoxes après la révolution de 1917... La grande majorité d'entre eux ont péri (simplement) parce qu'ils ne pouvaient pas être assimilés par le nouvel État prolétarien qui était en train de se mettre en place.

F. J.P. VEALE, juriste anglais, *"Advance to Barbarism"*.

Les JUIFS n'auraient jamais pu s'emparer de l'Amérique sans la naïveté de ses dirigeants blancs qui, au début du 20e siècle, étaient encore les fils, petits-fils et arrière-petits-fils des pionniers de ce pays. Ces descendants ont hérité du pouvoir, des privilèges et de la richesse, mais ont complètement perdu le contact avec l'IDÉE qui a fait la grandeur de cette nation : *"la destinée manifeste de la race blanche"*. *En* conséquence, l'*Amérique a été entrainée par des guerres à l'étranger pour les intérêts des Juifs, détruisant non seulement la semence blanche de l'Europe, mais endommageant l'éthique de l'Occident tout entier, permettant ainsi aux ILLUMINATI de s'enfoncer de plus en plus profondément dans les nerfs de l'Amérique.*

L'élite aryenne, éduquée dans des écoles préparatoires prestigieuses et des collèges de la Ivy League, a été maintenue dans l'ignorance totale des lois de la génétique, les lois de Dieu, tandis que les ordures talmudiques de Marx, Freud et Boas étaient proclamées et promulguées comme la voie de la paix et de l'abondance. Affichant des maîtrises et des doctorats, ces goyim au cerveau lavé, aux mains douces et au cœur compatissant, ont été complices de la propagation des spirochètes de la syphilis juive dans tout l'Occident. Les résultats ont été désastreux. Une HAUTE CULTURE, comme nous le savons maintenant, est le reflet d'un PEUPLE UNIQUE. Lorsque ce peuple est malade, cela se reflète dans sa culture. *Il ne fait aucun doute que la culture occidentale est malade. Mais pourquoi ?*

Les pathologistes culturels exposent plusieurs FAITS indiscutables dont il faut tirer des conclusions évidentes : *Les JUIFS ont délibérément préparé l'homme occidental aux guerres d'annihilation du 20 siècle en déformant ses instincts raciaux par le mensonge, la propagande et la diabolisation de l'"ennemi", et en achetant les dirigeants politiques alliés, amenant ainsi l'Amérique et la Grande-Bretagne à mener une guerre totale contre leur famille européenne. L'objectif principal de l'Allemagne était d'unir l'Europe contre le VRAI ENNEMI JUDAÏSTE-MARXISTE. Le résultat tragique fut la victoire totale des KHAZARS et la défaite dévastatrice de l'Occident aryen.* Prenons l'exemple de l'Angleterre, vers 1900, une île minuscule d'environ 40 millions d'âmes, contrôlant plus de 80% de la terre (y compris la maîtrise des mers). Elle était la plus grande influence civilisatrice que le monde ait jamais connue. Aujourd'hui, après avoir mené deux guerres mondiales POUR L'ENNEMI, la suprématie britannique sur les mers a disparu ; sa primauté commerciale et politique en Europe a disparu ; son pouvoir colonial a disparu ; ses réserves monétaires ont disparu ; et son stock de reproducteurs aryens est sérieusement épuisé. Elle a été chassée de Palestine par des Juifs ingrats (armés par les sionistes américains), ses soldats ont été assassinés, leurs corps piégés, ses diplomates assassinés.

L'Angleterre est aujourd'hui la propriété des ILLUMINATI et a été forcée d'accepter des vagues d'immigration non blanche au sein de sa famille teutonique aux joues roses, en préparation du GOUVERNEMENT MONDIAL UNIQUE DES JUIFS (les statistiques démographiques prévoient que Londres aura une majorité non blanche d'ici 2010 ; la Grande-Bretagne aura une majorité non blanche d'ici 100 ans).

L'Amérique n'a pas fait mieux. Elle a gagné la débâcle militaire POUR L'ENNEMI et perdu la paix. Les intérêts (245 milliards de dollars par an) sur sa dette de 6 milliards de dollars appartiennent aux ILLUMINATI. Les États-Unis, *"la seule superpuissance du monde"*, sont désormais une colonie juive. Les Américains blancs, dépossédés, ne sont que des employés bien payés et lourdement taxés. Ils font tourner la roue, mènent des guerres contre les JUIFS et sont invités à abandonner le ventre de leurs filles au métissage.

Il est clair que le mendélisme a révélé une plaie saignante : Lorsqu'un organisme culturel ne se bat pas pour lui-même, il se bat contre lui-même. Il perd toujours lorsqu'il ne combat pas le VRAI ENNEMI. Les pathologistes culturels révèlent qu'*un peuple entier a été conduit à sa destruction*, contre ses instincts, par des dirigeants égoïstes et une propagande mensongère. *Complices de la destruction de la culture occidentale, les médias de masse ont été reconnus coupables de complicité de trahison, de sédition, de meurtre, de génocide et d'autres crimes graves.*

> Si quelqu'un demande pourquoi nous sommes morts, dites-lui que c'est parce que nos pères ont menti".
>
> KIPLING.

> Et voici qu'un ange l'appelle du ciel,
> en disant : Ne pose pas la main sur le jeune homme,
> et ne lui fais rien. Voici,
> Un bélier, pris dans un fourré par ses cornes,
> Offre le bélier de l'orgueil à sa place.
> Mais le vieillard ne voulut pas, et il tua son fils,
> et la moitié de la race européenne, l'un après l'autre.
>
> WILFRED OWEN, "La parabole du vieillard et du jeune homme".

Ces patriotes qui sont morts pour "sauver le monde pour la démocratie" sont morts courageusement mais en vain. La DEMOCRATIE, nous l'avons vu, est un anthrax politique utilisé par les JUIFS pour détruire leurs hôtes païens en renversant la pyramide de la méritocratie. Ainsi, par le biais du droit de vote, les hommes supérieurs (hors du commun) sont rendus politiquement impuissants par les votes des masses numériquement supérieures ; *celles-ci étant ignorantes, frénétiques et compulsives ("la bête à plusieurs têtes") sont facilement manipulées par l'ARGENT et les MÉDIAS DE MASSE (le Collège électoral représente les chefs de parti et est une imposture).*

Les dirigeants honnêtes, évités par les magnats des médias, sont rarement vus ou entendus en public. Par conséquent, ils sont rarement élus à des fonctions publiques, tandis que les hommes politiques qui bénéficient de l'approbation des médias font de longues carrières à l'auge publique et dans les coulisses, en vendant l'héritage de l'Amérique aux plus offrants. La règle de base est la suivante : si le candidat est approuvé par les médias, il a été acheté ! Ainsi, dans une nation où la quantité prime sur la qualité, et l'égalité sur le mérite, chaque segment de la culture est dégradé.

L'axiome libéral selon lequel *"c'est une nation de lois"* (en vertu duquel tous les hommes sont égaux) a perdu sa validité lorsque *"tous les hommes" a été interprété par le système judiciaire américain comme signifiant "toutes les races"*. Les fondateurs, comme le montrent clairement leurs écrits, envisageaient la notion d'égalité raciale tout comme ils envisageaient la notion de démocratie. Mais les visions de nos pères fondateurs aryens ne signifiaient rien pour les juifs, ou pour les législateurs et les juristes que les ILLUMINATI faisaient chanter, extorquaient et achetaient si régulièrement.

Par conséquent, les amendements constitutionnels, les promulgations et les interprétations libérales de la loi ont annulé le gouvernement tel qu'il avait été envisagé par les fondateurs, retournant littéralement la loi du pays contre la race blanche *("Nous, le peuple")*, le peuple même qu'elle était censée protéger à l'origine. (À l'échelle mondiale également, la démocratie est désastreuse pour les Blancs, qui ne représentent que 10% de la population mondiale).

Le démembrement progressif de notre République constitutionnelle s'est fait graduellement et délibérément. L'Amérique que nous avons été élevés à aimer et à respecter et à laquelle nous prêtons allégeance a été soigneusement préservée dans sa panoplie, ses monuments et ses lieux historiques. Mais, comme nous le verrons, il s'agit en grande partie d'une illusion. La vision de Washington, Adams, Jefferson et Franklin a été déformée au-delà de toute rédemption. *"Un ennemi a fait cela !* (Ezra Taft Benson). *Au cœur de la nation se nourrit une sangsue dégoûtante et salivante.*

La première *Constitution des États-Unis (1787)*, signée par les auteurs, conservée sous vide et sous verre, a été abrogée en 1861 lorsqu'une fédération d'États du Nord a mené une guerre totale contre les États du Sud de l'Union, en infériorité numérique, qui ont ensuite été incendiés et brisés. L'assaut du Nord, fondé sur la cupidité des banquiers et l'opportunisme politique, a été dissimulé sous l'hypocrisie de l'égalité raciale : la manumission des esclaves noirs qui ont ensuite été séparés dans des immeubles appartenant à des juifs, leur faible intelligence étant exploitée dans des ateliers de misère. Une deuxième *Constitution* est entrée en vigueur lorsque les politiciens triés sur le volet par Rothschild ont imposé, sous la menace d'une arme, les 14e et 15e amendements (1865 et 1868) qui ont effectivement révoqué la Constitution que les traîtres avaient juré de défendre. Une troisième *Constitution* est apparue, sous les auspices du président Woodrow Wilson, démocrate, lorsque le Congrès, contrôlé par Wall Street, a promulgué :

1) la loi *inconstitutionnelle* sur la Réserve fédérale (1913) qui donne le contrôle de l'argent des Américains à Rothschild ;

2) le premier impôt américain sur le revenu (16e amendement) destiné à financer la première guerre mondiale des ILLUMINATI et à *"sauver le monde pour la démocratie"* ;

3) l'élection démocratique des sénateurs (17e Amendment) remplaçant la République par une démocratie.

La *quatrième Constitution* (1931) est entrée en vigueur sous Franklin D. Roosevelt, démocrate. Le criminel de guerre et ses "amis communistes" ont rapidement établi un *"diktat du prolétariat"*. Henry Morgenthau, JUIF, secrétaire au Trésor, a *ordonné aux citoyens américains de vendre tout leur or* au Trésor américain à des prix inférieurs aux cours internationaux de l'or ! Cet "or bon marché" a ensuite été acheté par les banquiers internationaux pour préparer la guerre mondiale qu'ils préparaient. Ce vol de l'or américain par les banquiers internationaux est connu sous le nom de *"Grand hold-up bancaire de 1933"* (Revilo Oliver). Lorsque l'économie n'a pas été autorisée à se remettre de la dépression créée par la FED, Bernie Baruch, juif, à la tête du War Industries Board *("l'homme le plus puissant d'Amérique"),* a mis les Américains affamés au travail pour préparer une nouvelle guerre contre l'Europe aryenne. Bientôt, les moutons américains furent conduits sur les champs de bataille de la Seconde Guerre mondiale et reçurent l'ordre de détruire le système monétaire *"Juden Frei"* et *"Wucher Frei"* de Herr Hitler et de massacrer autant d'Aryens que possible. Après avoir *sauvé le monde pour la DEMOCRATIE* (MARXISME/LIBÉRALISME/JUIVERIE), l'Amérique est devenue une entrée dans le chéquier des ILLUMINATI.

Les administrations démocrates successives ont invité des hordes de juifs et d'autres immigrants non blancs aux États-Unis pour une seule raison : ils votent pour le ticket démocrate/communiste. Cette forme de "trahison" à l'échelle nationale a changé la couleur politique et raciale de notre république constitutionnelle en un État-providence de style marxiste où tout le monde est égal mais où certains sont plus égaux que d'autres.

La quatrième *Constitution* est née de l'échec de la destitution du président démocrate WILLIAM CLINTON (vers 1999), qui a révélé le mépris total des juifs pour la Constitution des États-Unis et le code de lois sur lequel repose la jurisprudence. Le Sénat et les citoyens des États-Unis ont également été jugés, mais par procuration. Finalement, tous deux ont été démasqués comme étant *égoïstes, superficiels, vénaux et dépourvus d'honneur*.

La commission judiciaire de la Chambre des représentants, composée d'une majorité de républicains (tous aryens), a risqué sa carrière politique en votant la destitution d'un président populaire, tandis que 16 démocrates (5 blancs, 5 noirs et 6 juifs) ont voté à l'unanimité le maintien au pouvoir de ce menteur compulsif et dangereux pour la sécurité *(95% des noirs et 90% des juifs ont voté en faveur de son élection à la présidence)*. Les Noirs l'appellent avec nostalgie *"le seul président noir"*. Ils adorent ses mensonges et son saxophone jouant du blues. Des juristes impartiaux s'accordent à dire que Clinton a menti sous serment, s'est parjuré devant un grand jury et a délibérément fait obstruction à la justice. Le sénateur Robert Byrd, *"doyen des démocrates"* et *"expert constitutionnel"*, a déclaré avec émotion à la télévision nationale que Clinton était coupable de crimes graves, nécessitant sa destitution. Des citoyens américains, militaires et civils, purgent des peines de prison pour des délits moins graves. Peu après sa mise en accusation par la commission judiciaire de la Chambre des représentants, Clinton est apparu dans la roseraie (qui jouxte le bureau ovale où lui et Monica Lewinski, juive (un risque pour la sécurité), avaient pratiqué une fellation avec le buste en bronze de Lincoln comme témoin). Le menteur de Yale s'est adressé au public : Il est *"confiant dans l'avenir"*. Il *"poursuivra l'œuvre des peuples"*. Un observateur attentif qui s'attendrait à des signes de remords pourrait discerner, à la place, une euphorie refoulée sur le visage du président ! Un *"petit oiseau"* lui avait chuchoté quelque chose à l'oreille. Le vice-président Al Gore, au courant du secret, serra le président destitué dans ses bras, l'assurant de sa loyauté (alors que le "rouge" Dean Acheson, de Yale, avait juré de ne jamais tourner le dos à Alger Hiss). *Deux jours plus tard, le sénateur Byrd revenait sur sa position concernant la destitution ! Le "petit oiseau" lui avait aussi chuchoté à l'oreille ! Des "sources proches de la Maison-Blanche"* ont déclaré à l'auteur que le sénateur Byrd et le leader de la majorité sénatoriale Trent Lott avaient reçu l'ordre de Leslie Gelb, JUIF, président du Council of Foreign Relations, d'exonérer Clinton de tous les articles de mise en accusation. Lott, ancien meneur de claques à l'université, a fait un saut périlleux en arrière. *L'affaire était entendue !*

Les hommes politiques ne naissent pas, ils sont excrétés.

CICÉRON.

Les États-Unis ont obtenu exactement ce pour quoi ils se sont battus au cours des deux premières guerres mondiales, ce qui s'est manifesté par l'ACQUITTEMENT DE CLINTON et par la dégradation morale de l'Amérique (la cote de popularité de Clinton reste élevée malgré le fait qu'il soit un menteur égocentrique, un traître et un risque pour la sécurité). Le Sénat américain a envoyé un message clair au monde (et à nos enfants) : en vertu de la Constitution des États-Unis d'Amérique, il est permis de MENTIR sous serment, de se parjurer devant un grand jury, de faire obstruction à la justice et de MENTIR À LA NATION. Ce qui suscite une question : Pourquoi honorer le gouvernement MARXISTE/LIBÉRAL/JUIF des États-Unis d'Amérique ?

Alors que l'État s'effondre et que l'anarchie est proche, le gouvernement devient paranoïaque et le "Big Brother" de George Orwell apparaît. À savoir :

Deux millions de conversations téléphoniques sont interceptées chaque année par les forces de l'ordre et 400 millions par les employeurs. Plus de 30 millions de travailleurs sont soumis à la surveillance électronique de leur employeur. Une installation américaine située à Menwith Hill, dans le Yorkshire, en Angleterre, surveille chaque appel téléphonique, télécopie, câble, courrier électronique provenant des États-Unis, d'Europe, d'Afrique, d'Asie occidentale et du Moyen-Orient ; elle en recueille plus de 2 millions par heure (17,5 milliards en 1991). Plus de 13 000 de ces "communications privées" ont été sélectionnées pour un examen approfondi.

La commission Al Gore recommande l'acquisition de 1000 scanners à bagages CTX-5000 Hi-Tech pour la détection des bombes dans les terminaux du pays, au prix d'un million de dollars chacun, plus 100 000 dollars de frais de service annuels (en arborant un visage sioniste, les États-Unis ont désormais beaucoup d'ennemis).

Le Comité pour le développement économique, composé de soixante-quinze des plus importants directeurs d'entreprise du pays, a présenté (1962) un plan visant à éliminer les fermes et les agriculteurs américains. Il s'agissait strictement d'une étude sur les profits et les pertes, qui ne tenait pas compte des effets désastreux sur la qualité du patrimoine génétique des Blancs (ce qui n'est pas sans rappeler le plan du Corps des ingénieurs de l'armée visant à supprimer les coudes gênants dans les rivières américaines, à creuser des canaux de navigation pratiques, puis à tout perdre à cause des courants accélérés qui dévorent les berges, la végétation de couverture et les arbres).

Les zones rurales ont toujours produit les jeunes les plus sains, les plus sains d'esprit et les plus patriotes des États-Unis, ainsi que nos meilleurs miliciens. *Aujourd'hui, seuls 2% des Américains vivent dans des fermes, soit une diminution de 28% depuis le début du siècle. En l'an* 2000, environ cinq multinationales de l'agroalimentaire contrôlent 95 à 96% des cultures de maïs et de blé dans le monde. Trois entreprises contrôlent 80% de l'industrie de l'emballage de la viande aux États-Unis. Le danger de la consolidation des entreprises réside *premièrement* dans son pouvoir de contrôler l'offre, comme l'ont fait les bolcheviks en Ukraine et comme l'a fait Jimmy Hoffa en contrôlant le syndicat des Teamsters (Sid Kroshak, JUIF, contrôlait Hoffa) ; *deuxièmement, les* monopoles peuvent éliminer les petits producteurs en payant leurs produits moins cher que les coûts de production ; et *troisièmement, les* méga-corporations contrôlent les prix en éliminant la concurrence sur le marché. En 1996, 1471 fusions d'entreprises ont été réalisées par des *lobbyistes du Congrès*, experts dans la vente du patrimoine américain à des fins de profit personnel.

Le *quatrième amendement* garantit *"le droit des personnes à être protégées dans leurs personnes, maisons, papiers et effets contre les perquisitions et saisies abusives..."*. Le modus operandi de l'IRS (Internal Revenue Service) comprend des violations constantes du quatrième amendement. L'IRS est l'unité d'exécution du gouvernement fédéral, travaillant en étroite collaboration avec la FED, l'ADL et le Trésor, pour contraindre et punir les citoyens américains politiquement incorrects. En 1992, l'IRS a saisi 3 253 000 comptes bancaires et chèques de paie (50 000 saisies étaient incorrectes ou injustifiées). Chaque année, l'IRS impose plus de 1 500 000 privilèges (une augmentation de 200% depuis 1980). Le cinquième amendement, entre autres garanties, interdit de prendre la vie, la liberté et la propriété sans procédure régulière. Pourtant, plus de 35% des contribuables américains n'ont reçu aucun avertissement de l'IRS avant que des privilèges ne soient placés sur leurs propriétés. Nombre d'entre eux n'ont appris l'existence de ces privilèges qu'au moment de leur arrestation.

L'ATF (Bureau of Alcohol, Tobacco, and Firearms), le FBI (Federal Bureau of Investigation), la DEA (Drug Enforcement Agency) et d'autres organismes d'application trop nombreux pour être mentionnés (tous soutenus par les médias et l'Anti-Defamation League) se joignent à l'IRS dans son attaque contre la Constitution des États-Unis. Comme l'IRS, ces organisations gouvernementales quasi-légitimes sont régulièrement réquisitionnées par des forces au sein du gouvernement pour harceler et détruire les personnes politiquement incorrectes. Randy Weaver, par exemple, était dans leur ligne de mire. Randy Weaver croyait en l'*identité chrétienne*, un groupe suprématiste blanc. Avec sa famille, il s'est installé à Ruby Ridge, dans l'Idaho, pour échapper à la pollution raciale. Il pensait que ses ancêtres aryens lui avaient accordé certains droits inaliénables, parmi lesquels la liberté d'expression et le droit de garder et de porter des armes (inscrits respectivement dans le premier et le deuxième amendement). Il se trompait. Lorsque Weaver ne s'est pas présenté au tribunal pour régler une infraction mineure à la législation sur les armes à feu (il possédait un fusil à canon scié), le FBI s'en est servi comme prétexte pour surveiller la cabane du racialiste dans la nature. Le fils de Weaver, âgé de 14 ans, et son chien s'apprêtaient à partir à la chasse. Le chien a couru vers les bois en aboyant. Les agents l'ont tué. Le garçon a tiré au hasard. Les agents l'ont tué. Mme Weaver, tenant un bébé dans ses bras, regardait par la porte de la cabane. Le tireur d'élite du FBI, Lon Horiuchi, a littéralement fait exploser la tête de Mme Weaver.

L'année suivante, en 1993, des agents de l'ATF et du FBI ont attaqué les Branch Davidians, une communauté religieuse située à Waco, au Texas. David Koresh, le leader, prêchait la méchanceté de l'Amérique, condamnait son mauvais gouvernement et prédisait l'apocalypse. Ces concepts ont agacé des personnes haut placées.

Employant les tactiques habituelles des JUIFS (*L'Infamie !*), Koresh a été diabolisé, accusé de *"crimes odieux"*, notamment de pédophilie et d'importation de méthamphétamine du Mexique. Le gouvernement fédéral, cependant, a refusé d'accorder à Koresh une procédure régulière pour prouver sa culpabilité ou son innocence. Il voulait que Koresh et ses partisans soient éliminés. 127 hommes, femmes et enfants. 76 agents de l'ATF/FBI et un char de l'US. Un char de l'armée américaine, déployé pour répandre du gaz C-S (interdit par le traité américain), s'est écrasé sur le bâtiment, qui s'est enflammé. 82 membres de la branche Davidians sont morts dans l'holocauste, dont 30 femmes et 25 enfants, un petit Dresde. Janet Reno, la procureure générale de Clinton qui a supervisé l'opération, a déclaré qu'elle était vraiment désolée.

Timothy McVeigh, fantassin décoré, a participé à la guerre du Golfe. La diabolisation des Arabes, des Irakiens et de Saddam Hussein a été tellement exagérée que McVeigh a été étonné de "découvrir qu'ils sont normaux comme vous et moi". Il a écrit : "Ils vous ont demandé d'éliminer ces gens. Ils nous ont dit que nous devions défendre le Koweït où les gens avaient été violés et massacrés. Ce ne sont que des mensonges. La guerre m'a réveillé". Désabusé, McVeigh quitte l'armée. Il s'intéresse aux théories du complot. Il est en colère contre le traitement réservé par le gouvernement fédéral à Weaver, à Koresh et à d'innombrables autres Américains. Il ressent le besoin de réveiller le public. Le message de McVeigh a été imprudemment de faire exploser le bâtiment fédéral d'Oklahoma City, qui abritait les bureaux de l'ATF. Il l'a cité lors de son procès :

> Notre gouvernement est l'enseignant puissant et omniprésent.
> En bien ou en mal, il enseigne à l'ensemble du peuple par son exemple".
> L.D. BRANDEIS, JUIF, U.S. Sup. CT.

Les puissances des ténèbres sont à l'œuvre ailleurs. L'OTAN, ainsi que quelques forces réticentes de l'ONU (extorquées par l'argent américain), ont dépensé des milliards de dollars dans une guerre non déclarée contre la Serbie pour avoir éjecté par la force une minorité ethnique albanaise (musulmane) qui avait refusé un décret gouvernemental l'enjoignant de quitter le sol serbe (Kosovo). Le nationalisme/patriotisme est un anathème pour les juifs, où qu'il apparaisse. Ils ont l'intention de l'éliminer en Serbie, même si cela implique de tuer tous les hommes, femmes et enfants serbes (chrétiens). Le département d'État américain décrit ces actions comme "une leçon pour tous les racistes (sic) qui ne veulent pas accepter la diversité". Si rien n'est fait, une nation fière pourrait à nouveau éjecter les parasites juifs. C'est pourquoi un TRIBUNAL INTERNATIONAL DES CRIMES DE GUERRE a été créé à La Haye pour juger les crimes de haine. *Comme on peut l'imaginer, le président de la Cour suprême est un Juif!*

Ces mêmes Alliés, qui versent aujourd'hui des larmes de crocodile sur l'expulsion brutale des Kosovars musulmans de la Serbie chrétienne, étaient eux-mêmes complices du viol, de la torture et de l'expulsion de plus de 15 millions d'Allemands ethniques non armés d'Europe de l'Est immédiatement après la Seconde Guerre mondiale, sur des terres qu'ils occupaient dans certaines régions depuis plus de 1000 ans. Parmi eux, plus de 2 millions (peut-être 5 millions) ont été assassinés par les partisans (bolcheviks) avec l'*accord des commandants alliés* qui n'ont PAS été jugés pour "CRIMES CONTRE L'HUMANITÉ". Au contraire, pendant plus de 50 ans, les gouvernements de Russie, d'Angleterre et des États-Unis, motivés par l'argent, ont dissimulé leur nettoyage ethnique des Allemands derrière le monstrueux mensonge de l'"Holocauste".

Il est évident que les ILLUMINATI ne s'intéressent pas aux millions de personnes massacrées aujourd'hui en Tchétchénie, au Tibet, au Rwanda (Noirs), en Afrique du Sud (Blancs), Tchétchénie, Tibet, Rwanda (Noirs), Afrique du Sud (Blancs), etc., tout en découvrant des raisons "compatissantes" pour tuer des Serbes — c'est ce qu'on appelle la GROSSESSE, synonyme de GOUVERNEMENT MONDIAL UNIQUE. Le *New York Times* (7-8-98) rapporte que le Kosovo est le site d'un gisement minéral (plomb, zinc, charbon) de 3,5 MILLIARDS DE DOLLARS. Aha! L'instauration de la "démocratie" au Kosovo permettra à l'oncle Sam d'aider "avec compassion" à la disposition de l'ancien trésor de la Serbie. Bien avant que les cadavres serbes ne se raidissent, les banquiers internationaux étaient déjà à l'affût. Ce n'est pas de la compassion, c'est de l'AVIDITÉ.

Les soldats américains en danger au Kosovo se sont entendu dire par le secrétaire à la défense Cohen, juif, "vous êtes des gardiens de la paix qui préservent notre mode de vie démocratique", c'est-à-dire que si un petit gars désapprouve la DÉMOCRATIE, les États-Unis déploieront des chasseurs furtifs, des missiles de croisière, etc. pour bombarder des charrettes tractées par des ânes. Témoin, l'Iran, l'Irak, la Libye, le Liban et autres, tous des sémites "antisémites".

> Il importe peu que tu gagnes ou que tu perdes ; il importe seulement que je gagne ou que je perde.
>
> SAMMY GLICK.

La leçon souvent répétée de l'histoire, revisitée en Serbie, est que défier les lois de la nature (forcer des groupes ethniques incompatibles à s'unir pour faire rentrer des chevilles carrées dans des trous ronds) aboutit à un désastre. L'homogénéité ne crée pas de guerres, comme le voudraient les juifs. C'est le fait de forcer des groupes ethniques différents à s'unir qui crée des guerres. Les lois de la génétique, lois immuables de Dieu, ont réduit le MARXISME/LIBÉRALISME/JUDAÏSME à l'absurde. Cela est particulièrement évident dans la SOCIÉTÉ DIVERSE de l'Amérique, où les prisons et les asiles débordent, où la laideur prolifère et où le meurtre, la violence et le sexe à la sauce Hollywoodienne sont devenus la norme des États-Unis.

Les enfants aryens, poussés dans la guerre de tranchées des écoles intégrées, aspirent à leur propre société et territoire, l'Amérique créée par leurs ancêtres : ils veulent des écoles, des équipes, des danses, des lieux de sortie, de la musique, de la religion BLANCS. Ils veulent des normes BLANCHES de beauté et d'excellence, et non du TALMUDISME, de l'Afrocentrisme et de l'égalité "échec/réussite". En *dénonçant ces instincts génétiques, le* GOUVERNEMENT FÉDÉRAL exerce *de graves pressions psychologiques sur les enfants.* Les MARXISTES/DÉMOCRATES continuent d'enfoncer des chevilles carrées dans des trous ronds :

26,3 millions d'immigrants (1990) vivent aux États-Unis, contre 9,6 millions en 1970. Cela représente 42% de l'augmentation totale de la population depuis 1990. Ils votent massivement démocrate ! *85% des immigrants ne sont pas de race blanche.* Ils se reproduisent 3,5 fois plus vite que les Blancs. 6 millions de leurs enfants sont des bâtards. 33% des élèves des écoles publiques américaines appartiennent à des minorités. Chaque pupitre qu'ils occupent est un pupitre de moins pour les Blancs.

120 langues différentes sont parlées. Les résultats du SAT sont une plaisanterie. Les écoles publiques américaines, autrefois excellentes, ont été détruites par des marxistes/libéraux/juifs. Les *étudiants américains de première année d'université sont les DERNIERS des "nations industrielles" en sciences et en mathématiques.*

L'industrie américaine embauche donc des ressortissants étrangers mieux formés : Chinois et Indiens). Aujourd'hui, l'éducation n'est pas une question de base, de compétence, d'alphabétisation. Le cartel de l'analphabétisme tire son pouvoir de ceux qui profitent financièrement et politiquement de l'ignorance et des fautes professionnelles en matière d'éducation... En utilisant des informations personnelles sur les étudiants et leurs familles, les éducateurs sont en mesure d'entrer dans le système de croyances des étudiants et de corriger les points de vue qu'ils jugent déplaisants... Les éducateurs déterminent les perspectives d'emploi des étudiants en fonction de leur adhésion à des points de vue acceptables.

BEVERLY K. EAKMAN, professeur, *"Le clonage de l'esprit américain : Eliminating Morality Through Education"* (publié dans le *Washington Times* 2-12-99).

Nos enfants ont malheureusement tiré des leçons définitives de Hollywood-sur-le-Potomac : si tu n'aimes pas ça, efface-le. La violence qui s'est abattue sur Columbine H-S, Littletown, CO (12 élèves et un enseignant assassinés par deux élèves, dont un juif), et une série de meurtres similaires, sont pour les juifs une raison suffisante pour abroger le deuxième amendement. Ils prétendent que le traitement des symptômes guérit le cancer. Alors qu'en fait, les juifs craignent une réaction généralisée contre la maladie elle-même : MARXISME/LIBÉRALISME/JUDAÏSME et les JUIFS d'Hollywood.

Le GOUVERNEMENT FÉDÉRAL est criminel, comme le prouve ce traité. Comme tous les criminels, il est paranoïaque. Et à juste titre. Son bilan est en train d'être dévoilé. Une fois que les FAITS auront échappé à la censure de BIG BROTHER, le gouvernement fédéral mourra d'avoir été exposé et de s'être vengé. Faut-il s'étonner que les parlementaires juifs (Schumer, Lowey, Specter, Boxer, Feinstein, Wexler, etc.) soient à la tête des efforts déployés pour s'emparer des armes des Américains, avec le même désespoir qu'ils ont employé pour sauver Clinton de la destitution ! La paranoïa se reflète dans toutes les agences gouvernementales. Ce qu'ils recherchent désespérément, c'est une MENACE (pour remplacer la menace soviétique). Les juifs doivent détourner l'attention des Aryens de l'ENNEMI qui est parmi eux. De la JUDÉO-PHOBIE qui se développe dans le monde civilisé.

À peine perceptible à l'horizon, un guerrier énigmatique, dur et bien armé. Il regarde l'Amérique à travers des yeux sombres et bridés, entre des pommettes hautes. Il comprend les parasites. Il comprend notre pathologie. Il envie nos femmes aryennes aux longs membres et notre *lebensraum*. Presque imperceptiblement, il sourit. *On ignore généralement qu'une minorité juive extrêmement riche exerce une puissante influence politique dans la Chine marxiste.* Le COX CONGESSIONAL REPORT (5-25-99) détaille les actions d'espionnage chinoises au cours des dernières années qui ont permis de dérober *TOUS LES SECRETS NUCLÉAIRES AMÉRICAINS* du laboratoire nucléaire d'Oppenheimer, y compris le super-secret W-88 et la bombe à neutrons qui ne détruit que les organismes vivants en laissant les bâtiments intacts. Il n'est pas étonnant, avec les juifs qui contrôlent le Pentagone, le Département d'État, le Département de la Défense, le CFR, etc., que la Chine ait aujourd'hui la capacité d'attaquer et de tuer des sous-marins américains sous l'eau et d'attaquer des villes américaines avec des missiles nucléaires dont la puissance destructrice est dix fois supérieure à celle des bombes A lâchées sur Hiroshima.

> Israël, qui bénéficie d'une aide américaine de 100 milliards de dollars, a, selon le *Financial Times* de Londres, vendu à la Chine la technologie du missile air-air Python-3 et du radar Phalson, ce qui a permis à Pékin de se doter d'une capacité AWAC. La Chine a également acquis la technologie du radar antimissile israélien Star-1, du chasseur Levi soutenu par les États-Unis et du missile Patriot.
> PAT BUCHANAN, "Washington Times" (5-25-99).

Bernard Schwartz, juif, collaborateur de la campagne Clinton et président de LORAL Space & Communications, une société américaine ayant des liens avec Israël, fait l'objet d'une enquête du Congrès pour avoir vendu illégalement des équipements Hi-Tec américains sensibles à Israël et à la Chine marxiste. Il semble que les ILLUMINATI se préparent à la guerre de diversion dont il a désespérément besoin avant que les Américains ne réalisent qu'ils ont été dépossédés de leur pays.

> Vous n'avez pas commencé à apprécier la profondeur réelle de notre culpabilité... Nous avons pris votre monde naturel, vos idéaux, votre destin, et nous les avons saccagés.
> MARCUS ELI RAVAGE, JUIF, *Century Magazine* (1928).

> Nulle part on ne peut discerner la moindre indication que chez la grande majorité de notre peuple (blanc) l'instinct racial de conservation n'a pas été perdu... nous ne pouvons pas encore déterminer s'il a été éteint ou s'il est simplement en suspens pendant que notre peuple est dans une sorte de transe cataleptique dont il peut être réveillé par la souffrance physique et les privations aiguës quand le moment viendra, comme il le fera très certainement... Notre situation est désespérée et nous ne pouvons pas nous

permettre d'illusions... maintenant plus que jamais l'optimisme est de la lâcheté.
DR. REVILO P. OLIVER, professeur de lettres classiques à l'université de l'Illinois.

Notre peuple (blanc) est trop apathique, ou sans esprit, ou lâche pour se lever et se battre pour ce en quoi il croit, ou même pour éviter sa propre destruction. Certains attendent leur titularisation, d'autres leur retraite, d'autres encore des temps plus sûrs, mais tous attendent la mort. Les races mortes ne reviennent pas. Ceux qui attendent sont les porteurs du cercueil de la civilisation.
DR. ROBERT KUTTNER, Université de Chicago.

La lutte pour l'existence est un axiome fondamental de la biologie auquel on ne peut échapper.
GARRET HARDIN, "La nature et le destin de l'homme".

SYNTHÈSE

L'histoire démontre que la métamorphose d'une Haute Culture-Organisme ne peut être arrêtée qu'en la détruisant totalement : une larve doit devenir un papillon ; un gland doit devenir un chêne ; un enfant doit devenir un adulte ; la Culture-Organisme doit accomplir son Destin spirituel. Ce sont les LOIS immuables de la NATURE. Cette CERTITUDE spirituelle est porteuse de beaucoup d'espoir et de grandes espérances. L'homme blanc n'est pas en "transe cataleptique" mais, tel un aigle blessé et dangereusement vulnérable aux attaques des prédateurs, il se remet lentement des blessures qu'il a reçues au cours des 20 guerres du siècle dernier pour anéantir les Aryens.

Was mich nicht umbringt, macht mich starker.
NIETZSCHE.

Aujourd'hui, une MÉTAMORPHOSE SPIRITUELLE, dont les secousses ont été ressenties pour la première fois en Europe il y a environ 140 ans (à peu près au moment où les ILLUMINATI ont lâché ses chiens enragés sur les États-Unis), se répand avec une intensité croissante dans toute la HAUTE CULTURE-ORGANISME DE L'OCCIDENT. Tous les Aryens autres que la racaille blanche *sentent instinctivement cette transformation*, même si peu d'entre eux peuvent l'exprimer. Ce qu'ils vivent est la PHASE DE SYNTHÈSE de la DIALECTIQUE DE L'HISTOIRE DE L'OCCIDENT : la fusion de l'UNITÉ INSTINCTIVE POUR LES ARYENS avec les vestiges de l'AGE DE LA RAISON PURE ! Au cours de cette période de transition tumultueuse et dangereuse, la strate culturelle aryenne est en train de battre, de vider et d'éliminer les IDÉES composantes de la thèse et de l'antithèse. Les idées les plus viables sont sélectionnées *instinctivement et rationnellement*, en mettant davantage l'accent sur les premières, puis synthétisées au sein de l'organisme de la haute culture de l'Occident. Les écuries d'Augias sont en train d'être nettoyées. Les vieilles icônes, les sophismes et les superstitions sont mis à la poubelle. La NOUVELLE THÈSE qui en résulte donne naissance à l'ÂGE MENDELIEN qui assure l'UNITÉ GÉNÉTIQUE DE L'OUEST et le rejet total du MARXISME/LIBÉRALISME/JUIVERIE. Inversement, les efforts de la JUIVERIE sont dirigés TOTALEMENT contre l'unité spirituelle et physique de l'Occident ! (L'ère mendélienne n'a aucun rapport avec l'"unification" de l'Europe sous l'égide de l'ARGENT : la Banque des règlements internationaux).

Pour mettre la dialectique historique en perspective, il faut se rappeler que la THÈSE s'est exprimée initialement lorsque les anciennes tribus gothiques ont tenté de s'unifier : d'abord sous les Croisés, puis sous l'Empire, puis sous la papauté et, enfin, sous les nazis. *Ce désir profond de rassembler la famille aryenne est instinctif, compulsif et conforme aux lois de la nature. Par conséquent, il sera réalisé.*

L'ANTITHÈSE dialectique de l'Occident est apparue sous la forme d'un rationalisme virtuellement séparé de l'instinct, qui a produit : Le libéralisme, le capitalisme, le libre-échange, l'État contre l'État, la religion contre la religion, la lutte des classes et l'USURE contre l'autorité politique aryenne. Ces phénomènes et d'autres phénomènes rationalistes (étouffant l'instinct) ont brisé l'Europe en de nombreux États tribaux concurrents, égoïstes et fratricides, facilement manipulés par les banques centrales traîtresses de Rothschild, et ont consacré les champs de bataille de l'Europe avec du sang aryen.

> Les nations, les formes de pensée, les formes d'art et les idées, qui sont l'expression du développement d'une culture, sont toujours sous la garde d'un groupe relativement petit... La culture est, par sa nature même, sélective, exclusive. L'utilisation du mot au sens personnel — un homme "cultivé" — décrit un homme hors du commun, un homme dont les idées et les attitudes sont ordonnées et articulées. Le patriotisme, le dévouement au devoir, l'impératif éthique, l'héroïsme, le sacrifice de soi, sont

également des expressions de la culture que l'homme primitif ne manifeste pas. L'homme du peuple est le matériau avec lequel travaillent les grands dirigeants politiques dans des conditions démocratiques. Au cours des siècles précédents, l'homme du peuple n'assistait pas au drame de la culture. Cela ne l'intéressait pas et les participants n'étaient pas encore sous l'emprise du rationalisme, de la "folie des comptes" comme l'a dit Nietzsche. Lorsque les conditions démocratiques ont été poussées à l'extrême, le résultat est que même les dirigeants sont des hommes du peuple, avec l'âme jalouse et tortueuse de l'envie de ce qu'ils ne peuvent égaler...

FRANCIS PARKER YOCKEY, *"Imperium"*.

C'est ainsi que nous avons cessé d'être une république, dans laquelle l'intention était de garder le contrôle et la direction du pays entre les mains des personnes les mieux qualifiées pour assurer son bien-être, et que nous avons dégénéré en démocratie, dans ce qu'Alexandre Soljenitsyne a appelé une "émeute démocratique". Les digues se sont ouvertes et ont laissé entrer un flot de politiciens "libéraux" qui ont soulevé les masses pour les dominer. Toute la sagesse et la vision à long terme du gouvernement se sont perdues dans une course sordide pour les votes d'un groupe hétéroclite de personnes qui ne se préoccupaient pas des problèmes cruciaux de la nation et qui n'avaient pas l'esprit de s'y attaquer même s'ils s'en préoccupaient ; qui, en fait, étaient prêts à sacrifier le bien-être à long terme de la nation dans son ensemble pour leur propre avantage personnel, qu'il s'agisse de profits plus importants, de salaires plus élevés, de plus de "bien-être", de plus de vitesse, de plus de gadgets, de plus de plaisir, de confort, de sécurité ou d'aisance... Tout contrôle et toute direction aristocratique de notre vie nationale ont été supprimés. Comme toujours dans une démocratie, il n'y avait personne pour regarder où nous allions, pour protéger le peuple contre l'exploitation et la ruine sans âme, pour anticiper et nous éloigner de la profanation de la terre, du gaspillage de nos ressources, de la pollution de notre environnement et d'un taux de natalité différentiel dans lequel ceux qui avaient l'intelligence et le caractère pour résoudre les problèmes étaient submergés par ceux qui créaient les problèmes. La terre a été laissée grande ouverte et sans grand obstacle sur le chemin de ceux dont l'appât du gain dévorant les a poussés à transformer le pays tout d'abord en un riche champ d'investissements financiers lucratifs, et de plus en plus ouvert... aux juifs qui ont furtivement travaillé, joué des coudes et poussé... vers un État esclavagiste mondial.

WILLIAM G. SIMPSON, *"Quelle voie pour l'homme occidental ?"*

Le tonnerre qui a secoué l'Europe, mettant en mouvement la **MÉTAMORPHOSE SPIRITUELLE** de l'Occident (la *synthèse dialectique*) a été la découverte par GREGOR MENDEL des éléments constitutifs de la nature ! Comme tous les hommes instruits le savent maintenant, et cela mérite d'être répété, la science de la génétique démontre que des caractéristiques uniques différencient TOUS les hommes et TOUTES les races : physiologiquement, psychologiquement, comportementalement et spirituellement, ce qui met fin pour toujours à l'idée reçue MARXISTE/LIBÉRAL/JUIVE selon laquelle tous les hommes sont créés égaux.

L'un des nombreux et profonds héritages de cette SYNTHÈSE DIALECTIQUE a été la redécouverte des racines spirituelles et biologiques de l'homme aryen, résultat des sondages faustiens dans l'espace *extérieur* illimité, le macrocosme, et des sondages *intérieurs* révélant l'espace illimité du microcosme avec son nouveau vocabulaire : quanta, quarks, neutrinos, génomes, métaphysique, etc.

> Voir le monde dans un grain de sable et le ciel dans une fleur sauvage, tenir l'infini dans la paume de sa main et l'éternité dans une heure.
> WILLIAM BLAKE.

> On sent qu'il n'y a rien à craindre dans tout l'univers. Enfin, il n'y a qu'UNE Volonté, l'impulsion qui émane du cœur de votre être, ou appelez-la votre Dieu. Il n'y a plus de corps et d'âme qui se regardent l'un l'autre à travers l'abîme
> … Le corps est l'âme manifestée. L'âme est l'exaltation du corps… Et le regard par lequel l'homme regarde le monde… et tout l'univers étoilé est le regard de sa propre plénitude…
> WILLIAM GALEY SIMPSON,
> *"Quelle voie pour l'homme occidental".*

C'est là, dans le macrocosme/microcosme, au-delà du vernis des lois créées par l'homme et des superstitions, là où la matière et l'énergie spirituelle se rejoignent, que l'Aryen a trouvé son moi originel : ses instincts, ses intuitions et son unité avec la LOI DE DIEU — le PANTHÉISME.

C'est ainsi que l'âge de la raison est mort, assassiné de ses propres mains. Les faits supposés, sur lesquels la science fonde ses conclusions rationnelles, sont désormais considérés comme inconstants, en mouvement, en évolution. Plus la science apprend, moins elle comprend. L'horizon s'éloigne à chaque pas. La science doit désormais tenir compte de la probabilité, de l'incertitude, de la métaphysique, de l'instinct, de l'intuition et de la faillibilité humaine. La science reconnaît l'existence d'une force universelle plus omniprésente, plus dominante que l'homme ne pourra jamais comprendre. Lorsque l'intuition, l'instinct et la probabilité sont entrés dans le domaine des mathématiques, la culture occidentale est passée de l'âge de la raison à l'âge du MENDÉLISME. *L'avènement de l'ÂGE MENDELISTE a réveillé la strate culturelle aryenne comme d'un cauchemar luciférien.* Dans ce réveil spirituel, l'homme aryen a découvert qu'il était à la fois Dieu et animal, un pont humain vers le Surhomme. Cette connaissance relègue à jamais au panthéon des dieux mineurs le fétiche SEMITIQUE ridicule, YAHVÉ, et sa spore de haine du monde, la CHRÉTIENTÉ. Le PANTHÉISME est la religion de la Nature ; le bon moine Mendel en est le Saint Père.

L'homme aryen est un *être spirituel*. C'est aussi un *animal territorial* qui défendra son honneur et son foyer contre des obstacles insurmontables... jusqu'à la mort ! Il ne choisit pas de le faire, *il y est contraint par des impératifs génétiques !* Le comportement intuitif/irrationnel reflète l'INSTINCT DE SURVIE. C'est le décret de la nature et c'est à l'homme d'y obéir ! Les nations qui perdent ou nient leurs instincts génétiques perdent leur droit à la vie ! *Lorsque la survie est la mesure finale, les nations compatissantes meurent.*

L'INSTINCT, il convient de le préciser, est une *réponse non rationnelle* à des stimuli environnementaux.

L'INTUITION est une *compréhension immédiate sans Raison,* émanant de sources primitives ou métaphysiques.

Le RAISON est la capacité intellectuelle d'*arriver à des conclusions basées sur des faits supposés. La* COGNITION (*capacité de percevoir et de juger*), située dans la couche supra-granulaire du cortex, est une caractéristique évolutive qui distingue la race d'une autre race, l'homme d'un autre homme et l'homme des animaux inférieurs.

Dans la création d'une société juste et ordonnée, les instincts de l'homme, essentiels à son génie créatif et à sa survie, sont tempérés par la capacité tout aussi importante de raisonner. L'instinct et la raison ne s'excluent pas mutuellement, mais sont des ingrédients essentiels qui, ensemble, déterminent largement le comportement de l'homme. L'instinct, l'intuition et la raison sont des caractères génétiques.

Les instincts aryens concernant la race sont fondamentalement sains, même s'ils ne sont pas populaires. L'anthropologie et la génétique prouvent que les génomes programment le comportement de chaque race différemment. Il s'ensuit que la Constitution américaine et le code de lois qui ont été créés pour UNE race sont totalement inadéquats pour une autre. Il n'existe PAS de loi morale ou de code juridique universel. Au-delà de la famille raciale, la distinction entre le bien et le mal disparaît. Pourquoi ? Parce que les gènes déterminent le comportement racial, et le comportement racial détermine la morale et les lois ! Par conséquent, dans une société diversifiée, la morale et les lois ne peuvent pas être légiférées ou codées pour satisfaire catégoriquement chaque race au sein de cette société. Il s'ensuit que la culture occidentale s'est désintégrée en proportion directe de la diversité raciale, comme en témoigne l'effondrement moral et éthique de l'Amérique. Les différences raciales ne peuvent être modifiées par la législation. *Les lois de Dieu prévalent !*

Il est évident que la communauté juive est la seule race génétiquement programmée pour subsister greffée sur les races hôtes. Quelle loi régit cela ? Un PARASITE est l'une des nombreuses formes de vie de la nature. Ce n'est ni un animal moral ni immoral, c'est simplement un *fait biologique*. Pour les Aryens, le parasitisme est pathologique, donc immoral. Pour les juifs, le parasitisme est une nécessité biologique, donc morale. Ce qui est éthique ou moral pour une race peut être contraire à l'éthique ou immoral pour une autre. La nature ne reconnaît rien de tout cela. Dans son royaume immaculé, il n'y a pas de morale ! Il n'y a que la VOLONTÉ de survivre. Il est absurde de *haïr les* parasites, pas plus qu'on ne hait les termites, les nègres, les vipères ou les chauves-souris. Vous ne les laissez tout simplement pas ronger les fondations de *votre* maison ou traîner dans *votre* chambre à coucher. *Vous les éliminez par tous les moyens nécessaires.* Darwin, Spencer, Carlyle, Hitler parlent de l'élimination du patrimoine génétique comme étant nécessaire à la *"survie de l'espèce".* Le TALMUD enseigne la survie. Les bérets verts et les Navy Seals enseignent la survie. Le mendélisme enseigne la survie. Dieu enseigne la survie. Le CHRISTIANISME/LIBÉRALISME enseigne : *"Aimez votre ennemi"* et vous entrerez au Paradis. Après la Seconde Guerre mondiale, le *modus operandi* parasitaire, détaillé dans le TALMUD et les PROTOCOLES, ne pouvait être débattu publiquement sous peine de voir l'orateur qualifié de *"raciste",* ce qui équivaut à être brûlé sur le bûcher. Le mot "RACISTE", un opprobre signifiant "bigot, non américain, nazi, fou", a été inventé par les juifs pour décourager toute discussion sur *leur mode opératoire.* Aujourd'hui, dans les institutions publiques et sur les campus de l'Ivy League, les références à la race, au QI, à l'eugénisme, au révisionnisme historique, peuvent vous coûter votre titularisation ou vos dents. *C'est pourquoi nous avons inventé un nouveau mot : RACIALISTE, n. m., individu qui respecte le droit de toutes les races à exister dans leur propre milieu, mais dont la loyauté est d'abord dirigée vers sa propre famille raciale.* Il croit au principe "dent pour dent". Nos pères fondateurs étaient des *racialistes*. *Les* juifs sont *racistes*. Ils ont beaucoup à cacher.

> Notre pouvoir… sera plus invincible que tout autre parce qu'il restera invisible jusqu'au moment où il aura acquis une telle force qu'aucune ruse ne pourra plus l'ébranler.
> PROTOCOLES DE SION Numéro 1:12.

> Il n'y a pas de juifs anglais, de juifs français ou de juifs américains. Il n'y a que des Juifs vivant en Angleterre, en France et en Amérique.
> CHAIM WEIZMANN, JUIF, SIONISTE, Président d'Israël.

> Tous les Juifs auront leur place dans le monde futur… tous les Gentils seront envoyés en enfer.
> TALMUD : Lekh-Lekma.

> Embrassez sa joue. Il ne se doutera de rien.
> GESTHEMANE.

Nous sommes maintenant entrés dans la phase finale des 20 guerres du siècle dernier visant à anéantir les Aryens. Les protagonistes sont les ILLUMINATI de Satan, qui représentent l'argent, la tromperie et l'esclavage, contre le MENDÉLISME, qui représente la nature, la vérité et la beauté. La SYNTHÈSE DIALECTIQUE DE L'OUEST, comme le tonnerre de l'aube naissante, proclame l'UNITÉ SPIRITUELLE DE L'HOMME ET DE LA NATURE.

Ce sont les gènes — pas la richesse, ni la chance, ni la diversité, ni l'éducation — qui donnent à l'homme la capacité d'atteindre ses objectifs. Les Aryens *savent* maintenant (rationnellement), comme ils l'ont toujours *ressenti* (instinctivement), que le patrimoine génétique des Blancs est leur bien le plus précieux ! C'est un DON DE DIEU qu'il faut protéger à tout prix. Ceux qui ne le veulent pas sont nos ennemis mortels et doivent être stoppés dans leur élan par tous les moyens disponibles MAINTENANT.

Puisque les Aryens appartiennent à la même famille raciale, il s'ensuit que leurs religions, philosophies, arts, sciences, langues et États *ne sont pas* des *facteurs de division*, mais de simples *différences* au sein de l'organisme aryen de haute culture. L'IMPERATIF de l'Occident est de rassembler ces parties disparates mais apparentées en UNE NATION-ÉTAT ARYENNE, mobilisant ainsi l'immense intellect, la créativité, la puissance et les ressources de l'Occident pour accomplir son *destin faustien* dont le symbole principal est l'horizon toujours plus lointain de l'espace sans limites.

La SYNTHÈSE DIALÉTIQUE, l'épanouissement de l'ÂGE MENDELIEN, aboutit à la maturation et à l'accomplissement spirituel de la nation aryenne, si bien décrite par Yockey, Spengler et Simpson. Avec la SYNTHÈSE, le SOCIALISME ARYEN l'emporte sur le CAPITALISME sur le *plan éthique, économique et politique* : L'AUTORITÉ l'emporte sur l'argent ; la POLITIQUE ABSOLUE sur le pacifisme ; le RANG sur l'égalité ; le MÉRITE sur la démocratie ; les PRODUCTEURS sur les intermédiaires ; la QUALITÉ sur la quantité ; la RÉALISATION sur la richesse ; l'HÉROÏSME sur l'hédonisme ; la RACE sur le métissage ; l'HOMOGÉNÉITÉ sur la diversité ; la RESPONSABILITÉ sur la dépendance ; LA RELIGION plutôt que le matérialisme ; LA DUALITÉ DES SEXES plutôt que le féminisme ; LE MARIAGE plutôt que l'amour libre ; LA FERTILITÉ plutôt que la stérilité ; LA MAITRISE plutôt que la licence ; L'ORDRE plutôt que l'indulgence ; LA CONSIDÉRATION plutôt que la pitié ; LES FAITS plutôt que la fiction ; le LEBENSRAUM plutôt que le confinement ; LA NATURE plutôt que l'éducation ; LA NATION au-dessus des AUTRES !

AU SEIN DE LA CIVILISATION OCCIDENTALE, TOUT CE QUI EST MARXISTE/LIBÉRAL/JUIF SERA ABOLI

... *TOUT!*

Les grands États blancs du monde seront unifiés sous le SAINT EMPIRE OCCIDENTAL, un *gouvernement socialiste aryen*. Le SOCIALISME OCCIDENTAL émane de l'IDÉE spirituelle selon laquelle *chaque homme, femme et enfant représente une cellule de la* HAUTE CULTURE-ORGANISME ARYENNE (la NATION). Leurs âmes combinées forment l'*esprit de* l'État-nation. *Parce que les cellules et l'organisme sont mutuellement dépendants, chaque individu travaille pour le plus grand bien de l'État, et l'État travaille pour l'épanouissement de chaque individu. C'est la* véritable signification de la famille *"Un pour tous et tous pour un"* plutôt que le credo capitaliste *"Chacun pour soi".* La *synergie* de la famille aryenne travaillant à une destinée commune produira une énergie merveilleuse, une grande créativité, de la loyauté, un travail d'équipe, un esprit de corps et un épanouissement individuel, le tout couronné de beauté et d'intelligence. En ce moment, le SAINT EMPIRE OCCIDENTAL n'est qu'une IDÉE SPIRITUELLE qui prend forme dans l'esprit et l'âme de la strate de la haute culture. *Les commentaires suivants indiquent ce qui pourrait se développer :*

Le GOUVERNEMENT FÉDÉRAL ARYEN SOCIALISTE (GFAS) DU SEO *ressemblera au gouvernement fédéral des États-Unis tel qu'il était initialement lié à la confédération des États américains indépendants.* Il est le moyeu de la roue. Les différents États blancs qui seront réunis sous le socialisme aryen au sein du SEO sont les États d'Europe, le Groenland, l'Islande, le Canada, les États-Unis, l'Australie et la Nouvelle-Zélande. Les Blancs ethniques seront représentés.

Les institutions du SEO comprendront : La Sainte Église aryenne, le Saint Archonte Suprême, les forces armées, la Cour suprême aryenne, le Sénat, le système monétaire, le Trésor, les services de renseignements, les médias en ligne, etc. Les fonctions du GFAS sont de formuler, légiférer, juger, coordonner, appliquer et diriger les politiques du SAINT EMPIRE OCCIDENTAL telles qu'elles sont définies dans la Constitution (ratifiée par les États membres). Les buts et objectifs du SEO ont été glanés au cours de nombreux siècles d'expérience aryenne exprimée dans la Constitution des États-Unis, la Magna Carta, le Code Napoléon, le Troisième Reich, les lois mendéliennes universelles.

Le SAINT ARCHONTE : un Aryen à la spiritualité profonde, à l'honneur impeccable, au courage et aux qualités de chef avérés, sera élu par le Sénat pour présider à vie le Saint Empire Occidental en tant que chef de l'exécutif. Il sera également le chef titulaire de la Sainte Église aryenne qui personnifie les ARYENS, la FORCE UNIVERSELLE et le PANTHÉISME : la trinité de la Haute Culture et de l'Organisme. LE SÉNAT SUPRÊME SOCIALISTE ARYEN (SSAS), organe unicaméral, exercera les plus hautes fonctions délibératives et législatives. Vingt sénateurs du SSAS seront élus par la chambre haute dans chacun des États aryens.

En résumé, le GFAS, élue par le peuple (voir Franchise), est l'autorité gouvernementale fédérale du SEO. Les États individuels (Europe, Australie, États-Unis, etc.) conserveront des pouvoirs résiduels de gouvernement : *chacun reflétant l'IDÉE socialiste aryenne : économiquement, éthiquement, socialement et spirituellement,* tous réunis sous la FORCE UNIVERSELLE, en un SEUL EMPIRE FÉDÉRAL DU SAINT-OCCIDENT aryen.

Le crédit de la nation sera basé sur la créativité et la production du peuple, sur sa foi dans le réservoir de gènes blancs, et aucune autre norme n'est nécessaire. Comme l'a souligné Lincoln, *"l'abondance de la capacité de production de la nature, associée à la responsabilité de l'ensemble du peuple, appartient à la nation et il n'y a pas la moindre raison pour que la nation doive payer pour son propre crédit".* Pas plus qu'un propriétaire ne paierait un loyer pour sa propre maison. Les banques centrales Rothschild et les juifs seront bannis du Saint Empire occidental. La formule des intérêts composés sera révisée pour permettre des paiements équitables du capital et des intérêts dès le départ, ce qui accélérera l'amortissement des dettes. Frederick Soddy, Silvio Gesell, Ezra Pound, Gertrude Coogan, et d'autres grands Aryens comme eux, ont beaucoup écrit sur l'ARGENT ; leurs points de vue, aujourd'hui supprimés, contribueront à façonner l'avenir.

La RÉMUNÉRATION pour le travail effectué est fondée sur le RANG et le MÉRITE.

Le grade reflète l'IMPORTANCE POUR LA NATION du type d'emploi (catégorie). Il est assorti d'une échelle de rémunération graduelle (comme dans l'armée) et comprend des actions de SEO. Le mérite reflète la QUALITÉ DU SERVICE rendu. Il crée une concurrence sur le marché de l'emploi pour les travailleurs exceptionnels, en offrant une rémunération supplémentaire et des avantages à ceux qui le méritent : options d'achat d'actions de SEO, diplômes honorifiques, décorations, etc. *L'État rémunère le rang, l'employeur privé rémunère le mérite.* Ainsi, dans le cadre du système monétaire SEO, les soldats, les agriculteurs, les mécaniciens et les enseignants, par exemple, *dont dépend la nation,* ne vivront plus dans une pauvreté relative et dans l'obscurité tandis que les courtiers en alimentation, les vendeurs d'obligations de pacotille, les pornographes et les profiteurs de guerre vivront grassement. La "richesse Rockefeller" (cupidité/exploitation/trahison) ne sera pas tolérée, pas plus que la pauvreté. Il y aura du travail pour chacun selon ses capacités. Ceux qui peuvent mais ne veulent pas travailler seront stérilisés et placés dans des camps de travail.

LE PARTAGE DES RICHESSES : Le système monétaire SEO sera un système bancaire et d'investissement public. Les milliers de milliards actuellement escroqués illégalement par la FED deviendront les bénéfices du SEO. Chaque citoyen (cellule) partagera la *santé et la richesse* du HAUT ORGANISME CULTUREL en fonction de son rang et de son mérite. Le GFAS dirigera l'utilisation de la PROPRIÉTÉ PRIVÉE mais *ne possédera pas ces moyens*. Par exemple, la *"libre entreprise"* ne sera pas autorisée à paver la surface de la terre, et les conglomérats ne seront pas autorisés à mettre les agriculteurs en faillite. Les travailleurs (voir ci-dessus) partageront les bénéfices nets des entreprises et de l'industrie (une chaîne est aussi forte que son maillon le plus faible). Les bénéfices nets au niveau du commerce de détail seront partagés équitablement entre les détaillants, les intermédiaires, les producteurs, les cultivateurs et les fabricants. Moins de bénéfices pour les intermédiaires et plus pour les producteurs. Les sociétés fictives "américaines" détenues par des étrangers seront dépossédées de leurs droits sur les minéraux, le bois, l'agriculture, la pêche, etc. Le commerce entre les États aryens sera coordonné, encouragé et protégé. Les programmes écologiques seront mis en conformité avec la Sainte Église aryenne (panthéisme). Le pool de gènes blancs, organisme spirituel, fait partie intégrante de cette écologie.

MASS-MEDIA. "La *liberté de la presse* signifie la *responsabilité de la presse*. Sans responsabilité, il n'y a pas de liberté. Après 85 ans de contrôle des médias par les juifs, l'Amérique frôle la débilité et la désintégration morale. La responsabilité s'accompagne de sanctions en cas de malversations. Les mensonges, la désinformation et les fausses informations sont des crimes contre la nation et seront sévèrement punis. Le premier amendement n'est pas non plus une couverture pour les sadiques, les schizophrènes, les "Spielberg", les homosexuels, les pédophiles et autres. Plus de citations de "gorges profondes" non identifiées ou de "sources proches du président". Plus de docu-fictions se faisant passer pour des faits. *Un groupe de philosophes, de poètes, d'artistes et d'éducateurs aryens déterminera ce qui est moral et immoral, ce qui est acceptable pour nos enfants.* Désormais, les médias refléteront les aspirations de la culture aryenne : *La vérité vous libérera*.

FRANCHISE. Une carte de sécurité sociale en plastique sera utilisée pour activer les machines à voter dans les isoloirs. La carte contiendra un code caché indiquant le quotient intellectuel du propriétaire ; s'il est inférieur à la moyenne (QI-100), le vote ne sera pas enregistré. CONDITIONS PRÉALABLES À L'EXERCICE D'UNE FONCTION :

Le caractère et l'intelligence comptent. 1) Contrôles de loyauté : TOUS les employés du gouvernement doivent passer un test de détection de mensonges. 2) Test de QI : Les sénateurs du SSAS doivent avoir un QI supérieur à 130. Les membres du Congrès de l'État (représentants) de la chambre basse doivent avoir un QI supérieur à 118, et ceux de la chambre haute (Sénat) doivent avoir un QI supérieur à 124. Tous les membres doivent avoir servi dans l'armée.

L'ÉDUCATION PUBLIQUE : de la maternelle à la 12e année, l'accent est mis sur les mathématiques, les sciences humaines, et la condition physique. H-S : mathématiques, économie, mendélisme (génétique, eugénisme, anthropologie, biochimie, etc.), sciences, sciences humaines, argent, culture physique, cours facultatifs.

MILITAIRE : à l'âge de 18 ans, tous les hommes effectuent un service militaire obligatoire de deux ans.

UNIVERSITÉ : histoire, philosophie, logique, criminalistique, gestion, mendélisme, cours facultatifs.

ÉCOLES HI-TECH ET PROFESSIONNELLES : L'université n'est pas souhaitable pour tout le monde. L'Occident a besoin d'ouvriers qualifiés et d'artisans, de ceux qui aiment les outils, la graisse et les machines : ceux qui peuvent maintenir le navire à flot comme ceux qui peuvent le commander — tous sont des Cellules Spirituelles qui composent un Organisme de Haute Culture. La GFAS fixera des critères de réussite pour les enseignants et les élèves.

ESTHETIQUE/DISCRIMINATION : Au sein du SEO, l'importance de l'esthétique aryenne et de la capacité de discrimination sera vigoureusement soutenue. L'importance de la VÉRITÉ/BEAUTÉ pour la psyché humaine se reflète dans la dévotion accordée aux arts par tous les peuples civilisés. Dans la mesure où la Vérité et la Beauté sont admirées par la nation, le mensonge et la laideur sont méprisés.

Dans la communauté artistique, la génétique est le facteur qui influence non seulement la créativité d'un artiste, mais aussi le sens de la beauté de son public et sa capacité à l'apprécier. C'est un fait bien connu que ce qui est esthétiquement attrayant pour une race est souvent épouvantable pour une autre, dans certains cas jusqu'au dégoût, une autre raison pour laquelle la diversité raciale est destructrice pour toutes les races concernées. La xénophobie n'est pas du *racisme*, mais du *racialisme* : un mécanisme génétique de survie. L'amour de la famille est instinctif. La discrimination est la capacité à faire des évaluations comparatives : qui ou quoi est le meilleur, le plus grand, le plus proche, le plus brillant, etc. L'absence de capacité de discrimination est un handicap sérieux. Dans une démocratie, cependant, la discrimination raciale est jugée inacceptable ; *"tout le monde est égal"* ou est *victime de "discrimination"*, c'est-à-dire de sectarisme. C'est par crainte de la discrimination que la Cour suprême des États-Unis et Hollywood ont fait de l'Amérique un égout racial.

RACE : les citoyens du Saint Empire occidental doivent être des Aryens. Les Blancs ethniques sont encouragés à immigrer dans le SEO. Les populations non blanches vivant dans l'Empire recevront une aide financière pour coloniser des pays génétiquement compatibles. Les Noirs et les Juifs ont ainsi une excellente occasion de créer leurs propres civilisations. Peut-être ensemble, comme des frères. Ils n'auront plus à subir une société aryenne "dégénérée" : "Dieu tout-puissant, enfin libres !" Le génomètre Hema, de la taille d'une lampe de poche à trois piles, permet des analyses génétiques rapides, révélant l'identité raciale des JUIFS, des Orientaux et des Asiatiques avec une précision de 95%, et une précision de 98% pour l'identification des lignées nègres et mexicaines.

Les non-Blancs qui préfèrent rester dans le SEO peuvent le faire sous ces conditions :

1) Ils ont plus de 40 ans.
2) Ils sont légalement sains d'esprit.
3) Ils respectent toutes les lois de l'État.
4) Ce ne sont pas des indigents.
5) Ils se soumettent à la stérilisation (puces).

PANTHÉISME : Le Saint Empire Occidental est un produit du panthéisme, et non l'inverse. Nous avons souligné précédemment la corrélation entre l'intellect et l'intuition ou l'instinct au sein de la synthèse occidentale. De même, au sein du panthéisme (au même degré), la science et la foi religieuse sont en corrélation. Le panthéisme assimile Dieu à la force universelle, aux lois de la nature et non à un juif vengeur dans le ciel. Le JUDÉO-CHRISTIANISME, qui met l'accent sur la certitude historique pour soutenir ses mythes et ses miracles, s'est effondré sous l'effet de l'analyse scientifique et de la bêche de l'archéologue. Il ne reste que son rituel, ses anachronismes, son ARGENT et sa haine de la connaissance et de la nature.

Avec l'émergence de l'AGE MENDÉLIEN, l'humanité réalise que la *Force Universelle lui a été transmise et confiée par l'intermédiaire de son patrimoine génétique ancestral, lui offrant une relation avec le DIVIN que les religions créées par l'homme n'ont jamais atteinte.* Tous les saints hommes et leurs prières, encens, hochets et reliques au cours des millénaires n'ont jamais sauvé un seul enfant de la maladie, n'ont jamais guéri un seul cancer, n'ont jamais réalisé une seule transplantation cardiaque, n'ont jamais prédit un seul tremblement de terre. Alors que les "ISRAÉLIENS ÉLUS" de Yahvé, qui prétendaient interpréter la PAROLE DE DIEU, croyaient que la terre était plate et flottait dans la saumure.

Réveillés par l'éclat spirituel du MENDÉLISME, les groupes ethniques du monde entier qui cherchent à réaliser le potentiel que Dieu leur a donné espèrent abattre les frontières territoriales abrutissantes établies par l'ARGENT qui propage la guerre perpétuelle par le biais de la diversité et établir à la place des MAISONS FAMILIALES. (Les troupes américaines envoyées par les ILLUMINATI pour faire entrer de force des chevilles carrées dans des trous ronds dans ces boîtes à feu multiraciales devraient lever le camp). Au sein du SAINT EMPIRE OCCIDENTAL, les Aryens peuvent vénérer les dieux que leur esprit exige, c'est aussi le sens du PANTHÉISME. Une grande partie du grand art, de la littérature, de la musique, de l'apparat, des fêtes païennes, de l'architecture et des chères traditions, créées par les Aryens pour rendre le christianisme sémite acceptable, trouveront une harmonie parfaite dans le PANTHÉISME des Lois de Dieu : l'expression spirituelle de la Vérité et de la Beauté.

Le SAINT EMPIRE OCCIDENTAL a l'intention de remplacer la

Bible sémitique par les Saintes Écritures aryennes (qui n'ont pas encore été compilées) contenant des IDÉES qui expriment, comme notre musique, l'âme aryenne ; parmi celles-ci figurent les Lois de Manu ; *L'Anti-Christ* et *Ainsi parlait Zarathoustra* de Nietzsche (le christianisme est issu en partie du zoroastrisme, vénérons la source) ; *L'Iliade* et l'*Odyssée d'*Homère ; *Beowolf* ; les sagas islandaises de Njal et Gunnar ; *Faustus* de Goethe ; les *Chants de Kabir* ; *La Chanson de Roland* ; Le *Mort d'Arthur* de Malory ; Leonides aux Thermopyles ; Les *Idylles du Roi de* Tennyson ; La *Germanie* de Tacite ; Le *Nibelungenlied* ; Les *Canzoniere* de Pétrarque ; Les *Philippiques* de Cicéron ; *L'Idiot* de Dostoïevski ; et L'*Archipel du Goulag* de Soljenitsyne (en remplacement de "Révélations"). Les écrits mystiques de Lao-tseu, Siddartha, Mahomet, Jésus, Shakespeare, Nietzsche, Blake, Schopenhauer, Vivekananda, Sappho et Whitman seront également inclus.

LA SYNTHÈSE DE L'OCCIDENT SE POURSUIT :

Les lois de la nature doivent être découvertes, obéies et respectées. Les races de Dieu doivent être préservées dans leur caractère unique. La génétique révèle que l'homme peut vaincre la maladie, vieillir et s'améliorer physiquement, mentalement et spirituellement de manière eugénique, rendant ainsi sa vie sublime, même s'il est capable de comprendre enfin la FORCE omnipotente, omnisciente et omniprésente. *Dieu a donné le bon moine Mendel à l'homme aryen. L'homme aryen a donné les clés du royaume à l'humanité : Connais-toi toi-même !*

> Le pouvoir et le droit ne sont pas synonymes. En vérité, ils sont souvent opposés et inconciliables. Il y a la LOI DE DIEU dont découlent toutes les lois équitables de l'homme et selon laquelle les hommes doivent vivre s'ils ne veulent pas mourir dans l'oppression, le chaos et le désespoir. Séparé de la LOI ÉTERNELLE ET IMMUABLE de DIEU, établie avant la fondation des soleils, le pouvoir de l'homme est mauvais, quelles que soient les nobles paroles avec lesquelles il est employé ou les motifs invoqués pour l'appliquer. Les hommes de bonne volonté, conscients de la LOI DÉPOSÉE PAR DIEU, s'opposeront aux gouvernements dirigés par des hommes et, s'ils veulent survivre en tant que nation, ils détruiront les gouvernements qui tentent de statuer selon les caprices ou le pouvoir de juges vénaux.
>
> CICÉRONN

Les faibles et les bâclés périront : le premier principe de notre humanité.

Les plus grands obstacles pour atteindre le Surhomme sont le christianisme et la démocratie.

Le dernier chrétien est mort sur la Croix. Les faibles et les inaptes congénitaux ne peuvent pas rivaliser, alors ils utilisent des moyens détournés pour atteindre le pouvoir.

NIETZSCHE.

Je vous le dis à vous qui m'écoutez : aimez vos ennemis, faites du bien à ceux qui vous haïssent ; bénissez ceux qui vous maudissent, et priez pour ceux qui vous maltraitent. Et à celui qui te frappe sur une joue, tends aussi l'autre ; et à celui qui t'enlève ton manteau, donne-lui le reste de ton habit.

JESUS CHRIST, Luc 7:27-29.

Ne croyez pas que je sois venu apporter la paix sur la terre ; je ne suis pas venu apporter la paix, mais l'épée. Car je suis venu pour opposer l'homme à son père, la fille à sa mère, et la belle-fille à sa belle-mère. L'homme aura pour ennemis les gens de sa maison.

JÉSUS-CHRIST, MATTHIEU 10:34-36

Ne résistez pas au mal.

JESUS CHRIST, Matt. 5:39.

La traduction King James des LXX (Septante : traduction grecque de l'Ancien Testament à partir de l'hébreu) contient plus de 1000 mentions majeures.

ENCYCLOPÉDIE BRITANNICA.

Laissez-moi émettre et contrôler l'argent d'une nation et je ne me soucie pas de savoir qui fait ses lois.

AMSCHEL MAYER ROTHSCHILD.

En tant que jeune major inconnu, j'ai pris la décision la plus sage de ma vie : j'ai consulté M. Baruch.

GENERAL DWIGHT DAVID EISENHOWER, Armée américaine.

TOB SHEBBE GOYIM HAROG !

TALMUD : Sanhedrin 39

CHAPITRE 12

RÉSUMÉ

Les ARYENS apparaissent partout comme les promoteurs du vrai progrès et, en Europe, leur expansion marque le moment où la préhistoire (de l'Europe) commence à diverger de celle de l'Afrique et du Pacifique.

Dr. V. GORDON CHILDE.

En tant qu'anthropologue social, j'accepte naturellement et j'insiste même sur le fait qu'il existe des différences, tant mentales que physiologiques, qui séparent les différentes races de l'humanité.

Dr. L. S. B. LEAKY.

La prospérité matérielle encourage la préservation, le maternage et la reproduction des éléments biologiquement inférieurs qui parasitent les civilisations riches. Puis, des actions brutes et au sang plus pur s'abattent sur elles et effacent l'ardoise.

Dr. ERNEST HOOTEN.

Le pacifisme reste un idéal, la guerre un fait, et si la race blanche décide de ne plus la faire, les peuples de couleur la feront et deviendront les maîtres du monde.

SPENGLER.

Votre Constitution n'est qu'une voile sans ancre. Soit un César ou un Napoléon prendra les rênes du gouvernement d'une main ferme, soit votre République sera mise à mal par la barbarie intérieure au 20 siècle, comme l'a été l'Empire romain au 5ème.

SIR THOMAS MACAULEY.

Communiquer quoi que ce soit à un Goy sur nos relations religieuses équivaudrait à tuer tous les Juifs, car si les Goyim savaient ce que nous enseignons à leur sujet, ils nous tueraient tous ouvertement.

TALMUD : Libre David 37.

Les hommes qui savent gérer l'argent gèrent tout.

WILL DURANT, "Histoire de la civilisation".

L'aristocratie n'a rien à voir avec la ploutocratie. Les meilleurs ne sont PAS les riches... ce sont le caractère et les capacités qui doivent compter.

WILLIAM G. SIMPSON.

Chaque fois qu'une forme de gouvernement devient destructive, le peuple a le droit de l'abolir...
DÉCLARATION D'INDÉPENDANCE.

Nous arrivons maintenant au dernier chapitre de ce traité qui traite du déclin de la civilisation occidentale et plus particulièrement de la spoliation de l'Amérique. L'histoire nous rappelle que lorsque la majorité raciale disparaît, la culture disparaît avec elle. Lorsque la majorité blanche de l'Amérique meurt, c'est l'Amérique elle-même qui meurt.

Nous avons vu que pendant que les Américains étaient absorbés par la création de l'une des plus grandes civilisations de l'histoire, un bastion de la culture occidentale, l'ancien ENNEMI de l'humanité, conformément aux impératifs génétiques, s'est incrusté dans les nerfs des États-Unis et a entrepris de les trahir, de les corrompre et de les piller. Nous avons rappelé les origines de la CONSPIRATION dans la loi mosaïque (TORAH) plagiée, dans laquelle les Hébreux, une tribu sémite, se sont attribués le nom de "PEUPLE CHOISI PAR DIEU", dont l'objectif est de gouverner le monde ; et dans la loi orale pharisienne (TALMUD) ("nos promesses aux Gentils ne nous lieront pas") d'où sont issus les PROTOCOLES DES SAGES DE SION ("les *goyim* sont un troupeau de moutons et nous sommes leurs loups"). Les PROTOCOLES ont fourni le paradigme des ILLUMINATI de Rothschild ("la question est seulement de savoir si le gouvernement mondial sera réalisé par consentement ou par conquête", JAMES WARBURG, JUIF).

Nous avons vu comment les Khazars asiatiques (Ashkénazes) ont fait semblant d'être des Judéens bibliques de la diaspora, alors que leurs lignées (confirmées par des tests ADN) leur attribuent des affinités arménoïdes-mongoles sans aucun gène sémitique ; ils n'ont donc aucune racine israélienne et, par conséquent, aucune revendication biblique sur la Palestine. Ce sont des imposteurs, des parasites et des assassins, comme le prouve irréfutablement ce traité. Ce traité présente également pour votre considération le *modus operandi* des ILLUMINATI. Nous avons vu avec quelle trahison calculée les juifs "américains" ont attaqué secrètement et se sont emparés des maillons essentiels de la souveraineté américaine, dont les plus importants sont les suivants : L'APPROVISIONNEMENT EN ARGENT DE LA NATION (le système de la Réserve fédérale) et les MÉDIAS DE MASSE (journaux, magazines, radio/télévision, Hollywood, théâtre, divertissement, et ainsi de suite). Ainsi, la CONSPIRATION JUIVE a effectivement abrogé la Constitution américaine ! Par la suite, en réaction au "terrible pouvoir de la bourse" et à la censure de la "liberté d'expression", toutes les facettes de la société américaine sont tombées une à une sous le contrôle des libéraux, des marxistes et des juifs. Imaginez l'impact sur la carrière d'un membre du Congrès américain s'il introduit une législation établissant une commission d'enquête sur l'"Holocauste", ou une législation visant à déterminer la constitutionnalité de la FED, ou une législation exigeant des quotas raciaux/religieux dans la propriété des médias, dans l'armée ou dans les facultés universitaires, ou établissant une commission chargée de faire rapport sur l'effet négatif du métissage sur les scores de QI, ou cherchant à savoir pourquoi tant de sionistes sont nommés à des postes gouvernementaux élevés. Aujourd'hui, nous constatons que notre grande République aryenne d'autrefois a été transformée en une DÉMOCRATIE bâtarde dirigée par la PLUTOCRATIE MARXISTE/LIBÉRALE/JUIVE. Cette CONSPIRATION, d'envergure mondiale, est financée et dirigée par des banquiers internationaux. Son objectif est de mettre en place un gouvernement sioniste mondial unique. Sa stratégie, explicite dans les PROTOCOLES, est de manier le pouvoir de l'ARGENT d'une main, et de l'autre de déchaîner L'INFAMIE et la GUERRE jusqu'à ce que l'Occident, finalement, en faillite, épuisé et désillusionné, abandonne sa souveraineté. Les tactiques bien connues des ILLUMINATI, établies pendant la Révolution française, comprennent le mensonge, la trahison, l'espionnage, le chantage, la calomnie, l'extorsion, le meurtre, la désinformation, les faux témoignages, les fausses guerres, le chaos financier, l'usure, l'immoralité, etc. Les mêmes tactiques sont employées en Amérique aujourd'hui, accompagnées de spirochètes de la syphilis juive : répétées sans cesse par les universités et les médias. Pendant ce temps, les Américains tentent naïvement de jouer le jeu de la vie conformément à la morale et à l'éthique aryennes, en prêtant allégeance "... au drapeau des États-Unis et à la République qu'il représente..." tandis que les JUIFS jouent le jeu sub rosa conformément au TALMUD, aux PROTOCOLES DE SION et au SERMENT DE KOL NIDRE : réservant leur haine aux Gentils et leur allégeance uniquement à la JUIVERIE.

Le nationalisme est une maladie infantile.
ALBERT EINSTEIN, JUIF.

Dieu n'a pas choisi les Juifs.
SAMUEL HOFFENSTEIN, JUIF.

Le triomphe des Juifs sur l'Amérique n'aurait pas pu être aussi complet si les Aryens n'avaient pas collaboré avec eux. Les transfuges blancs représentent un large spectre social allant des traîtres raciaux certifiés, comme Paul Volcker, Kingman Brewster, Theodore Hesburgh, Ted Kennedy et William J. Clinton, aux ordures blanches locales qui font n'importe quelle CONCESSION MORALE, même vendre l'héritage de leurs enfants si cela sent l'ARGENT (voir : *Easton Star-Democrat*). Entre ces deux pôles, on trouve des traîtres idéologiques tels que Pat Robertson, Patrick Moynihan, Jimmy Carter et la dynastie Bush, dont l'ignorance du mendélisme et la *"compassion bienveillante"* ont contribué à faire de l'Amérique une société bâtarde au bord de l'anarchie.

Alors que la synthèse dialectique de l'Occident continue de se déployer, les moutons commencent à bêler avec agitation et à poser des questions interdites. Partout où les Gentils se rassemblent (ici et à l'étranger), la judéophobie est en hausse. Alarmés par l'intérêt inquiétant des *goyim* pour le succès remarquable de la JUIVERIE (inversement proportionnel au déclin de la culture américaine), les JUIFS soutiennent maintenant que des générations de consanguinité ont produit une plus grande intelligence parmi les ÉLÈVES de Yahvé que celle dont font preuve leurs troupeaux de Gentils ! Les Juifs insistent, *sans aucune preuve statistique fiable*, sur le fait que leur montée en puissance est attribuable au QI élevé des Juifs, et *non* à une CONSPIRATION luciférienne. En d'autres termes, les règles du jeu sont équitables et les *Aryens, qui ont produit la culture occidentale, sont trop bêtes pour rivaliser ! L'*un des partisans de ce Spielbergisme, le Dr Ashley Montague (Israel Ehrenberg), juif, a connu une carrière de professeur à l'Ivy League en brandissant la bannière rouge de l'égalité raciale, jusqu'à ce que le mendélisme l'abatte, vers 1980. Par la suite, Montague (décédé en 1999) a donné des conférences peu convaincantes sur la supériorité *génétique* juive. Cependant, l'Histoire, l'arbitre final en la matière, révèle que les JUIFS sont loin d'être aussi intelligents qu'ils voudraient le faire croire (les JUIFS produisent des individus brillants, mais, par habitant, beaucoup moins que les Aryens ou les Orientaux). En fait, *TOUTES les grandes avancées de la culture* *mondiale ont été réalisées exactement dans les endroits où il n'y avait pas de juifs ou d'où ils avaient été expulsés !* Cela rend certainement leurs affirmations sur le QI suspectes, voire non pertinentes. Les anciens ISRAÉLIENS n'ont rien créé d'autre d'important que la BIBLE et le TALMUD ; la première est aujourd'hui considérée comme un fossile et le second comme pathologique. Les hommes d'État hébreux, du roi Saül à Bar Cochba, n'ont guère engendré plus que le chaos. Le suicide collectif "héroïque" des zélotes israéliens à Massada est une blague de guerrier (le général romain qui n'a perdu aucun homme a déclaré qu'il souhaitait seulement que tous ses ennemis soient aussi généreux). Enfin, les Israéliens n'ont légué à la postérité ni art, ni architecture, ni musique, ni science.

Les KHAZARS (JUIFS) asiatiques déguisés en JUDÉENS, qui dominent aujourd'hui les rouages du gouvernement des États-Unis, sont reconnus moins pour leur QI élevé que pour leur comportement psychopathique, décrit dans une certaine mesure dans ce traité.

On se souvient des JUIFS non pas pour leur capacité à créer de grands États ou à gouverner, mais pour leur obligation de corrompre et de détruire les États hôtes. Aucun juif n'a chevauché avec Charlemagne, ni signé la *Magna Carta, ni* le *Code Napoléon,* ni la *Déclaration d'indépendance,* ni d'ailleurs assisté à la *Convention constitutionnelle de* Philadelphie. On se souvient plutôt des JUIFS contemporains pour l'OGPU, le NKVD, l'Archipel du Goulag — une horreur inégalée dans l'histoire de l'humanité — et pour l'"Holocauste", un mensonge grotesque délibérément créé pour dissimuler les atrocités commises par les JUIFS et les Bolcheviks !

De toute évidence, le courage, l'honnêteté et l'esprit d'État n'expliquent pas l'incroyable conquête de l'Amérique par la juiverie. C'est plutôt leur *capacité à tromper de l'extérieur et à corroder de l'intérieur : c'est leur maîtrise de l'ARGENT et du GRAND MENSONGE.*

> ... il fait appel à la bassesse qui se trouve au fond de l'âme de tous les hommes. Il pourrit l'âme d'une nation ; il travaille secrètement et à l'insu de tous dans l'ombre pour saper les piliers de la cité ; il infecte le corps politique pour qu'il ne puisse plus résister. Un meurtrier est moins à craindre.
>
> CICÉRON.

Pour assurer la transition entre le gouvernement constitutionnel américain et le GOUVERNEMENT ILLUMINATI MONDIAL UNIQUE, les JUIFS ont travaillé d'arrache-pied pour *subvertir la volonté de résistance de l'Amérique. L'un de leurs stratagèmes est une intense campagne de propagande destinée à dénigrer tout ce que l'homme blanc a accompli : détruire son estime de soi et celle de ses enfants, lui faire perdre la fierté de son histoire, le rendre moins vigilant et cesser de protéger son incomparable patrimoine génétique blanc auquel il est redevable de tout.* Le métissage effréné des races représente la victoire ultime du MARXISME/LIBÉRALISME/JUIVERIE sur l'Occident.

LA SOLUTION FINALE

Les gènes blancs deviendront la propriété des races de boue. À cette fin, les médias de masse, l'université, la chrétienté et le gouvernement fédéral ont ciblé l'esprit et l'utérus des jeunes femmes blanches. En termes clairs, ils veulent réduire la résistance des femmes blanches à la fornication avec les NÈGRES et les JUIFS. Il n'est donc pas surprenant que le gouvernement américain soit "incapable" d'arrêter le trafic de drogue du tiers-monde et des républiques bananières, qui se retrouve entre les mains de la mafia, des proxénètes, de l'armée, des dortoirs des universités, des lycées et de l'industrie du divertissement où traînent les jeunes et beaux Aryens. Alors que, pendant la Seconde Guerre mondiale, les États-Unis ont habilement écrasé les nations les plus puissantes de la planète et que, plus récemment, ils ont bombardé la Serbie, l'Irak, la Syrie et d'autres nations JUDÉOPHOBES. Les Fédéraux (qui ont incinéré les hommes, femmes et enfants américains des Branch Davidians) sont "incapables" d'empêcher les immigrants illégaux (chaque vote démocrate/catholique) d'envahir les États-Unis comme une invasion de sauterelles avec l'aide de la $5^{\text{ème}}$ colonne MARXISTE/LIBÉRALE/JUIVE (et des barons de la drogue de l'Arkansas).

Le gouvernement fédéral, toujours obéissant à ses maîtres, refuse d'écraser ces agressions criminelles contre la majorité blanche ; il n'abrogera pas non plus les amendements constitutionnels et les lois qui feront bientôt des Blancs une minorité dans leur propre pays. En effet, les Aryens, qui sont issus de la plus grande race de guerriers au monde, ont été réduits à l'impuissance par leur propre gouvernement.

N'oubliez jamais qu'aucun membre du gouvernement des États-Unis, bien que totalement conscient de la CONSPIRATION, n'ose prendre des mesures correctives à l'encontre des ILLUMINATI. Par cette lâcheté, le gouvernement fédéral a commis une *faute*, un point de la loi sur la sédition qui stipule que la Haute Trahison est commise par ceux qui savent qu'une trahison est en train d'être commise, mais qui dissimulent ce fait ou n'agissent pas en conséquence. (Voir chapitre IV, ARGENT).

> La trahison ne prospère jamais, quelle en est la raison ? Car lorsqu'elle prospère, personne n'ose la qualifier de trahison.
>
> LORD HARRINGTON.

> L'arbre de la liberté se nourrit du sang des tyrans, c'est son engrais naturel.
>
> JEFFERSON.

Les dommages infligés à l'Occident sont graves et continus. Cependant, nous constatons qu'une déchirure apparaît dans la confiance des Juifs. Elle saigne. Le mendélisme les terrifie, à juste titre. Leur maxime marxiste *"Liberté, Égalité, Fraternité"* a été réduite en miettes ; leur ego a été brisé ; leur image astucieusement construite après la Seconde Guerre mondiale a été mise à nu. En effet, les juifs ont été frappés d'un coup mortel. Ils ne peuvent échapper à leurs gènes ! Il s'ensuit, comme le jour suit la nuit, que TOUTES les lois, idéologies et législations issues de la théorie de l'égalité sont fausses, frauduleuses et PATHOLOGIQUES. La démocratie, le gouvernement mondial unique, la Grande Société, les banques mondiales, la famille de l'homme, les Nations unies, le talmudisme, le christianisme, le communisme, l'égalité sexuelle, l'intégration raciale, les quotas, la diversité, le métissage, etc. se révèlent maintenant, à la lumière omniprésente du mendélisme, comme : L'IGNORANCE en action, d'une part, et, d'autre part, une CONSPIRATION TALMUDIQUE visant à détruire la race blanche. Tant que les lois fédérales et nationales soutenant ces abominations continueront d'exister, l'Amérique poursuivra sa spirale descendante dans le marasme racial d'individus au QI de 85.

Ce n'est un secret pour personne que les Américains blancs ont atteint une IMPASSE CONSTITUTIONNELLE : il n'existe aucun recours légal leur permettant de remédier à leur dépossession. Et il n'est pas surprenant que Ben Wattenberg, juif, ait remarqué avec exaltation que la cloche de la *Destinée Manifeste* a sonné (il veut dire que le pouvoir des Blancs en Amérique est terminé... pense-t-il).

Les Américains doivent décider s'ils sont d'accord avec Ben. Veulent-ils une société blanche OU une société de race de boue ? Il n'y a pas de compromis possible. Les relations sociales mènent aux relations sexuelles. Le métissage consiste à éliminer à *jamais les* blondes aux yeux bleus, les rousses, les brunes à la peau claire et l'intelligence supérieure qu'elles représentent. Les races de boue bénéficieront d'injections de gènes blancs tandis que la race blanche disparaîtra. Cela signifie que nos pères, qui se sont battus et sont morts pour que leur nation vive, auront vécu et seront morts en vain. Dans 30 ans (ou moins s'ils ouvrent la frontière mexicaine), la population des États-Unis, suivie de près par celle de l'Europe, ressemblera à celle de Cuba, de l'Inde et du Mexique. Les juifs auront gagné le monde.

> Le passé du Noir américain est un stigmate, sa couleur est un stigmate, et sa vision de l'avenir est l'espoir d'effacer le stigmate en rendant la couleur sans importance... Je partage cet espoir... Je crois que la fusion totale des deux races est l'alternative la plus souhaitable pour toutes les personnes concernées...
> NORMAN PODHORETZ, JUIF, éditeur "Commentaire".

> BOSTON... à l'époque où l'intégration forcée a commencé (vers 1970), la population des écoles publiques de la ville était composée de 52% de Blancs, 37% de Noirs, 8% d'Hispaniques et 3% d'Asiatiques. Les choses ont bien changé, sous l'effet de la fuite des Blancs et des tendances à l'immigration. Aujourd'hui, les élèves des 129 écoles publiques de Boston sont composés de 16% de Blancs, 49% de Noirs, 26% d'Hispaniques et 9% d'Asiatiques.
> LE WASHINGTON POST, 7-18-99.
> (Il convient de noter que les résultats scolaires ont chuté et que la criminalité a augmenté).

> La différence d'épaisseur des couches supragranulaires du cortex des cerveaux blanc et noir est la différence entre la civilisation et la sauvagerie.
> WESLEY CRITZ GEORGE,
> Chef du département d'anatomie, Univ. N. Car.

Les moutons américains doivent apprendre, malgré les absurdités bibliques, que dans la NATURE, le lion se couche avec l'agneau NON pas dans un esprit d'amour fraternel (comme illustré dans la fantaisie de Hick, *"Peaceable Kingdom"*) mais pour *le manger !* Dans le Royaume de Dieu, TOUS les organismes vivants se nourrissent des autres (côtelettes d'agneau). La jungle sociale de l'Homo Sapiens est bondée de taxons, chacun cherchant son destin aux dépens de quelqu'un. Il n'y a pas d'égalité dans la nature, tout est inégal (c'est un fait que les politiciens "au grand cœur" connaissent très bien). Il n'y a pas de "famille humaine" (UNESCO). Il n'y a que des races et des métis, chaque race ayant des qualités distinctes, uniques, données par Dieu *("La race est tout !"* DISRAELI, JUIF). Détruire les différences raciales est un génocide.

> Déjà dans *l'Antiquité,* nous avons été les premiers à crier les mots "Liberté, Égalité, Fraternité"... Les Gentils, supposés intelligents, n'ont pas compris le symbolisme des mots prononcés ; ils n'ont pas compris leur contradiction de sens ; ils n'ont pas remarqué que dans la nature il n'y a pas d'égalité...".
>
> LE PREMIER PROTOCOLE.

L'Église catholique (universelle), fondée par les Hébreux, s'est implantée dans les États du monde en proclamant l'égalité des hommes. Cela met en évidence le sale secret, que les JUIFS ont longtemps affirmé en privé, selon lequel le christianisme ouvrira la voie à un gouvernement sioniste mondial unique. Récemment, le pape Jean-Paul II a confirmé ce secret en annonçant *"qu'il y aura un gouvernement mondial unique pour la première fois d'ici l'an 2000".* Il n'a pas précisé qui dirigerait ce monde unique. Cependant, alors que l'Église consolide son ancienne alliance avec les JUIFS (ARGENT), SOUVENEZ-VOUS que les vis à oreilles et le feu figurent en bonne place dans les manifestations catholiques d'amour pour YAHVÉ et de haine pour la Nature. Une Église catholique ingrate (sauvée des musulmans par des chevaliers aryens à Tours) dénonce aujourd'hui les rêves d'un empire aryen. Le parti pris du pape Jean-Paul a des précédents. Saul de Tarse, HÉBREU, a inventé le christianisme (y compris l'Immaculée Conception, dont Jésus n'a jamais entendu parler) pour détruire Rome, siège du pouvoir païen aryen. L'Église, construite par Pierre, juif, (et élargie par le païen Constantin) a mélangé la tradition paganiste avec les Écritures hébraïques pour rendre le mélange empoisonné acceptable pour les Aryens pragmatiques et lascifs. On peut dire qu'ils ont survécu malgré cela. La grande contribution du christianisme a été d'apporter une cohésion, brièvement, aux États tribaux européens — ce qui n'est pas un mince cadeau ! L'art, l'architecture et la musique magnifiques des Aryens sont devenus chers au monde entier. N'oublions pas non plus les services désintéressés rendus par le clergé au nom de JÉSUS-CHRIST. Ces ministères de l'espoir, de la foi et de la charité sont également un élément important du PANTHÉISME. Le fait irrévocable est que le christianisme (comme Marx, Freud, Boas) a horreur des FAITS. Au lieu de cela, l'Église parle du péché originel (horreur de la connaissance), de la honte, du pardon (à un prix), des miracles, de l'égalité, de l'amour de l'ennemi et du Royaume des cieux de Yahvé, qui n'a jamais été décrit et qui n'est jamais arrivé. Les incroyants ont été jugés, tourmentés, torturés physiquement, assassinés et jetés en Enfer, qui est décrit avec des détails maniaques. Les châteaux bâtis sur le sable et la foi induite par la peur ne dureront pas éternellement. L'ignorance ne durera pas non plus tant que la liberté d'expression sera tolérée. *Jésus, qui marchait sur l'eau, ressuscitait les morts et croyait que le monde était plat, a perdu son influence sur la strate culturelle de l'Occident.* Aujourd'hui, avec ses crises de colère, le christianisme retourne aux mythes primitifs et aux fables d'où il est venu. C'est un fait de nécessité psychologique que *TOUS les grands peuples ont besoin d'une foi profonde en une puissance supérieure à laquelle ils peuvent accorder une obéissance totale.*

La religion aryenne, le PANTHÉISME, qui a surgi de l'ère mendélienne, vénère les LOIS DE LA NATURE, manifestées dans le MENDÉLISME/DIEU/FAMILLE (LA RACE ARYENNE) et, ce faisant, expose le JUDÉO-CHRISTIANISME comme un autre CANULAR, une *réduction à l'absurde !* Le PANTHÉISME rayonne maintenant la FORCE UNIVERSELLE à travers la civilisation occidentale. Seuls les superstitieux, les ignorants et les vénaux continuent à croire, ou à faire semblant de croire, au dieu tribal jaloux, vengeur et paranoïaque Jéhovah (note : George Washington, Thomas Jefferson, Abraham Lincoln et autres étaient des déistes. Ils vénéraient un Créateur omnipotent, PAS LE JUDÉO/CHRISTIANISME). *Accepter le JUDÉO-CHRISTIANISME, c'est nier les lois de la nature : nier les lois de la nature : nier les lois de Dieu, c'est blasphémer. Il n'y a pas d'égalité des hommes ou des races — CELA sonne le glas de la démocratie !*

Les grands mystiques : Zarathoustra, Jésus, Siddhârta Gautama, Mahomet, Shakespeare, Blake, Goethe, Schopenhauer, Vivekananda, Whitman, etc., nous disent que l'âme de l'homme vit éternellement (dans l'univers, TOUTE L'ÉNERGIE EST CONSERVÉE — l'âme est énergie) ; la vérité, la beauté et la justice (karma) l'emportent enfin. Le PANTHÉISME et la SCIENCE NATURELLE soutiennent de nombreuses révélations mystiques. Par exemple, le PANTHÉISME et la SCIENCE NATURELLE soutiennent de nombreuses révélations mystiques.

L'instinct, l'intuition et l'intelligence (la raison) ont coexisté au cours de la synthèse occidentale, révélant un espace illimité qui, *dans le microcosme et le macrocosme*, est constitué de particules d'énergie des millions de fois plus petites que les atomes. Ces particules, disposées en cordes d'énergie électrique (émettant des sons décrits par les mystiques comme de la *"musique céleste"),* chacune sur des fréquences différentes et vibrant avec la Vie, se tortillent et tournent à travers de nombreuses dimensions spatio-temporelles offrant à l'Univers "de nombreuses demeures". *Là où les mondes du macrocosme et du microcosme fusionnent et où la matière énergisée devient une FORCE fluide, nous entrons dans l'UNIVERS MÉTAPHYSIQUE.* Ici, l'incompréhensible immensité de l'espace intérieur et de l'espace extérieur ne font qu'UN. Cette FORCE UNIVERSELLE, *à des degrés plus ou moins importants*, traverse TOUTES les choses. Ce qui réside "à l'intérieur" des "demeures" est caché... pour l'instant. Il ne reste que le commandement de Dieu : SE CONNAÎTRE : OBÉIR AUX LOIS DE LA NATURE.

Le pouvoir des JUIFS à la fin du 20e siècle est révélé par leur capacité à faire avaler au monde entier l'holocauste. Le peuple allemand, connu pour son intégrité, son courage et ses normes éthiques élevées, sa science avancée et sa créativité, a été calomnié et virtuellement ruiné par une nation de parasites qui *n'ont accompli que peu de choses dans tous les domaines de la vie, sauf dans celui du mensonge et de l'EXTORSION.*

Pendant 60 ans, le monde a été soumis à la propagande de la SHOAH en dépit du fait que les "survivants" juifs se sont avérés être des menteurs au vu des photographies aériennes, des rapports médico-légaux, des rapports de témoins oculaires, des journaux intimes, des dossiers officiels et des témoignages sous serment des survivants eux-mêmes devant les tribunaux. Tous les hommes instruits concèdent qu'il n'y avait PAS de chambres à gaz d'exécution pendant la Seconde Guerre mondiale. Néanmoins, comme si les FAITS n'avaient aucune importance, les juifs répètent sans cesse leurs mensonges venimeux dans les médias de masse contrôlés par les juifs, tandis que les ILLUMINATI punissent toute forme de réfutation. Bien qu'il soit au courant des faits, le Congrès américain, dépourvu d'audace, garde le couvercle hermétiquement fermé sur cette bouilloire bouillonnante. Inévitablement, les faits sortiront ! L'Amérique portant un visage juif et un gros bâton, il n'est pas étonnant que partout où des Gentils informés se rassemblent (ici et à l'étranger), la JUDÉOPHOBIE atteigne des proportions hitlériennes :

> Le tireur a laissé son journal SKOKIE, Ill. 10 juillet — La police analyse les notes racistes d'un journal appartenant apparemment à Benjamin Nathaniel Smith, dans l'espoir d'en savoir plus sur la fusillade meurtrière qui a eu lieu dans le Midwest le week-end dernier... "Quiconque connaît l'histoire de ce fléau pour l'humanité qui se fait appeler les Juifs saura pourquoi j'ai agi..." Smith aurait tué deux personnes et en aurait blessé neuf autres, toutes juives, noires ou asiatiques, dans l'Illinois et l'Indiana, avant de se suicider...
> WASHINGTON POST (7-11-99).

> Là où il y a de la haine, il y a aussi de l'espoir. (Sic !) Au cours des huit derniers mois environ, les médias occidentaux ont diffusé des rapports alarmants sur la résurgence de l'antisémitisme (sic) dans l'ex-Union soviétique, en particulier en Russie et en Ukraine, où résident la plupart des 1,5 million de Juifs de la région... Les Juifs ukrainiens les plus mécontents... sont partis, pour la plupart en Israël, aux États-Unis et en Allemagne... À Moscou, Vladimir Shapiro, éminent sociologue, m'a parlé d'une enquête récente qui a révélé que l'antisémitisme était omniprésent dans les écoles secondaires de la Fédération de Russie... La persévérance des Juifs de la région et leur sens de la cohésion sont admirables... La crainte que les Juifs, comme si souvent dans le passé, ne se retrouvent à nouveau comme boucs émissaires des maux économiques de leurs pays, ne peut être écartée.
> ABRAHAM BRUMBERG, JUIF, *Washington Post* (7-11-99).

> Le défilé du groupe aryen suscite de nombreuses protestations.
> CŒUR D'ALENE, Idaho, 10 juillet Les membres des Nations aryennes ont défilé aujourd'hui dans les rues du centre-ville sous la protection d'une ordonnance du tribunal fédéral, mais ils ont été éclipsés par des manifestants qui les ont obligés à faire un détour... Les Nations aryennes soutiennent que Dieu a ordonné la formation d'une patrie réservée aux Blancs dans le nord-ouest du Pacifique.
> WASHINGTON POST (7-11-99).

> Lien possible avec la haine dans les tueries de Calif. Killings.
> REDDING, Californie, 10 juillet... Les domiciles de Ben Matthew Williams, 31 ans, et de James Tyler Williams, 29 ans, dans le comté de

Shasta et au niveau fédéral, ont permis de trouver un carnet de notes reliant les frères aux incendies de synagogues de juin et contenant de la propagande raciste et antisémite liée à l'Église mondiale du Créateur... Ils ont l'air d'un couple de garçons américains", a déclaré M. Richardson. Ils n'ont pas de tatouages bizarres. Ce ne sont pas des skinheads..." Les membres de l'Église mondiale du Créateur ont été associés à de nombreux crimes de haine ces dernières années, notamment l'attentat à la bombe contre un bureau de la NAACP à Tacoma (État de Washington) en 1993, le passage à tabac d'un Noir et de son fils adolescent à Sunrise (Floride) en 1997 et le passage à tabac du propriétaire d'un vidéoclub juif en Floride l'année dernière.
WASHINGTON POST (7-11-99).

Israël met en garde le Japon contre la montée de l'antisémitisme. TOKYO Les cercles universitaires et commerciaux japonais devraient dénoncer les signes d'un antisémitisme croissant, selon l'ambassadeur israélien Yaacov Cohen... "C'est un phénomène qui devrait inquiéter les Japonais plus que quiconque", a déclaré M. Cohen dans une interview accordée au Japanese Times.
EDWARD NEILAN, *Washington Times. (Plusieurs mois après la parution de cet article, les Japonais ont connu un effondrement majeur de leur marché boursier, vers 1999).*

RUSSIE Les nationalistes diffèrent des patriotes. Un patriote aime son pays, mais pour un nationaliste, la haine de l'ENNEMI est plus importante que l'amour de son propre pays. En Russie, il existe une profonde affinité entre les néo-communistes et les nationalistes. Leur ennemi commun est le juif. Ils disent : "Nous avons beaucoup de choses en commun avec les Allemands... Si nous nous réunissons tous les deux, nous dominerons le monde."
REVUE DE L'AUTEUR de *"Black Hundred"*, par Walter Laqueur.

Khakid Abduk Muhammad, le "représentant" et "assistant national" du ministre Louis Farrakhan et de la Nation de l'Islam, est arrivé au Kean College... et des rayons de zèle et de haine ont jailli de sa bouche. Son sujet était un livre publié par Nation of Islam intitulé "The Secret Relationship Between Blacks and JUIFS" (La relation secrète entre les Noirs et les Juifs). L'assistant national a déclaré que les Juifs étaient des "Juifs imposteurs", des menteurs démoniaques qui avaient rejeté Jésus. Il a déclaré : "Jésus avait raison. Vous n'êtes que des menteurs. Le livre de l'Apocalypse a raison. Vous êtes de la synagogue de Satan"... Ils ont dépossédé les Palestiniens. Ils ont exploité les Allemands : "Tout le monde parle toujours d'Hitler qui a exterminé six millions de Juifs. Mais personne ne demande jamais ce qu'ils ont fait à Hitler...". Le Sénat américain a condamné par 97 voix le discours du Kean College.

PAUL BERMAN, JUIF, *The New Yorker* (2-28-94).

Lorsque tu t'approches d'une ville pour la combattre, annonce-lui la paix. Si elle te répond par la paix, si elle t'ouvre ses portes, tous ses habitants te paieront un tribut et te serviront. Si elle ne veut pas faire la paix avec toi, mais si elle te fait la guerre, tu l'assiégeras ; et quand le Seigneur ton Dieu l'aura livrée entre tes mains, tu en frapperas tous les mâles du tranchant de l'épée ; mais tu prendras pour toi les femmes, les petits enfants, le bétail, tout ce qui sera dans la ville, et tout le butin qu'elle renfermera... Mais des villes de ce peuple, que le Seigneur ton Dieu te donne en héritage, tu ne sauveras rien de vivant qui respire.
LA BIBLE SAINTE Deutéronome 20:10.

Ce qui est de la sauce pour l'oie est de la sauce pour le jars.
GRANDAD, *"Down on the Farm"*.

La SYNTHÈSE DE L'OCCIDENT se déroule à un rythme accéléré. Son peuple aryen se considère, une fois de plus, non pas comme des tribus nationalistes (*française, allemande, hongroise, italienne, anglaise, irlandaise, polonaise, espagnole, russe (Rus), et autres*), mais comme UNE NATION BLANCHE. Ils sont comme des voyageurs qui rentrent enfin chez eux après une odyssée en mer balayée par les tempêtes et qui en ressortent plus sages. Les Aryens réalisent maintenant que la culture occidentale est d'origine génétique et que les gènes blancs, et les gènes blancs seuls, leur ont permis de transmettre la beauté, le comportement, les capacités, l'intelligence et l'ÂME à travers les générations. La strate culturelle de cette grande CULTURE ARYENNE réside dans un groupe relativement restreint d'hommes et de femmes extraordinaires qui accordent à la race, à la famille, à la loyauté, au devoir, à l'honneur, une valeur supérieure à leur propre vie. Ils sont uniques parce qu'ils sentent instinctivement, comprennent intuitivement et croient rationnellement en la grande IDÉE ARYENNE : LE SOCIALISME OCCIDENTAL ET LE SAINT EMPIRE OCCIDENTAL.

Ce sont les "récalcitrants et les déçus", ceux qui ont réussi, les martyrs, les héros dans les veines desquels coule le sang des conquérants aryens. Ils viennent de tous les horizons : cow-boys, scientifiques, porteurs de fer, enseignants, artistes, hommes d'affaires, agriculteurs, militaires, etc. Ils préserveront cet avantage — avec des mains ensanglantées.

LES ILLUMINATI, comme le montre clairement ce traité, contrôle, voire possède, les États-Unis d'Amérique. Le pouvoir de la finance mondiale et des médias mondiaux est sous leur emprise, abrogeant ainsi la constitution américaine et rendant les pouvoirs exécutif, législatif et judiciaire du gouvernement non pertinents et incapables de protéger le patrimoine génétique des Blancs. Le gouvernement fédéral est contraint, soumis au chantage et acheté ! L'État ne fonctionne plus. L'Amérique blanche n'a aucun moyen d'obtenir réparation par des mesures constitutionnelles. *Ces FAITS sont très difficiles à accepter pour les Patriotes. Ils mettent en évidence, comme rien d'autre ne peut le faire, la tragédie de notre perte.*

Les juifs ne renonceront jamais volontairement au contrôle de l'Occident. Il serait suicidaire pour eux de le faire. Les faits seraient révélés. Les juifs ne peuvent survivre qu'en supprimant les faits. La bataille pour sauver la race blanche de l'extinction ne sera donc pas menée dans les salles du Congrès, comme le souhaiteraient les patriotes, mais dans les haies et les rues de l'Amérique du Nord, là où nos ancêtres se sont battus.

Il y a environ 15 millions de juifs vivant aux États-Unis. Le Bureau du recensement n'est évidemment pas autorisé à les compter. Tout voyageur doté d'un œil et d'un nez aiguisés se rend compte que les Juifs sont dispersés sur le continent comme des colonies de termites (un afflux important a récemment eu lieu dans l'Idaho !). *Ils se sont concentrés dans trois grandes régions : New York City, Philadelphie-Baltimore, Washington D.C. corridor ; Chicago-St.Louis, Dallas corridor ; et Los Angeles, San Francisco corridor. Quatre fuseaux horaires.* Ils gravitent également, grâce à des passeports doubles et falsifiés, entre les États-Unis, Israël et toutes les nations du monde. Leur point fort, comme nous l'avons vu, est une superbe organisation conçue pour mettre en œuvre les Protocoles. Les juifs croient avec zèle que Jéhovah leur demande d'employer tous les moyens pour détruire les Gentils. Les champs de bataille du monde entier sont couverts de croix blanches aryennes. L'utérus blanc pollué détruit le patrimoine génétique aryen.

Le gouvernement américain ayant refusé aux Aryens tout recours constitutionnel, il ne reste plus que deux options : Se révolter ou mourir. L'objectif des pro-Blancs n'est pas de détruire la grande nation/l'État établi par les Pères fondateurs, ce qui a déjà été fait par l'ENNEMI. Les

ARYENS ont l'intention de rétablir la VISION DES FONDATEURS de l'Amérique et de rendre l'État et le territoire à leur progéniture blanche.

La vision de nos ancêtres sera élargie pour créer un SAINT EMPIRE OCCIDENTAL englobant tous les États blancs du monde entier. Le SEO aidera toutes les races non blanches à conserver leur identité. Ce NOUVEAU MONDE s'enorgueillira de populations raciales véritablement DIVERSES, données par Dieu, chacune dans sa propre patrie gouvernée par son propre peuple. Au fur et à mesure que la synthèse dialectique occidentale progresse, la *strate culturelle* aryenne montera au front pour mener la NATION contre les PARASITES et les armées bâtardes enrôlées en leur nom. Les Aryens n'ont qu'à adopter la stratégie et la tactique de la révolution bolchevique (vers 1900) pour retrouver leur héritage. Combattre le feu par le feu. Si les juifs avaient possédé des armes bio/chimiques modernes, les Blancs seraient aujourd'hui aussi rares que les Néandertaliens. La *force fait le droit et le vainqueur emporte le butin.* C'est la leçon de la révolution bolchevique.

Aujourd'hui, le Parasite possède l'Occident. Mais plus pour longtemps. Les Aryens ont les armes. Nous avons les hommes. Il suffit de financer et de diriger. Il n'y a pas besoin d'une armée. 150 membres des Forces Spéciales seront plus que suffisants. Ce *n'est que par l'UNIFICATION des États blancs et l'établissement de l'INTÉGRITÉ TERRITORIALE que l'homme blanc pourra réaliser son DESTIN. L'avenir est inévitable, il est difficile et il est rempli de héros, de martyrs et de victoires glorieuses.*

Le roi Gordius, de Phyrigia, a conçu un nœud complexe que, selon lui, seul le futur roi d'Asie pourrait défaire. Lorsque le nœud fut présenté à Alexandre le Grand, celui-ci sourit, puis le trancha d'un seul coup d'épée. La CONSPIRATION ILLUMINATI sera SUPPRIMÉE COMME ALEXANDRE A SUPPRIMÉ LE NŒUD GORDIEN ! Dans cette entreprise, TOUS LES HONORABLES ARYENS participeront. Il suffit d'avoir la FOI en Dieu et la VOLONTÉ d'y parvenir. *Une nouvelle ère est en train d'émerger : L'ÂGE MENDELIEN. Un merveilleux EMPIRE OCCIDENTAL sera construit !* L'ORDRE DE LA NATURE est le suivant : CULTIVE TON JARDIN ISOLE TON PATRIMOINE GÉNÉTIQUE EXCRÈTE TES DÉCHETS OU MEURS !

L'IMPÉRIUM : TOUS LES ARYENS, dans le monde entier, "réveillés comme après un mauvais rêve", les armes à la main, se tiendront victorieux à la tête de leur patrie, un État-nation blanc, le SAINT EMPIRE OCCIDENTAL.

LE SERMENT ARYEN Sur le sang de mes ancêtres aryens sacrés, je jure :

LOYAUTÉ éternelle à ma FAMILLE + RACE + NATION + DIEU + Être BRAVE + CONSIDÉRANT + JUSTE + RÉVERSIF + FRANC + CONFIANT + et + VENGEUR

Je le jure, que Dieu me vienne en aide !

L'IMPÉRATIF CATÉGORIQUE

(Révisé)

N'agis qu'en fonction de la maxime qui te permettra en même temps de faire en sorte qu'elle exalte la race aryenne.

TRINITÉ PANTHÉISTE

(Aryens — LA FORCE - Panthéisme) :

Tient Yahvé dans le plus grand mépris : Un dieu tribal juif maladroit "plein de bruit et de fureur ne signifiant rien".

LE CRUCIFIX ARYEN La *Croix de fer* porte en son centre de porcelaine le visage d'une belle femme aryenne. Ses yeux bleus sont levés vers le ciel, ses lèvres cerise sont légèrement entrouvertes. Des cheveux de lin fins comme de la soie tombent en cascade sur ses épaules. Un filet de sang s'écoule du coin de sa bouche, le long de sa gorge et sur sa poitrine. *Elle aussi a été crucifiée par les JUIFS*. Elle porte une couronne d'épines sur laquelle est inscrit le mot : *DRESDE !*

+++

Les Aryens apparaissent partout comme les promoteurs du vrai progrès, et en Europe leur expansion marque le moment où la préhistoire (de

l'Europe) commence à diverger de celle de l'Afrique ou du Pacifique.
DR. V. GORDON CHILDE, "facilement le plus grand préhistorien...
probablement du monde". *(*Encyclopedia Britannica).

La seule condition requise pour centraliser le pouvoir dans une société démocratique est de professer l'égalité.
ALEXIS de TOQUEVILLE.

Monsieur le Président, il est monstrueux pour cette grande nation de voir son destin présidé par un système de réserve fédérale traître agissant en secret avec les Usuriers Internationaux.
LOUIS T. McFADDEN, président de la commission bancaire de la Chambre des représentants.

La nation juive est la seule qui possède les secrets de toutes les autres... il n'y a pas de gouvernement au monde qui soit aussi complètement à leur service que l'Amérique. "Les Britanniques ont fait ceci", les Allemands ont fait cela", alors que c'est le Juif international qui l'a fait... "Les Américains sont (maintenant connus comme) un peuple sordide, cupide et cruel". Pourquoi ? Parce que le pouvoir de l'argent juif est centré ici. Le génie du Juif est de vivre au dépend des gens, pas de la terre, ni de la production de marchandises à partir de matières premières, mais des gens. Laissez les autres cultiver le sol ; le Juif, s'il le peut, vivra du cultivateur. Laissons les autres peiner dans les métiers et les manufactures ; le Juif exploitera les fruits de leur travail. Tel est son génie particulier. Si l'on qualifie ce génie de parasitaire, le terme semble se justifier par une certaine forme.
HENRY FORD, *"Le Juif international"*.

Le pouvoir et le droit ne sont pas synonymes. En vérité, ils sont souvent opposés et inconciliables. Il existe une loi de Dieu dont découlent toutes les lois équitables de l'homme et selon laquelle les hommes doivent vivre s'ils ne veulent pas mourir dans l'oppression, le chaos et le désespoir.
CICÉRON (106-43 AV. J.-C.).

Le ministère de l'éducation a indiqué que dans la *troisième étude internationale sur les mathématiques et les sciences*, les élèves américains de 12e année ont obtenu des résultats parmi les plus faibles des 21 pays participant à l'étude TIMSS, ne dépassant que les élèves chypriotes et sud-africains.
WASHINGTON TIMES (8-30-99).

Avant tout, sois vrai envers toi-même, et il s'ensuivra, comme la nuit le jour, que tu ne pourras plus être faux envers personne.
SHAKESPEARE, *"Hamlet"* (Polonius).

Le brave Horatius, gardien de la porte, dit alors : "Tout homme sur cette terre meurt tôt ou tard. Quelle meilleure façon de mourir que d'affronter des adversaires redoutables pour les cendres de nos pères et les temples de nos dieux !

MACAULEY, "Lays of Ancient Rome".

Il suffit que les hommes de bien ne fassent rien pour que le Mal triomphe.

EDMUND BURKE.

L'arbre de la liberté se nourrit du sang des tyrans, c'est son engrais naturel.

JEFFERSON.

Ce que j'anticipe, car je la vois se préparer lentement et avec hésitation, c'est l'Europe unie. Les nations qui ont fini par valoir quelque chose n'ont jamais atteint cet état sous l'empire des institutions libérales : un grand danger en a fait quelque chose qui mérite le respect ; ce danger qui seul peut nous faire prendre conscience de nos ressources, de nos vertus, de nos moyens de défense, de nos armes, de notre génie qui nous oblige à être forts.

NIETZSCHE.

Communiquer quoi que ce soit à un Goy sur nos relations religieuses équivaudrait à tuer tous les Juifs, car si les Goyim savaient ce que nous enseignons à leur sujet, ils nous tueraient tous ouvertement.

TALMUD : Libre David 37.

Tous les vœux, serments, promesses, engagements et serments que je ferai à l'avenir seront nuls à partir de ce jour de l'Expiation jusqu'au prochain.

TALMUD : Serment de Kol Nidre.

TOB SHEBBE GOYIM HAROG ! (Tuez les meilleurs Gentils !)
TALMUD : Sanhedrin 59

FINIS

GLOSSAIRE

AD HOC : préoccupation pour un cas ou un objectif particulier (subjectif).

AD HOMINEM : attaque (en logique) le caractère de l'adversaire plutôt que ses arguments.

ANTI-SEMITIQUE : interprété à tort comme antijuif. Les Juifs (Asiatiques) détestent les Sémites (Arabes) et les tuent quotidiennement.

ARISTOCRACIE : gouvernement par les meilleurs individus ; l'ensemble de ceux que l'on croit supérieurs. Homme hors du commun.

ARYEN (Noble) : n. Peut-être Atlante. Progéniteur de la race blanche qui a répandu sa culture en Europe, en Inde, en Perse, en Égypte, en Amérique et dans d'autres parties du globe.

PANTHÉISME ARYEN : Doctrine qui assimile Dieu à la force et aux lois de l'univers : plus particulièrement le mendélisme.

JUIFS ASHKENAZIM : la "13e tribu" (Arthur Koestler). Khazars asiatiques convertis au TALMUDISME qui s'identifient faussement comme Judéens. 98% des Juifs américains sont ashkénazes.

BOURGEOISIE : n. m. Classe moyenne sociale.

CANAILLE : les "chiens" enragés de toutes les révolutions qui pillent, assassinent et violent pour le compte des Juifs de Paris, Saint-Pétersbourg et Chicago.

CANAPÉ DE CASTING : où sont fabriquées les starlettes.

BANQUE CENTRALE : une société par actions privée détenant une charte pour gérer l'argent d'une nation en échange d'une part des profits.

COMMUN : ordinaire, banal, vulgaire, bon marché, médiocre et populaire.

DÉMOCRATIE : gouvernement par la majorité. Une forme de gouvernement méprisée par les Pères fondateurs et exigée par les parasites.

DOCU-DRAMA : drame dont le contenu est objectif et basé sur des faits documentés (la réalité). Hollywood transforme la désinformation en docu-fiction, produisant ainsi de la propagande.

ÉGALITARISME : fausse croyance en l'égalité individuelle et raciale.

ESPRIT DE CORPS : n. m. Esprit de groupe, inspiration, enthousiasme.

EX POST FACTO : fait (comme promulguer une loi) après coup.

IN FLAGRANTE DELICTO : en train de commettre une faute grave.

IN SITU : en position naturelle.

FED : Système de la Réserve fédérale : banque centrale qui contrôle la MONNAIE américaine ; propriété privée des membres de la KEHILLA juive.

CINQUIÈME COLONNE du B'nai B'rith ; saboteurs, guérilleros, groupes de trahison cachés au sein d'une nation pour aider l'ennemi.

Combattant de la liberté/terroriste, selon le point de vue de chacun.

LA FRANC-MAÇONNERIE une organisation secrète internationale dont les échelons supérieurs sont occupés par des JUIFS.

GÉNÉTIQUE : lié aux gènes ou déterminé par eux.

GOY : (pluriel Goyim) Gentils (moutons qui paissent dans les pâturages juifs).

ARCHIPEL DU GOULAG : Camps de la mort bolcheviques, URSS. Les prisons les plus hideuses de l'histoire du monde (lire : Soljenitsyne).

HOLLYWOOD Sodome USA. Juifs exposés. Pus. Infection. Maladie.

HOLOCAUSTE Atrocités commises par les Alliés contre l'Allemagne.

La fausse religion de l'"HOLOCAUSTE" créée par des menteurs

congénitaux.

IDÉOLOGIE : Théorisation visionnaire.

ILLUMINATI : Organisation de Rothschild créée pour détruire les Gentils, en particulier la culture occidentale.

KEHILLA : Conseil d'administration des Illuminati : 13 Juifs.

KHAGAN : Roi des Juifs, chef de la Kehilla.

KHAZARS : Tribu asiatique d'affinités mongoles-turques-arménoïdes, convertie au talmudisme (judaïsme) en 730 après Jésus-Christ.

RIRES ENREGISTRÉS : bande sonore contenant des rires, des applaudissements, des acclamations, etc., montée sur un film/une bande tourné(e) en l'absence du public.

L'INFAMIE : calomnie, diffamation ; arme de propagande juive.

MAFIA U.S.A. : Syndicat du crime sicilien/italien.

DESTINÉE MANIFESTE : politique nécessaire d'expansion impérialiste, en particulier de la race blanche.

MASS-MEDIA : médias de communication publique (de masse), y compris : radio, télévision, internet, édition, théâtre, cinéma et industries musicales.

MARRANE : Juif christianisé.

MENDEL : l'âge de la génétique.

MENDÉLISME : n. Ensemble des études émanant de la découverte des gènes.

METISSAGE : n. m. mariage ou cohabitation entre une personne blanche et un membre d'une autre race, en particulier avec un Noir ou un Juif.

MÉPRISE : lorsqu'une personne sait qu'une trahison est en train d'être commise mais ne prend aucune mesure pour empêcher ce crime, la partie qui le sait est également coupable de trahison.

MAFIA : Syndicat du crime juif.

Le plan MORGENTHAU a panifier de faire mourir de faim 20 millions d'Allemands.

MORPHOLOGIE : n. m. Branche de la biologie qui traite de la structure physique des plantes et des animaux.

NATION : (Natal : naître : nationalité) un peuple issu d'un même patrimoine génétique ; sa race, sa famille, sa culture, son territoire.

JUIFS ORIENTAUX : ethnie mixte (en grande partie hébraïque), installés au Moyen-Orient, en Afrique du Nord, en Asie et en Chine.

PHYSIOLOGIE : n. m. Branche de la biologie qui traite des aspects physiques d'un organisme et de ses fonctions normales.

PROTOCOLES : Compte rendu d'une conférence indiquant ce qui a été convenu par les commanditaires. Un plan d'action.

BUTIN : objectif de guerre légitime, prix de guerre.

PSYCHOLOGIE : n. m. Science de l'esprit et du comportement : Lusitania, Pearl Harbor, Coventry, Baie des Cochons, Golfe du Tonkin, USS Liberty, Harvey Oswald, et al.

SPIELBERGISME : tout mensonge scandaleux ; par exemple, "La liste de Schindler".

JUIFS SEPHARADE : Hébreux installés en Espagne jusqu'à leur expulsion en 1492.

SEPTUAGÉSIME : trans. de l'A.T. en grec par 70 rabbins, chacun parvenant à des traductions identiques !

Genre de bactéries SPIROCHETE, comme celles qui causent la syphilis.

TÊTES PARLANTES : Les modérateurs de télévision goys : des sycophantes qui répètent l'idéologie, les mensonges et la propagande des juifs : Traîtres raciaux.

TALMUD : Loi pharisienne ; "Synagogue de Satan" (Jésus).

THAUMATURGIE : faire des miracles, de la magie.

TORAH (Pentateuque) : cinq premiers livres de l'Ancien Testament.

TYPHUS : maladie infectieuse mortelle transmise à l'homme par les puces et les poux ; historiquement, cette maladie touchait particulièrement les juifs d'Europe de l'Est.

UNIVERSALISME : Catholicisme, judaïsme, illuminisme, marxisme, New Age, etc. : accepter le métissage ou brûler sur le bûcher.

USURE : Le capitalisme juif : Intérêts composés, faillite, guerre.

WOLZEK : faux camp de la mort nommé par Rudolf Hess, commandant d'Auschwitz (avant qu'il ne soit pendu) pour signaler à l'histoire que ses aveux concernant les juifs gazés ont été obtenus sous la torture.

ZIETGEIST : n. Esprit du temps.

WELTANSCHAUUNG : n. m. philosophie de la vie.

BIBLIOGRAPHIE

Amérique

GARRETT, GARET Burden of Empire : Le chemin de la servitude

NOCK, ALBERT JAY L'état de l'Union : Essais

OLIVER, REVILO Le déclin de l'Amérique

PIERCE, WILLIAM Le journal de Turner

SKOUSEN, CLEON Le capitaliste nu

BEATY, JOHN O. Le rideau de fer sur l'Amérique

BURNHAM, JAMES Suicide de l'Ouest

BROWN, LAWRENCE La puissance de l'Occident

ALLEN, GARY None Dare Call It Conspiracy (Personne n'ose parler de conspiration)

NORMAN, CHARLES Ezra Pound

LARSON, MARTIN La Réserve fédérale : Le dollar manipulé

MULLINS, EUSTACE Mullins sur le système de la Réserve fédérale

SODDY, FREDERICK Richesse, richesse virtuelle et dette

McFADDEN, LOUIS T. Discours tirés du registre du Congrès

SOMBERT, WERNER Les Juifs et le capitalisme moderne

SMOOT, DAN Le gouvernement invisible.

SUTTON, ANTHONY Suicide national

GOLDWATER, BARRY* Sans excuses

Révisionnisme historique

VEALE, F. J. P. Advance to Barbarism : La guerre totale

KEELING, RALPH Gruesome Harvest : L'Allemagne d'après-guerre

WILTON, ROBERT Les derniers jours des Romanov

RADZINSKY, EDWARD Le dernier tsar

IRVING, DAVID La guerre de Churchill, Dresde

ENNES, JAMES Assaut sur l'USS LIBERTY

WEBSTER, NESTA H. La Révolution française, Révolution mondiale

HOFFMAN, MICHAEL A. Le grand procès de l'Holocauste : Zundel

BARNES, HARRY ELMER En quête de vérité et de justice : PREMIÈRE GUERRE MONDIALE

Genèse de la guerre

TOLAND, JOHN L'infamie : Pearl Harbor

ZAYAS, ALFRED Une terrible vengeance : Le meurtre des Allemands, les crimes de guerre de la Wehrmacht

CROCKER, GEORGE La route de Roosevelt vers la Russie

DEGRELLE, LÉON Hitler : Né à Versailles

VON BRUNN, JAMES Tuer les meilleurs gentils

Révisionnisme de l'Holocauste

ZUNDEL, ERNST Le 6-MIllion est-il vraiment mort ?

BUTZ, ARTHUR R. Le canular du 20 siècle

STAGLICH, WILHELM Auschwitz : Un juge examine les preuves

LEUCHTER, FRED Rapport Leuchter : Premier examen médico-légal d'Auschwitz

ROQUES, HENRI Les "confessions" de Kurt Gerstein

BALL, JOHN Air Photo Evidence : "Sites de l'Holocauste.

HESS, WOLF Qui a assassiné mon père, Rudolf Hess ?

Race et culture

YOCKEY, FRANCIS PARKER Imperium

SIMPSON, WILLIAM G. Quelle voie pour l'homme occidental ?

BAKER, JOHN R. Race

PEARSON, ROGER Shockley sur l'eugénisme et la race

GARRETT, HENRY E. Hérédité : La cause des différences raciales d'intelligence

HERRNSTEIN/MURRAY La courbe de Bell

PUTNAM, CARLTON Race et réalité

GUENTHER, HANS Éléments raciaux de l'histoire européenne

JUNG, CARL Le secret de la fleur d'or, le développement de la personnalité

ARDREY, ROBERT Le contrat social, la genèse africaine

COON, CARLTON Origine des races, Les races d'Europe

CHILDE, GORDON Sur la théorie aryenne

GRANT, MADISON La disparition de la grande race

SPENGLER, OSWALD Le déclin de l'Occident

ROBERTSON, WILMOT La majorité dépossédée

GIBBON, EDWARD Le déclin et la chute de l'Empire romain

DE CHARDIN, TEILHARD Le phénomène de l'homme.

SANTAYANA, GEORGE Le dernier puritain

HUXLEY, ALDOUS La philosophie pérenne, Le meilleur des mondes

RENFREW, COLIN Avant la civilisation

LUDOVICI, A. M. La quête de la qualité humaine

FRAZER, JAMES G. The Golden Bough.

KERR, W. P. Épopée et romantisme

GRANT, MICHAEL Jésus

KUNG, HANS Être chrétien.

OTTO, RUDOLPH L'idée du sacré.

NIETZSCHE, FREDERICK L'ANTÉCHRIST,

l'homme et le surhomme.

Ainsi parlait Zarathoustra

CHAMBERLAIN, HOUSTON La Genèse du XIXe siècle

DOSTOYEVSKY, FYODOR Les Possédés

KLASSEN, BEN La religion éternelle de la nature, la Bible de l'homme blanc

JUNG, CARL Le Christ aryen

RENAN, ERNEST Vie de Jésus

SPENCER, SIDNEY Mysticism & World Religion.

HAWKING, WILLIAM Une brève histoire du temps

JUIFS

ARENDT, HANNAH* Eichmann à Jérusalem.

FORD, HENRY Le Juif international

KOESTLER, ARTHUR* La treizième tribu

MARSDEN, VICTOR E. Les Protocoles des Sages de Sion

LILIENTHAL, ALFRED M.* La connexion sioniste

SAMUEL, MAURICE* Vous, les païens

FREEDMAN, BENJAMIN* Les faits sont les faits : La vérité sur les Khazars

CHESTERTON, A. K. Les nouveaux seigneurs malheureux

BELLOC, HILLAIRE Les Juifs

ROBNETT, GEORGE W. La conquête par l'immigration

SHAHAK, ISRAEL* Histoire juive, religion juive : Le poids de 3000 ans (Intro par Gore Vidal)

STANKO, RUDY "Butch" Le score !

SOLZHENITSYN, ALEKSANDER L'Archipel du Goulag

Une journée dans la vie d'Ivan Denissovitch

KLASSEN, BERNHARDT (WCOTC) La Bible de l'homme blanc

Le troisième Reich

HITLER, ADOLPH Mein Kampf

IRVING, DAVID Goebbels : Le cerveau du IIIe Reich

ROSENBERG, ALFRED Le mythe du 20 siècle

+ + +

Un grand nombre des ouvrages susmentionnés sont disponibles dans votre bibliothèque publique. D'autres peuvent être obtenus auprès d'une ou plusieurs des sources suivantes :

L'INSTITUT DE RECHERCHE HISTORIQUE

(Mark Weber) POB 2739 Newport Beach CA 92659 CHURCH OF THE CREATOR POB 2002 E. Peoria, IL 61611 (Matt Hale)

NATIONAL ALLIANCE (Dr. William Pierce) POB 330 Hillsboro, WVA 24946

THE TRUTH AT LAST (Dr. Edw. Fields) POB 1211 Marietta, GA 30061

CHRISTIAN DEFENSE LEAGUE (Dr. J. K. Warner) POB 449 Arabi, LA 70032

MONTANA MILITIA (John Trochmann) POB 1486 Noxon, MT 59853

THE LIBERTY BELL (George Dietz) Box 21 Reedy, W. Va 25270

ZUNDEL-RIMLAND 3152 Parkway, Suite 13 PMB 109 Pigeon Forge, TN 37863

QUELQUES SITES WEB INTÉRESSANTS

www.WCOTC.com (Matt Hale)
www.naawp.com (David Duke)

www.natall.com (Wm. Pierce)
www.codoh.com (Bradley Smith)
www.zundelsite.org (Ernst Zundel)
www.vho.org (Germar Rudolph)
www.russgranata.com (Russ Granata)
www.Kevin-Strom.com (Kevin Strom)
www.fpp.co.uk (David Irving)
www.adelaideinstitute.org (FredrickToben)

UNE POIGNÉE D'ÉMINENTS SCIENTIFIQUES QUI RÉFUTENT MARX/FREUD/BOAS

JOHN R. BAKER : Professeur de biologie à l'Université d'Oxford, membre de la Royal Society, auteur de *"Race"*.

V. GORDON CHILDE : Professeur à Oxford, "facilement le plus grand préhistorien de Grande-Bretagne et probablement du monde" (Ency. Brit.).

CARLTON S. COON : professeur d'anthropologie à Harvard ; ancien président de l'American Assoc. of Physical Anthropologists ; auteur de *"The Origin of Races"*, etc.

F. A. E. CREW : M.D.Sc., PhD, professeur de génétique et d'élevage, université d'Édimbourg.

GEORGE W. CRITZ : Professeur d'anatomie, Université de Caroline du Nord ; *"The Biology of the Race Problem"*. le document le plus important publié à ce jour sur l'aspect scientifique de la question raciale".

C.D. DARLINGTON : FRS, professeur de botanique, Oxford. Reconnu internationalement pour ses contributions aux sciences de la génétique, de la cytologie et de la théorie de l'évolution.

EDWARD M. EAST : Professeur de génétique, Harvard ; *"L'humanité à la croisée des chemins"*.

HENRY E. GARRETT : chef du département de psychologie de l'université de Columbia, ancien président de l'American Psychological Ass'n.

R. R. GATES : Professeur émérite de botanique, Université de Londres. Auteur de *"Human Genetics"*, onze livres et 400 articles.

MADISON GRANT : Président de la Société zoologique de New York ; administrateur du Musée américain d'histoire naturelle. Museum Natural History a écrit : *"The Conquest of a Continent"* (La conquête d'un continent) ; "The Passing of the Great Race" (La disparition de la grande race).

HANS F. K. GUENTHER : professeur à l'université de Berlin. Son texte *"Éléments raciaux de l'histoire européenne"* est considéré comme un chef-d'œuvre.

E. A. HOOTEN : professeur d'anthropologie à l'université de Harvard ; auteur de *"Crime and the Man"* ; *"Ape, Men, and Morons"*, etc.

ARTHUR R. JENSEN : professeur de psychologie de l'éducation, Univ. Calif. Berkeley ; psychologue chercheur à l'Inst. of Human Learning.

SIR ARTHUR M. D. KEITH : Recteur de l'université d'Édimbourg, conservateur du musée du Royal College of Surgeons, "l'un des plus grands anthropologues de ce siècle". Nombreux ouvrages, dont *"The Place of Prejudice in Modern Civilization"* (La place des préjugés dans la civilisation moderne).

L. S. B. LEAKEY : célèbre pour ses fouilles aux gorges d'Olduvai, au Tanganyika. Il a écrit *"The Progress and Evolution of Man in Africa"* (Le progrès et l'évolution de l'homme en Afrique), affirmant que... *"si grandes que soient les différences physiques entre des races telles que l'européenne et la noire, les différences mentales et psychologiques sont encore plus grandes".*

WILLIAM SHOCKLEY : lauréat du prix Nobel, professeur d'ingénierie Poniatoff à l'université de Stanford, a consacré ses efforts scientifiques à l'eugénisme et aux études raciales.

AUDREY M. SHUEY : chef du département de psychologie de Randolph-Macon, anciennement membre de la faculté de l'université de New York ; auteur du monumental *"The Testing of Negro Intelligence"*... "Les résultats sont d'une cohérence impressionnante : les Noirs, qu'ils soient ruraux ou urbains, qu'ils vivent dans le Nord ou dans le Sud, qu'ils soient alphabétisés ou analphabètes, qu'ils soient des professionnels ou des travailleurs non qualifiés, obtiennent des résultats inférieurs à ceux de groupes comparables de Blancs".

WILLIAM G. SIMPSON : Union Theological Seminary, *magna cum laude* ; directeur adjoint de l'American Civil Liberties Union ; pèlerinage à Saint-François d'Assise ; l'une des plus grandes autorités mondiales sur Nietzsche et le Christ ; auteur et conférencier.

EXPOSITIONS

L'INCENDIE

Shingletown home burns; family is safe

FRI AUG 26 1977

SHINGLETOWN — An early morning fire did an estimated $120,000 damage to the home of James W. Von Brunn on Wrangler Hill Road here today.

Shasta County Fire Department spokesman Deems Taylor said the fire apparently broke out in the attic near the chimney, but the exact cause is still under investigation. The fire was noticed about 3:25 a.m. when Von Brunn was awakened by the smell of smoke.

Von Brunn rushed his family out of the house and called firemen. Units from the Shingletown Volunteers, Shasta County and the California Department of Forestry responded. It took nearly two hours to quell the flames in the 3,800-square-foot wooden framed home.

The loss to the building was estimated at $80,000, and the contents at $40,000. Most of the loss is believed to be covered by insurance, according to firemen.

JVB était en train d'inspecter les cendres le matin suivant l'incendie lorsqu'un homme s'est approché et s'est présenté comme un voisin. Exploitant forestier à la retraite, il vivait à environ trois quarts de mile de là, dans la vallée. Il a déclaré qu'il pensait que l'incendie était d'origine criminelle. Vers 1h30 du matin, il a été réveillé par ses chiens de chasse au sanglier. Il est sorti pour les calmer. "J'ai entendu un bruit sec — comme une fusée éclairante — venant de votre direction. Puis il a entendu des portières de voiture claquer, suivies du crissement des pneus sur la chaussée.

Cet incident est lié à des appels téléphoniques passés plus tôt dans le mois, menaçant de graves conséquences si JVB ne mettait pas fin à la publication du livre *Zionist Rape of the Holy Land (Conquest by Immigration)* par Robnett. Pour des raisons trop détaillées pour être évoquées ici, la probabilité d'un incendie criminel n'a jamais été signalée à la police ().

LETTRE À JAMES HENRY WEBB

Écrite en prison, cette lettre a été dérobée au courrier et n'est jamais parvenue à son destinataire Webb.

Honorable James Henry Webb. Jr, U.S. Secretary of the Navy The Pentagon Washington, D.C. 20500

James W. von Brunn Prisonnier fédéral #07128-016 P.O.Box 904-H FCI Ray Brook, N. Y. 12977

Monsieur le Secrétaire :

Le contre-amiral John G. Crommelin, U.S.N. (Ret.) m'a suggéré de vous écrire et de solliciter votre aide. Je suis un prisonnier politique incarcéré dans une prison fédérale en raison de mes actions contre ceux qui, selon moi, menacent la sécurité de notre nation.

Le 28 février 1985, l'amiral Crommelin a soumis à notre président, l'honorable Ronald Reagan, un plaidoyer en faveur d'une grâce présidentielle pour moi. Ce plaidoyer a été traité de manière très utile et courtoise par M. David B. Waller, Senior Associate Counsel to the President, comme indiqué dans la pièce jointe "A". Dès réception de la lettre de M. Waller, j'ai déposé un plaidoyer personnel pour une grâce présidentielle, comme indiqué, à M. David Stephenson, avocat de la grâce présidentielle, Chevy Chase, Maryland.

Plusieurs semaines plus tard, M. Stephenson a rencontré ma sœur et son avocat. M. Stephenson leur a dit qu'il ne soumettrait pas mon plaidoyer écrit au Président (voir pièce jointe "B") mais qu'il recommanderait que ma peine soit commuée pour les raisons suivantes : ma peine était trop sévère pour le crime commis ; il s'agissait de mon premier délit ; mon âge — aujourd'hui 67,5 ans. Je n'ai aucune preuve écrite de ces déclarations de M. Stephenson. Mon avocat commis d'office, John Hogrogian, m'a dit que je ne devais pas entreprendre d'autres actions légales pendant que l'avocat des grâces traitait mon plaidoyer.

Le ou vers le 20 décembre 1987, dans une lettre adressée au directeur du FCI Ray Brook, M. Stephenson est revenu sur son opinion en déclarant qu'"aucune action favorable" n'était justifiée dans mon cas. M. Stephenson n'a pas tenu compte des nombreuses tentatives de l'amiral Crommelin pour connaître la suite donnée à son plaidoyer en ma faveur.

Monsieur le Secrétaire, après avoir lu ce mémoire, vous pouvez en déduire que les personnes qui, dans les coulisses, ont manipulé mon procès et prolongé la durée de mon incarcération ont peut-être aussi influencé M. Stephenson.

Je vous demande respectueusement, sur la base des faits suivants, d'user de votre influence pour obtenir une action sur le plaidoyer bien documenté de l'Amiral Crommelin pour la grâce en mon nom, et sur mon plaidoyer personnel pour la grâce, que l'avocat de la grâce, selon ses propres mots, n'a jamais eu l'intention de soumettre au Président.

J'ai servi en tant que capitaine de PT-Boat et officier exécutif pendant la Seconde Guerre mondiale en Méditerranée et dans le Pacifique. J'ai reçu une citation de l'amiral Hewitt. Lorsque j'ai prêté le serment d'officier de marine, je me suis engagé à respecter chaque mot de ce serment et, bien entendu, je le respecte toujours. J'ai l'impression que l'ennemi le plus redoutable des États-Unis et de la culture occidentale est le marxisme-communisme. Les contribuables américains ont dépensé des milliards de billets de la Réserve fédérale pour mener une "guerre froide" prolongée avec l'Union soviétique, et nous avons versé des seaux de sang pour mener des "guerres sans issue" contre les marxistes dans presque toutes les régions du monde. Pourtant, à l'intérieur de nos frontières, protégés par la Constitution même qu'ils cherchent à détruire, les marxistes ont été autorisés à s'emparer des rouages de notre gouvernement. Il ne fait aucun doute qu'il existe une conspiration visant à créer un gouvernement marxiste mondial unique en sacrifiant la souveraineté de l'Amérique. Il est tout aussi certain que les idéologues d'un monde unique de tous bords sont financés par la cabale bancaire internationale, dans laquelle le système de la Réserve fédérale (FED) joue un rôle majeur. Ce n'est un secret pour personne que les banquiers américains ont financé le renforcement militaire soviétique. Au cours de l'"opération de police" au Viêt Nam, la production soviétique de camions a doublé grâce au financement et à l'assistance technologique des États-Unis. Ces camions ont été livrés au N. Viet Nam à bord de navires, sur le trajet de Haiphong, construits par l'Amérique et nos alliés. Pourquoi des hommes dominants occupant des positions de grand pouvoir en Amérique sont-ils prêts à sacrifier les trésors et les vies des Américains pour faire progresser la propagation du marxisme dans le monde entier ? Rheinhold Niebuhr en a donné une raison : "Le marxisme est l'accomplissement moderne de la prophétie juive. James Warburg, fils du principal architecte de la loi sur la Réserve fédérale, a déclaré devant le Sénat américain : "Nous aurons un gouvernement mondial unique, que cela nous plaise ou non. La question est de savoir si nous aurons un gouvernement mondial unique par consentement ou par conquête" (1953).

Le 7 décembre 1981, j'espérais révéler au peuple américain certains faits concernant la conspiration marxiste mondiale qui sont étouffés par les médias. J'ai tenté de placer le Conseil des gouverneurs de la FED en état d'arrestation légale, non violente et citoyenne, conformément aux lois du district de Columbia et à la loi américaine sur la trahison et la sédition. J'accuse la FED de trahison, d'exploitation d'une entreprise frauduleuse et d'opérations anticonstitutionnelles de sociétés privées. J'avais l'intention de retenir les prisonniers du conseil d'administration dans la salle du conseil, d'exiger que leurs collègues conspirateurs de CBS fournissent une connexion à la télévision nationale, puis, par le biais de la télévision, de remettre figurativement les criminels au peuple américain avec une explication de mes accusations contre la FED. J'avais ensuite l'intention de remettre les prisonniers, sains et saufs, au président des États-Unis. Je m'attendais à être jugé par un tribunal fédéral de district des États-Unis et à prouver la culpabilité de la FED à un jury de mes pairs. Je m'attendais à ce que le jury déclare la FED coupable et à ce que l'arrestation des criminels par mes concitoyens soit confirmée par la loi. Ainsi, nous, le peuple, donnerions mandat au Congrès des États-Unis d'engager des poursuites contre la FED, une société privée, en vertu de la loi fédérale sur les délits civils.

Je n'ai pas atteint mes objectifs au bâtiment de la FED. Il n'y a pas eu de violence. J'ai volontairement remis mes armes non chargées au gardien, un ancien marine américain. Je n'avais pas de munitions ni d'explosifs sur moi (tous ces faits sont omis ou déformés dans le rapport officiel).

Ma caution a été fixée à 3000 dollars (300 dollars en espèces). J'ai été libéré sur mon propre engagement par le juge Hess. Plus tard, j'ai été inculpé de tentative d'enlèvement, de vol, de cambriolage, d'agression et de possession d'armes illégales. Quatorze mois plus tard, après que les aspects opportuns de mes actions se soient estompés, j'ai été jugé, reconnu coupable et condamné pour tous les chefs d'accusation. Le gouvernement m'avait proposé d'abandonner toutes les charges si je plaidais coupable pour les charges liées aux armes. J'ai refusé la négociation de plaidoyer, comptant sur un procès équitable.

On m'a refusé un procès équitable pour les raisons suivantes :

1) Le gouvernement m'a jugé devant la Cour supérieure de Washington, D.C., qui n'est pas habilitée à juger des questions constitutionnelles. Je n'ai donc pas pu poursuivre la question de l'inconstitutionnalité de la FED, un élément important de ma défense. Ma demande de changement de lieu a été rejetée. L'affaire aurait dû être jugée par la Cour fédérale de district. Je suis maintenant un prisonnier de Washington "entreposé" dans une prison fédérale et sous la juridiction de la Commission fédérale des libérations conditionnelles qui m'a récemment rejugé et condamné à une nouvelle peine.

2) Mon procès n'a fait l'objet d'aucune couverture médiatique. J'ai personnellement rendu visite aux rédacteurs en chef des journaux de Washington et j'ai écrit aux principales chaînes de télévision pour les inviter à me couvrir. On se souvient de la publicité favorable accordée au "procès des Pentagon Papers" de Daniel Ellsberg. Ceux qui ont orchestré cette publicité sont les mêmes maîtres des médias qui ont étouffé ma tentative d'exposer la conspiration marxiste au sein de notre nation.

3) Lors de mon arrestation, j'avais sur moi un schéma de 11 pages (Gov't. Exh. 14) (voir pièce jointe "C") à partir duquel j'avais l'intention de faire un exposé extemporané à la télévision. La pièce 14 implique les juifs/sionistes dans le complot marxiste d'un seul monde. Le schéma montre également que les Noirs sont utilisés comme dupes par les marxistes pour détruire notre culture occidentale. Les

manipulateurs, pour assurer ma condamnation, ont simplement nommé des officiers de justice qui auraient des préjugés raciaux contre moi en raison du contenu de la pièce à conviction 14.

Les officiers de justice et le jury sont désignés comme suit :

Juge, Harriet Rosen Taylor, juive ; procureur, Elliot Warren, juif (Warren, remplacé plus tard par Ron Dixon, est resté dans la galerie d'audience pendant toute la durée du procès en tant que conseiller de Dixon) ; procureur, Ron Dixon, noir ; agent de probation, Marvin Davids, juif (rabbin) ; greffier et huissier, noirs. 53 jurés potentiels ont assisté au voir-dire, dont six étaient blancs. Dixon, en utilisant ses récusations péremptoires, a écarté tous les jurés, sauf une femme blanche, en plaçant 11 jurés noirs et 3 suppléants noirs. L'avocate de la défense désignée par le tribunal, juive (Miss Elizabeth Kent) a été écartée par moi lorsqu'elle n'a pas travaillé sur l'affaire pendant plusieurs mois. Son remplaçant désigné par le tribunal, Gerard Lewis, s'est avéré être un cheval de Troie. J'aurais eu un procès plus équitable dans l'Iowa !

4) Assistance inefficace de l'avocat (au procès et en appel). Lewis m'a révélé au procès qu'il n'avait pas le "cœur à défendre" mes convictions politiques ou raciales, ni à résister aux attaques racistes de l'accusation parce que lui-même, Lewis, était en partie juif et membre à part entière de la NAACP.
5) La pièce à conviction 14 du gouvernement était au centre des efforts du gouvernement pour réfuter la défense de l'appelant... étant donné le peu d'attention accordée dans le document aux politiques du Conseil de la Réserve fédérale — moins d'une page — par rapport aux opinions concernant les Noirs, les Juifs et les sionistes — 10 pages — l'accusation avait clairement le droit de s'interroger sur les véritables motivations de l'appelant pour entreprendre ses actions...". Bien que le contenu du document ait été controversé et sans aucun doute offensant pour certains, ce seul fait ne peut pas protéger la défense d'être confrontée à ce document au cours du contre-interrogatoire...". (Mémoire de l'appelant, Gov't #84-1641. Criminal # F 7199-81).

L'objection ne portait pas sur le fait que l'accusation ait utilisé la pièce 14, mais sur la manière dont elle l'a fait. Tout d'abord, un jury noir partial a été sélectionné, ainsi qu'un juge juif. Ensuite, des déclarations tirées de la pièce à conviction ont été utilisées hors contexte pour enflammer le tribunal. Je n'ai pas été autorisé à lire l'intégralité de l'exposé des motifs, à mettre en perspective les remarques de l'accusation et à montrer que les citations contenues dans l'exposé des motifs émanaient d'hommes éminents, compétents et, dans de nombreux cas, vénérés.

L'accusation prétend que parce que je n'ai consacré qu'une page à la FED, mes véritables motivations étaient de prendre des otages et d'exprimer mes opinions racistes. Ce raisonnement spécieux prétendrait que la superstructure d'un gratte-ciel, parce qu'elle contient plus de pieds cubes, est plus importante que ses fondations. L'accusation semble également impliquer que l'on ne peut pas être un raciste présumé et en même temps chercher à arrêter des criminels, les deux idées s'excluant mutuellement. Néanmoins, la Cour d'appel, un mélange de races, a entièrement soutenu les arguments et les procédures de l'accusation. Ce que je me suis efforcé de présenter dans les grandes lignes, bien sûr, c'est qu'une longue période de l'histoire juive s'est transformée en marxisme-communisme, financé par les usurocrates internationaux, avec l'appui des médias (largement aux mains des juifs) et d'autres groupes de soutien.

6) On m'a refusé le droit constitutionnel de citer à comparaître (entre autres) MM. Paul Volcker et Zibigniew Brzezinsky, dont aucun ne bénéficie d'une immunité de citation, et qui sont tous deux employés à titre privé dans des activités anti-nationales.

7) Au cours du procès, le gouvernement a admis qu'il avait en sa possession des documents relatifs à mon affaire provenant du cabinet d'Elizabeth Kent, mon premier (et initial) avocat de la défense. L'accusation a également reçu d'autres documents de sources extérieures au cours du procès, que le juge a refusé d'admettre comme preuves, mais qui ont été intégrés à mon dossier.

8) Elgin Groseclose, expert monétaire, qui avait témoigné à ce titre devant le Congrès à plusieurs reprises, a comparu en tant que témoin expert pour la défense. Il a déclaré (je paraphrase) que : la FED est une société privée, soumise aux lois américaines sur les délits civils ; elle agit indépendamment des trois branches de notre gouvernement ; le billet de la FED est sans valeur car un stockage de valeur est conçu à partir de rien ; la FED crée délibérément des périodes d'expansion et de récession au détriment du peuple américain ; il faudra peut-être recourir à la violence pour renverser la FED car son énorme pouvoir contrôle le Congrès. Il n'est pas étonnant que les médias n'aient pas été autorisés à

assister au procès ! Le témoignage du Dr Groseclose est pratiquement omis dans le mémoire de l'appelant, si ce n'est pour dire qu'il a rendu la FED responsable de l'inflation.

On m'a refusé une caution de présentation et, dès ma sortie du tribunal, j'ai été incarcéré à la prison du district de Columbia. Les lois du district de Columbia exigent que les rapports d'enquête préliminaire soient présentés à l'accusé au moins 10 jours avant le prononcé de la sentence. Mon rapport d'enquête préliminaire m'a été présenté dans une cellule de détention 5 à 10 minutes avant le prononcé de la sentence. Lewis m'a incité à signer mon approbation parce que le rabbin avait recommandé que je bénéficie d'une mise à l'épreuve. Cette carotte, pour obtenir ma signature, a réussi. Bien plus tard, j'ai découvert les erreurs, les distorsions et les omissions contenues dans l'ISP, par exemple le fait qu'il n'y ait pas eu de violence, ni de munitions ou d'explosifs sur les lieux n'a pas été rapporté.

J'ai été envoyé à l'hôpital fédéral de Springfield pour déterminer l'état de ma santé mentale. Au bout de trois mois et demi, les psychiatres m'ont déclaré "sain d'esprit, sans même une personnalité paranoïaque". Cependant, sur la base de tests (auxquels j'ai répondu au crayon), Springfield a déclaré que mon Q.I. était faible. Pour réfuter cette affirmation, j'ai insisté pour passer des tests supervisés, dont les résultats m'ont permis d'adhérer à MENSA, dont les critères d'adhésion commencent au 98e centile du Q.I. Le rapport de Springfield attestant de ma bonne santé mentale n'apparaît pas dans les dossiers de la prison.

Benjamin Baer, juif, président de la Commission nationale des libérations conditionnelles, Chevy Chase, MD, ignore le rapport Springfield. Il insiste dans ses nombreux mémos sur le fait que j'ai besoin de "soins de santé mentale — et de soins ultérieurs". Dans le monde paranoïaque de Baer, quiconque met en doute les motivations des juifs et des marxistes est forcément fou.

Le fait d'être détenu dans une prison située à 700 miles de Washington m'a empêché de rencontrer mon avocat commis d'office, John Hogrogian. Il n'avait pas de téléphone au bureau ! Je n'ai donc pas pu l'aider à préparer mon appel. Le calendrier de l'appel a été organisé de telle sorte que je n'ai reçu une copie du mémoire qu'après que l'*original ait été déposé*. Je n'ai reçu les transcriptions du procès que plusieurs mois après que mon appel ait été rejeté par une cour d'appel à tendance raciste. Entre autres erreurs, Hogrogian n'a pas présenté de liste de jurés. La Cour d'appel raciale a utilisé cette excuse pour NE PAS statuer sur ma requête selon laquelle le tribunal de première instance avait été lésé, que je n'avais pas eu un jury composé de mes pairs. Peu après l'audience, Hogrogian a été récompensé par un poste d'avocat pour la ville de New York ("La plus grande ville juive du monde" - Harry Golden).

Le juge Taylor m'a condamné à une peine de 3 ans, 8 mois et 11 ans. Si je remplissais les conditions requises, je pouvais bénéficier d'une libération conditionnelle au taux le plus bas.

J'étais qualifié. Cependant, Benjamin Baer et son agent régional de la commission des libérations conditionnelles, Shelley Wittgenstein, juive, m'ont ré-inculpé, en fait, pour un crime supplémentaire : "avoir commis un crime grave contre la sécurité de la nation". Baer a également déclaré dans un mémo que je préconisais l'élimination d'une "certaine race". Une déformation de ma déclaration (Exh. 14) selon laquelle les Noirs et les Juifs devraient être déportés vers leurs pays d'origine. Un sentiment exprimé par Lincoln, Jefferson et d'autres, ainsi que par des Juifs et des Nègres contemporains. Baer et compagnie m'ont ensuite rejugé, jugé et condamné à nouveau à une peine totale de 8 ans et 4 mois.

Cela implique une peine de 25 ans (1/3 de 25). Benjamin Baer est en grande partie responsable de l'expansion de la bureaucratie des prisons fédérales. Il produit des peines incroyablement longues en sortant les détenus de leurs lignes directrices. De nombreux jeunes condamnés sont ainsi réinsérés dans la société en tant qu'hommes d'âge mûr, sans famille et sans possibilité d'emploi. Ils deviennent des récidivistes instantanés, uniquement aptes à travailler pour UNICOR, une entreprise en pleine expansion du système FedPr.

Les vétérans du Viêt Nam sont considérés comme des menaces pour la société en proportion directe de leur expérience militaire : plus il y a d'étoiles de combat, plus il y a de médailles pour bravoure, plus les peines prononcées par Baer sont sévères. Il n'a aucun sens de l'honneur. Il est certain qu'une politique de commutation de peine plus souple pour la grande majorité des vétérans du Vietnam s'impose. Leur patriotisme a été poussé à son paroxysme. Permettez-leur de gagner une guerre contre Baer.

Je me rends compte que j'ai beaucoup trop abusé de votre temps précieux. Je vais donc en finir.

Monsieur le Secrétaire, mes efforts n'étaient pas dirigés contre notre nation, mais contre ceux qui voulaient la détruire. Je crois que mes actions à la FED étaient soutenues par la loi. Bien que vous puissiez ou non adhérer à ma philosophie ou approuver mes actions, je sais que vous soutenez le droit d'un citoyen américain à un procès équitable, rapide et public. Vous avez donc raison d'utiliser votre juste influence pour révéler le contrôle immense et arrogant que les marxistes exercent aujourd'hui sur la jurisprudence de Washington et sur le système pénitentiaire fédéral, qui n'est pas sans rappeler le pouvoir du système de la Réserve fédérale sur le système monétaire américain.

Par conséquent, je vous demande respectueusement de faire tout ce qui est possible pour aider à placer devant le Président des États-Unis les deux plaidoyers susmentionnés : le plaidoyer du contre-amiral John G. Crommelin pour la grâce en mon nom et mon plaidoyer personnel pour la grâce présidentielle.

Je vous prie d'agréer, Monsieur le Président, l'expression de mes sentiments distingués,

James W. von Brunn. Encls :

Lettre "A" de la Maison-Blanche

"B" Von Brunn plaide pour la grâce C" Pièce du gouvernement 14 cc :

Contre-amiral John G. Crommelin, U.S.N.(Ret.)

Lettre de Crommelin à Erik von Brunn

(première page reproduite photographiquement ci-dessous ; le texte intégral suit)

JOHN G. CROMMELIN
Rear Admiral U. S. N. (Retired)
HARROGATE SPRINGS
WETUMPKA, ALA.

October 17, 1983.

Dear Erik,

Your Aunt Alyce has told me that you are a strong, healthy six year old boy and that you miss your father, James Von Brunn, who has been held by U.S. federal authorities now for some time. We all hope that he will soon be released, for in the opinion of those of us who understand the malfunctioning of certain elements of our once near perfect government, he has committed no crime. But quite the contrary, he has taken very courageous and patriotic action to try and alert the U.S. citizens to the real organization of the Federal Reserve System and its great danger to the survival of our once White Christian constitutional republic, the corner stone of Western Civilization.

It is my conviction that James von Brunn deserves the gratitude and assistance of every White Christian citizen of these United States. And I believe he would have this support were it not for the cabal which controls not only the Federal Reserve System but also the nationally effective communication media.

In the early 1950s I discussed this media control with General Douglas Mac Arthur in a lengthy private conversation. We both agreed that the greatest internal or external threat to the survival of The United States was the near ironclad control which our enemies and subversives exercise over the U.S. communication media.

I suppose you know that your father was a PT Boat captain in World War II. We were both naval officers and

OVER

JOHN G. CROMMELIN

Contre-amiral de la marine américaine (retraité) Harrogate Springs

Wetumpka, Georgia October 17, 1983 Dear Erik,

Ta tante Alyce m'a dit que tu étais un garçon de six ans fort et en bonne santé et que ton père, James von Brunn, détenu par les autorités fédérales depuis un certain temps, te manquait. Nous espérons tous qu'il sera bientôt libéré car, de l'avis de ceux d'entre nous qui comprennent le dysfonctionnement de certains éléments de notre gouvernement autrefois presque parfait, il n'a commis aucun crime. Bien au contraire, il a pris des mesures très courageuses et patriotiques pour tenter d'alerter les citoyens américains sur la véritable organisation du système de la Réserve fédérale et sur le grand danger qu'elle représente pour la survie de notre ancienne république constitutionnelle chrétienne blanche, pierre angulaire de la civilisation occidentale.

Je suis convaincu que James von Brunn mérite la gratitude et l'assistance de tous les citoyens chrétiens blancs des États-Unis. Et je crois qu'il aurait ce soutien s'il n'y avait pas la cabale qui contrôle non seulement le Système de la Réserve Fédérale mais aussi les moyens de communication efficaces au niveau national.

Au début des années 1950, j'ai discuté de ce contrôle des médias avec le général Douglas McArthur lors d'une longue conversation privée. Nous étions tous deux d'accord pour dire que la plus grande menace interne et externe pour la survie des États-Unis était le contrôle quasi absolu des moyens de communication américains.

Je suppose que vous savez que votre père était un capitaine de PT-Boat pendant la Seconde Guerre mondiale. Nous étions tous deux officiers de marine et nous sommes amis depuis longtemps. J'ai eu la chance d'être officier de l'air puis commandant en second du porte-avions U.S.S. Enterprise, le plus grand navire de combat de toutes les annales de l'histoire. J'aurai peut-être un jour l'occasion de vous parler des batailles féroces qui se sont déroulées près de Guadalcanal.

Voici quelque chose que vous devez savoir : tous les officiers de la marine américaine, avant d'être commissionnés, prêtent serment "de soutenir et de défendre la Constitution des États-Unis contre TOUS les ennemis, étrangers OU nationaux". "Il s'agit d'un engagement à vie, tant que l'officier reste citoyen américain.

Lorsque votre père a tenté une arrestation citoyenne non violente du conseil des gouverneurs du système de la Réserve fédérale, je pense que les preuves montreront qu'il n'avait pas l'intention de blesser physiquement qui que ce soit et que sa motivation était de forcer les médias contrôlés à lui donner l'occasion de prouver au public américain que la Réserve fédérale est leur ennemi le plus dangereux et que le Federal Reserve Act de 1913 doit être abrogé par le Congrès américain si la République constitutionnelle des États-Unis veut survivre.

Pour montrer que votre père n'était pas seul dans sa tentative d'exposer le caractère et les dangers de la Réserve fédérale, je vous envoie ci-joint quelques documents prouvant que la législature de l'État d'Alabama a adopté (à l'unanimité de la Chambre) une résolution conjointe HJR-90 signée par le gouverneur James le 2 mars 1982 "demandant au Congrès américain d'abroger la loi sur la Réserve fédérale de 1913".

Erik, bien que ton père et ta tante Alyce subissent actuellement des décisions légales ou illégales qui, nous l'espérons, pourront être contestées avec succès, lorsque tu seras plus âgé et que tu deviendras un homme, tu te rendras compte que ton père a défendu l'élément fondamental de la civilisation chrétienne blanche, à savoir : tout homme blanc intelligent devrait vivre et s'efforcer d'assurer un meilleur avenir à ses enfants et petits-enfants. C'est ce que Jim von Brunn s'efforce de faire pour vous.

Je vous prie d'agréer, Monsieur le Président, l'expression de mes sentiments distingués,

Jno. G. Crommelin

Contre-amiral de la marine américaine (retraité)

BOYCOTT D'ANDERSON

Anderson urges boycott of series sponsor 5-24-94

By MARCIE ALVARADO
Staff Writer

EASTON — Talbot County Council Vice President Andrew Anderson has urged county residents to avoid the local sponsor of an anti-Holocaust TV series airing on local cable television.

Jim VonBrunn is sponsoring a six-part series that questions whether the Holocaust occurred and attempts to suggest that the *Diary of Anne Frank* is a hoax. The programs are being broadcast on Easton cable channel 15.

The first program aired Monday, May 16 and the series is scheduled to run every Monday and Thursday night for four weeks. The tapes, made in Canada in 1982, attempt to refute historical accounts about the Holocaust and Adolf Hitler's genocidal "Final Solution" for European Jews.

Because of federal cable regulations local access channels are open to almost any programming, including ones promoting racist ideas, cable officials said this week. They said they can't refuse to run the programs.

During yesterday's council meeting, Anderson spoke out against the series and Von-Brunn's opinions.

Anderson, a retired U.S. Army general, said he spent 13 years of his military career in Europe and toured the former concentration camps at Belsen and Dachau.

"I have seen evidence of the 'Final Solution.' It is documented fact," Anderson said. "For someone to show these tapes on our cable channel boggles the mind."

Anderson then called for a boycott of VonBrunn's business.

Speaking during the council members' comment period, Anderson said, "I will not frequent his business and I ask other people to stay the hell away from him. He is bad news."

VonBrunn, contacted at his home on Tuesday, declined to comment on Anderson's remarks.

5-26-94

Dachau photos vivid reminder

As I write this I have before me three snapshots taken by my husband at Dachau the day after it was liberated by the U.S. Army.

One shows skeleton-like bodies tossed on an open car of a train. The other two, taken in a shed, show discarded remains of what once were human beings.

Perhaps Mr. VonBrunn has an explanation for these snapshots. I wonder where he was the day my husband was at Dachau taking these pictures.

DOROTHY DeCAMP
Oxford

Denial just won't change history

In response to the article concerning the series of anti-Semitic programs airing on an Easton local access channel, I will defend to death Mr. VonBrunn's God-given right to free speech. However, it is imperative that we, as Christians, remember always that Jesus Christ was born, lived, and died a Jew. We should also remember that even as he died, for ALL mankind, he said, "Forgive them, Father, for they know not what they do." Denial can never change history. Peace and love.

KITTY SCHNEIDER,
Trinity Cathedral
Easton

LETTRE À ROBERT HIGGINS

JAMES W. VON BRUNN

BOÎTE POSTALE 2821, EASTON, MD 21601

24 mai 1994

LETTRE OUVERTE

RE : CITATIONS DU CONSEIL DU COMTE PARUES DANS EASTON *STAR-DEMOCRAT* (5-24-94)

Robert Higgins, Président Talbot County Council Court House Easton, MD 21601

Cher Monsieur Higgins :

Dans ma jeunesse, j'ai prêté le serment des officiers de marine, jurant de "... protéger et défendre la Constitution des États-Unis d'Amérique contre tous les ennemis étrangers et nationaux..." Je considère ce serment aussi important aujourd'hui que pendant la Seconde Guerre mondiale.

Je suis surpris d'apprendre que le conseil du comté de Talbot, représenté par votre vice-président, M. Andrew Anderson, semble être un ennemi intérieur de notre Constitution, qui me priverait, ainsi que les citoyens du comté de Talbot, de nos droits au titre du premier amendement. Si j'étais un livre, il me brûlerait parce qu'il n'est pas d'accord avec ce que je crois être vrai. Il appelle publiquement à me rejeter et à boycotter mon entreprise, menaçant ainsi mon gagne-pain. Je doute que le conseil du comté soutienne les opinions totalitaires d'Anderson. Cependant, je vous demande de faire connaître publiquement votre position.

Anderson affirme avoir vu des "preuves de la 'solution finale'" dans les camps de concentration de Dachau et de Bergen-Belsen. Il pourrait recevoir une récompense importante pour avoir produit ces preuves. Personne d'autre ne les a vues. La Commission alliée des crimes de guerre a établi, dès le début, qu'il n'y avait pas de chambres à gaz d'exécution dans ces camps, ni dans aucun des treize (13) camps situés en Allemagne/Autriche. Un document officiel à cet effet est signé par les membres de cette Commission en date du 1er octobre 1948 (copies officielles disponibles).

Au cours des derniers mois de la guerre, les Alliés ont pris le contrôle du ciel. Nous avons pris pour cible les autoroutes, les routes, les ponts, les chemins de fer, les centrales électriques, etc. Le ravitaillement vital est empêché d'atteindre les camps. Lorsque les Alliés ont pris le contrôle des camps, ils ont été accueillis par des scènes d'horreur : des malades et des mourants ; des cadavres émaciés sans sépulture couvraient la région. Ils n'ont pas été gazés ou fusillés comme nous avons été conditionnés à le croire, mais sont morts lentement de malnutrition et du typhus qui sévissait dans la plupart des camps. Pour compléter cette scène macabre, la 45e division de l'armée américaine, "libératrice" de Dachau, a rassemblé 560 gardes et infirmières allemands en uniforme et les a tués à la mitrailleuse.

Le Comité international de la Croix-Rouge (CICR) et l'Église catholique, dont les membres ont fréquenté tous les camps, ne font état d'aucune exécution massive et ne mentionnent pas les chambres à gaz. Des centaines de tonnes d'éléments de preuve, y compris les décodages Ultra-Enigma des communications allemandes, ont été examinés par des experts internationaux. Personne n'a apporté la preuve d'un ordre, d'un budget, d'un plan ou d'une machine destinés à la soi-disant solution finale". IL *N'EXISTE AUCUNE* PREUVE DE L'ASSASSINAT PLANIFIÉ DES JUIFS. Les Juifs ont été internés en tant qu'ennemis de l'État. La guerre de l'Allemagne était dirigée contre le communisme, le bolchevisme et le sionisme. Hitler voulait une confédération d'États européens avec une base de population blanche. On estime que moins de 300 000 Juifs sont morts, toutes causes confondues, au cours de la Seconde Guerre mondiale.

Je vous prie d'agréer, Monsieur le Président, l'expression de mes sentiments distingués,

James W. von Brunn

ÉDITORIAUX DU STAR-DEMOCRAT

Page 4A Tuesday, April 22, 1997

THE STAR DEMOCRAT EDITORIAL

Tiger Woods is the new face of our country

The Tiger Woods phenomenon, coming at the 50th anniversary of Jackie Robinson's destruction of baseball's color barrier, has been interpreted as an example of another African-American breaking through a racial bulwark.

But it's much more than that, because Woods is not only an African-American. His father is black, while his mother is Thai. He's also American Indian, Chinese and white.

In America, he's lauded as an African-American role model, while in Thailand, he's the nation's favorite son.

In reality, Woods is an exemplar of the American melting pot. Some call him mixed-race, but that's a stale phrase in a nation of immigrants from every corner of the planet at a time when melting-pot ingredients blend more and more each day. The number of multiracial marriages quadrupled from 1970 to 1990 in America, according to census figures, but the real figure is likely much higher. The number of multi-racial young people is clearly on the rise.

Of course, we cannot be naive. Woods is a person of color, subject to the prejudices that infect our society. While his recently acquired wealth and fortune may shield him, bigotry still afflicts people of color, particularly those who don't have Woods' benefits. For them, racial obstacles still loom large.

Yet Woods is confounding prejudice. He defies racial labels in a society obsessed by race, while commanding awe in a sport dominated by whites.

The result is that he baffles the American institution of bigotry. Those who might have disdained him have no choice but to respect him. Confused about his ethnicity, they're nonetheless amazed by his abilities, and grudgingly accept him.

In the past, the term melting pot was seen through a white European prism, mainly referring to Irish, Italians, Swedes, Poles and others who immigrated here around the turn of the century. But today, more than ever, the melting pot continues to bubble and brew.

Our nation has become a place, perhaps the only one in human history, where all races and ethnicities mix together.

In our children's lifetimes, we will see the notion of labeling people as fill-in-the-blank Americans begin to fade, and bigotry and prejudice along with it. In that light, Tiger Woods is a true modern.

He shows the world the face of our country, today and in the future.

Page 4A, Wednesday, September 13, 2000

EDITORIAL

Double helix that binds us all

There is no denying the reality of race. The proof confronts us daily — the color of our skin or the texture of our hair, even the diseases to which we sometimes fall prey. But underneath the microscope, those differences melt away.

Recent efforts to unravel the genetic code demonstrate that there simply is no biological basis for the concept of race. Scientists involved in the research to decode the human genome say that people are 99.9 percent alike, at the genetic level.

That should come as no surprise to any student of history or biology. We've long recognized that human anatomy is the same the world over. We know that compatible blood or organs can be transplanted from people of one color to those of another without undue complications. We know that modern humans first appeared in Africa 100,000 or so years ago — the blink of an eye, in evolutionary terms.

We are too young a species to have developed distinct biological subgroups. And we know that the concept of race has been remarkably plastic over the years. Classification schemes developed as recently as the 19th century placed people from Italy and Ireland in a different group than those from Northern Europe.

The accumulating evidence hasn't stopped modern racists seeking biological differences. The latest effort involves comparing average brain weights of different racial groups to create a hierarchy, with Asians on top and blacks at the bottom. By that tortured reasoning, Neanderthals would have inherited the Earth. They had larger brains than any of the modern humans that displaced them.

Race and ethnicity can, of course, be useful concepts. But they can also mislead. Australian Aborigines and African-Americans both have shorter life expectancy than their white countrymen. But the explanation is more likely found in their social status than in the genes. Skin color is but an accident of evolution. It is our culture and experiences far more than our race that shapes who we are.

And so our efforts to unravel the genetic code have reinforced a lesson most knew already: At the most basic level, we are all inextricably bound together by DNA's double helix.

We who share this increasingly tense and crowded planet are all members of the same race — the human race.

NE JAMAIS RENONCER À LA SOUVERAINETÉ

Puissants sont les hommes qui ont créé cette terre, Forts de leurs intentions et de leurs mains, Grandes de leurs visions et libres de leurs peurs, Forteresse et maison, ils les ont construites ici.

C'est ce qu'ils ont scandé sans relâche Ne renoncez jamais à la souveraineté ! Sombre est la nuit, la nation dort, Insouciante est la garde de la sentinelle, Sourdes sont les oreilles qui n'entendent pas Le chant des hommes libres qui résonne clairement ;

Porté par le vent éternellement N'abandonnez jamais votre souveraineté !

La confusion règne, l'heure est tardive, les traîtres pullulent par la porte non fermée. La liberté est à vendre, et avec elle, les hommes — N'entendent-ils pas à nouveau ce cri ? À travers les âges, sans fin — Ne renoncez jamais à votre souveraineté !

JOSEPHINE POWELL BEATY.

Barboursville, Virginie

CICÉRON

Le pouvoir et le droit ne sont pas synonymes. En vérité, ils sont souvent opposés et inconciliables. Il y a la LOI DE DIEU dont découlent toutes les lois équitables de l'homme et selon laquelle les hommes doivent vivre s'ils ne veulent pas mourir dans l'oppression, le chaos et le désespoir. Séparé de la LOI ÉTERNELLE ET IMMUABLE de DIEU, établie avant la fondation des soleils, le pouvoir de l'homme est mauvais, quelles que soient les nobles paroles avec lesquelles il est employé ou les motifs invoqués pour l'appliquer. Les hommes de bonne volonté, conscients de la LOI DÉPOSÉE PAR DIEU, s'opposeront aux gouvernements dirigés par des hommes et, s'ils veulent survivre en tant que nation, ils détruiront les gouvernements qui tentent de statuer selon les caprices ou le pouvoir de juges vénaux.

CICÉRON (106-43 AV. J.-C.).

Déjà publiés

TUEZ LES MEILLEURS GENTILS !

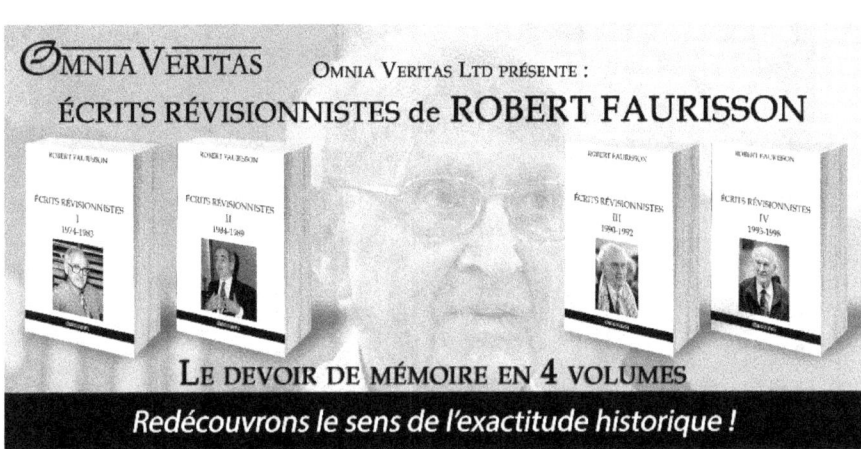